D1746931

Katharina von der Leyen
Fotos: Thomas Kilper

Das Spanische Pferd

Katharina von der Leyen
Fotos: Thomas Kilper

Das Spanische Pferd

Pura Raza Española

blv

Vorwort 7

Spaniens Stolz: Das Spanische Pferd 8

Pferd der Könige – König der Pferde 10
Eigenschaften und züchterische Merkmale 14
   Temperament und Charakter 14 – Zucht und Rassestandards 16 – Die Mode, die Mode 23
Die Farben des Spanischen Pferdes 30
   Schimmel 30 – Braune 31 – Rappen 32 – Füchse 32
Von Andalusiern, P.R.E.s, Kartäusern und anderen 34
   Andalusier und P.R.E. 34 – Kartäuser 34 – Zapatero 36 – Iberisches Pferd 37

Die Bedeutung des Pferdes im spanischen Leben 38

Ferias – Ausdruck spanischer Lebenslust 40
Reiterwallfahrt nach Rocío – Romería del Rocío 52
SICAB – Salón Internacional del Caballo de Pura Raza Española 68

Die verschiedenen Reitweisen 72

Der vielfältige Einsatz des Spanischen Pferdes 74
Rejoneo – der berittene Stierkampf 76
   Der Ursprung 77
   Das Reglement 84
   Die Pferdetypen 94
   Die Ausrüstung des Rejoneadors 97
   Die Ausrüstung der Stierkampfpferde 98
   Die Ausbildung des Stierkampfpferdes 104

Die Doma Vaquera – einst und jetzt 110
   Arbeit und Sport – Acoso y derribo 112
   Das Doma-Vaquera-Pferd 116
   Die Ausrüstung des Vaqueros und des Vaqueropferdes 120
   Die Lektionen der Doma Vaquera 129
   Die Zügelführung 138
   Die Turnierordnung 139

Die Hohe Schule – Alta Escuela 142
   Der Ursprung der Hohen Schule 143
   Die Ausbildung zur Hohen Schule 147
   Die Lektionen der Hohen Schule 152
   Die Ausrüstung der Pferde 164

Die Real Escuela in Jerez de la Frontera 166

Kauf und Haltung des Spanischen Pferdes 180

Was kostet ein Spanisches Pferd? 182
Was für ein Pferd zu welchem Zweck? 184
Hengst, Stute oder Wallach? 188
   Was vom Hengst zu halten ist 188 – Stuten 193 – Wallache 195
Roh, angeritten oder ausgebildet? 198
Ein Spanisches Pferd kaufen 200
Der Transport ins Ausland 202
Spanier im fremden, kalten Land 204
Haltung 207
Pflege 210

Das Spanische Pferd in der Geschichte 212

Das Pferd der Urzeit 214
Die Anfänge als Reit- und Kriegspferd 216
Der Einfluss der Mauren auf die Spanischen Pferde 218
Die Reconquista 220
Die Pferdezucht Philipps II. 223
Die Kartäuser oder Cartujanos 227
Die Zeit nach Napoleon 230
Moderne Zeiten 231
Zeittafel 236

Bedeutende Gestüte Spaniens 258

Las Lumbreras 260
Miguel Angel de Cárdenas 264
Yeguada Candau 268
Yeguada Escalera 272
Ganadería Salvador Sánchez Barbudo Martín 276
Yeguada Lovera 280
Yeguada Plaza de Armas 284
Yeguada Guardiola Fantoni 288
Yeguada Militár 292
Hierro del Bocado 296

Der Einfluss des Spanischen Pferdes 238

Mustang 240
Paso Peruano 241
Paso Fino 242
Altér Real 243
Frederiksborger 244
Knabstrupper 245
Lipizzaner 246
Friese 247
Englisches Vollblut 248
Trakehner 249
Oldenburger 250
Westfale 251
Connemara-Pony 252
Der Zusammenhang von Andalusier und Lusitano 253

Anhang 300

Brandzeichen und Adressen der ANCCE 301
Internationale Zuchtverbände und andere wichtige Adressen 310
Weitere Zuchtverbände 310
Literatur 314
Register 315
Dank 317
Impressum 319

Der große Reitmeister Antoine de Pluvinel bot seinem berühmten Schüler Ludwig XIII. mit folgenden Worten ein Spanisches Pferd als Reitpferd an: »Sire: Es ist nur rechtens, dass Ihre Majestät als größter König des Christentums reiten lernt auf dem perfektesten Pferd Europas.«

Vorwort

Das Pferd hat im spanischen Leben immer eine wichtige Rolle gespielt: Der Kult um Pferd und Stier, jeweils die imposantesten Exemplare der Welt in ihrer Gattung, ist direkt verwoben mit Tradition, Temperament und nationalem Charakter. Spanischer Stolz und Leidenschaft spiegeln sich im Stier und eben diesem Pferd wider, das nach dem Hauptzuchtgebiet meistens »Andalusier« genannt wird, einer Kreatur aus Wind und Feuer, die noch immer so majestätisch aussieht wie auf den Gemälden von Velázquez.

Bis heute ist das Pferd ein wichtiger Bestandteil des spanischen Lebens. In unzähligen Gedichten und Liedern wird in eindringlicher Weise die Verehrung für dieses außergewöhnliche Geschöpf deutlich. Mit welchem Ernst die Spanier das Pferd – *caballo* – betrachten und welche Bedeutung sie ihm beimessen, drückt sich in alltäglichen spanischen Wörtern aus wie *caballerosidad* – Herrlichkeit – oder *caballero*, was Herr bedeutet. Für einen Spanier ist das Paradies ohne Pferd undenkbar – ein Pferd von großem Adel, außergewöhnlicher Schönheit und ausgestattet mit einem solch atemberaubenden Talent, dass die gesamte kultivierte Welt des Mittelalters dieses Pferd besitzen wollte. Es war Arbeitstier, Repräsentationsmittel, diplomatisches Geschenk, Stierkampf- und Kriegspferd. Zu Zeiten der Eroberer besaßen die Spanier die stärkste Kavallerie der Welt, das ganze Königreich wurde vom Pferderücken aus gegründet. Xenophon, Homer und Virgil lobten das Pferd der Iberischen Halbinsel, berühmte Reitlehrmeister wie Baucher oder Guérinière ritten auf Spanischen Pferden, zusammen mit sämtlichen Fürsten und Königen des Mittelalters.

Wer sich dieser hinreißenden Kreatur nähert, wird – mehr als bei irgendeiner anderen Pferderasse – unweigerlich mit Geschichte und Traditionen konfrontiert. Und so bringt einem die Beschäftigung mit dem Spanischen Pferd auch Land und Menschen näher, die Schönheit, den Charme, die Arroganz und Herzlichkeit, die Härte und Sanftheit, das Temperament, die Streitlust und gleichzeitige großherzige Nachgiebigkeit.

Im Augenblick tritt dieses wundervolle Pferd erneut einen Feldzug an – in friedlicher Absicht und diesmal um die ganze Welt. Es erobert dabei Herzen und Reitställe von Deutschland über Brasilien und die USA nach Costa Rica. Das Spanische Pferd ist – wie im Mittelalter zu Zeiten von Philipp II. – ein Exportschlager. Weil es so eng mit spanischem Kulturgut und Tradition verbunden ist, ist es Spaniens bester Botschafter: Ein Land, das ein Pferd von derartiger Schönheit und Anmut, solchem Stolz und solcher Sanftmut hervorbringt, muss mehr zu bieten haben als guten Wein und Flamencotänzer. In seiner stolzen Pferderasse stellt sich das Land in all seinen Facetten dar.

Dieses Buch ist kein Buch für Spezialisten, keine wissenschaftliche Abhandlung. Es ist der Versuch einer »Gebrauchsanweisung« für das Spanische Pferd, um denjenigen, die es gerade schätzen lernen, den Kontakt zu dieser Kreatur zu erleichtern. Und es ist eine Liebeserklärung an dieses Pferd und sein Land.

Hengst Mandon
der Yeguada Lovera

Spaniens Stolz – das Spanische Pferd

Das Pferd Reiner Spanischer Rasse besitzt einen Zauber, dem sich kaum jemand entziehen kann. Man muss nicht einmal ein besonderer Pferdeliebhaber sein, um von seiner spektakulären Erscheinung, seiner Anmut und den majestätischen Bewegungen hingerissen zu sein. Seit tausenden von Jahren unterscheidet sich das Spanische Pferd von anderen Rassen in Schönheit, Eleganz und Charakter. Es ist sicherlich eines der prächtigsten Tiere: Nicht sehr groß, dafür mit breiter Brust, ungewöhnlich langer Mähne und langem Schweif, edel geformtem Kopf und einem Körperbau, der an künstlerische Vollkommenheit gereicht. In seinen großen, dunklen Augen spiegelt sich sein sanftes Wesen wider.

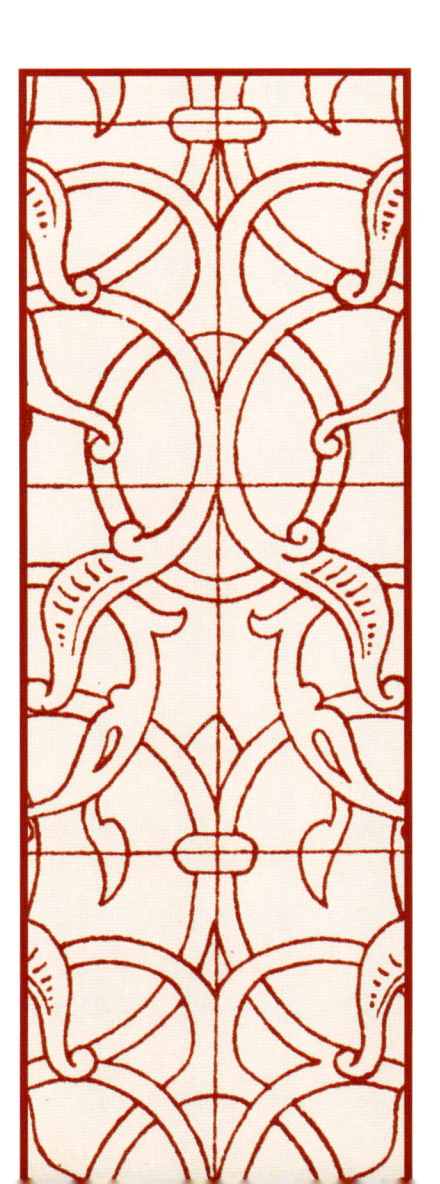

Hengst Vandalo
der Yeguada Cárdenas

Pferd der Könige – König der Pferde

Das Spanische Pferd galt schon immer als etwas Besonderes: Über die Jahrhunderte hinweg diente es den europäischen Fürsten und Königen als Podest und Thron, und das ist kein Wunder. Der englische Reitmeister William Cavendish, Herzog von Newcastle, beschrieb es im Jahre 1658 so: »Von allen Pferden der Welt ... sind die Pferde aus Spanien die Besten. Wenn es gut gewählt ist, kann ich garantieren, dass es das Vornehmste der Welt ist. Es gibt kein anderes, das besser gebaut ist von der Spitze seiner Ohren bis hin zum Huf. Es ist das Schönste, das man finden kann ... Besser als jedes andere Pferd eignet es sich für den König am Tage seines Triumphes, um von seinem Volk gesehen zu werden, oder am Tage der Schlacht vor seinem Heer.«

Das Spanische Pferd ist noch immer ein Prachtpferd, ein Angeberpferd, auf dessen Rücken sein Reiter leicht von der eigenen Unzulänglichkeit ablenken kann: ein Bild von einem Pferd. Noch immer sieht es so aus wie die Bronzefiguren aus dem 3. Jahrhundert v. Chr., wie auf mittelalterlichen Reiterstandbildern oder Gemälden aus

---

Aus »Neu eröffnete Kriegs- und Reitschule«, 1609, von Georg Engelhard von Löhneysen:
»Es ist noch über diß zu wissen, daß unter allen Pferden der Welt die Spanischen die allerklügsten, herzhaftesten und großmüthigsten seyn, welche alle Gefahr, Harnisch, Spieß, Lanzen, Furcht, Schrecken, den Tod selbst verachten; ja demselben entgegeneilen, wodurch die größten Helden ihre größten Thaten verrichten, in welchen heroischen Handlungen diese Pferde gleichsam die andere Persohn mit agieren ... Sie sind auch ausser dem Krieg, in den Turnieren und hohen Ritter-Spielen, auf der Jagd, wider die wilden Thiere, im Stierkampf ... vor allen anderen Pferden am bequemsten abzurichten, anzuführen, und sicherlich zu gebrauchen. Anbey sind auch die rechten Spanischen Pferde auf die Manege die allergelehrigsten, denn sie beobachten alles mit großer Aufmerksamkeit und Fleiß, sie haben ein gutes Gedächtnis, und entschliessen sich oft eher, nach des Reiters Willen zu thun ... Sie sind aber deswegen nicht leichter abzurichten, sondern man muß um so viel desto künstlicher, vorsichtiger und vernünftiger mit ihnen verfahren, und nicht durch bloße Gewohnheit, noch vielweniger aber durch allzu harte Prozeduren ihnen begegnen.«

Spaniens Stolz – das Spanische Pferd

Nobel aus der Real Maestranza de Caballería de Ronda (Yeguada Lome de Ubeda)

den verschiedenen Epochen vom 14. bis ins 19. Jahrhundert. Wer dann Spanische Pferde in Bewegung erlebt, die gebogenen Hälse, die wehenden Mähnen, die hohen, raumgreifenden Bewegungen der erhabenen Galoppade, begreift sofort, dass die Vollkommenheit der Darstellungen direkt aus dem Leben gegriffen wurde – mehr noch, dass das Andalusische Pferd in Fleisch und Blut bei weitem noch edler, schöner und der Eindruck, den es hinterlässt, unsterblicher ist als auf allen Gemälden von Goya, Rubens oder Velázquez. Wie Eugène Delacroix einmal schrieb: »So sehr sich Gros und Rubens auch bemühten, die Furien im Bilde festzuhalten, es war nichts im Vergleich zu diesen Hengsten.«

Das Pferd Reiner Spanischer Rasse – Pura Raza Española, kurz P.R.E. – ist der Prototyp des barocken Reitpferdes oder Barockpferdes schlechthin: Ein Quadratpferd von großer Harmonie, mit bogenförmig verlaufender Körperlinie, und dabei kraftvoll und athletisch. Der hohe, aufgesetzte und muskulöse Hals lässt es immer größer erscheinen, als es eigentlich ist. Tatsächlich war es das Pferd, das während des Barock sein Goldenes Zeitalter erlebte, an allen Fürstenhöfen Europas geritten und in allen Ländern zur Veredelung anderer Rassen eingesetzt wurde. Das P.R.E. ist ausgesprochen anpassungsfähig – vom harten Arbeitspferd zum hochgezüchteten Luxustier hat es jede Entwicklung durchgemacht, der eine Rasse unterworfen werden kann. Dabei ist erstaunlicherweise nichts von seinen unterschiedlichen Begabungen verloren gegangen: Das Spanische Pferd kann – beinahe – alles.

Es ist ein unerschütterliches Jagdpferd und ein Zirkuspferd, wie man es schöner und arbeitswilliger kaum finden kann. Als kraftvolles Stierkampfpferd beweist es seinen legendären Mut, und als Arbeitspartner, mithilfe dessen die spanischen Rinderhirten Kühe und Stiere treiben, sucht es in Härte, Hingabe und Brillanz bei der Ausführung seiner Aufgaben seinesgleichen. Daneben ist das Spanische Pferd ein fabelhaftes, spektakuläres Kutschenpferd: Keine Feria, auf der man nicht unendlich prunkvolle Kutschen mit bunt und prächtig eingeflochtenen Pferden davor zu sehen bekommt, keine Pilgerfahrten ohne aufwändig geschmückte Karren, Kutschen und Wagen. In Spanien selbst ist der Fahrsport mittlerweile sehr beliebt, so dass viele Gestüte eigene Zuchtlinien dafür entwickelt haben.

Die größte Stärke des Spanischen Pferdes liegt unbestritten in der Dressur: Sein Körperbau und sein hervorragendes Gleichgewicht, seine natürliche hohe Aufrichtung und Versammlungsfähigkeit sowie die erhabenen Bewegungen prädestinieren es vor allem für die Lektionen der Hohen Schule. Das Spanische Pferd ist ausgesprochen trittsicher – immerhin wächst es meist noch immer auf großen, wilden Weiden auf und bewegt sich dabei über Stock, Stein und durch reißende Bäche. Seine Beine sind für gewöhnlich stark und gesund, die Hufe hart, sodass ihnen ein harter, unebener Boden wenig anhaben kann.

Es mögen ihm die Merkmale fehlen, die im internationalen Turniersport so ungeheuren Wert genießen: flacher, weiter Raumgriff in den Trabverstärkungen oder himmelstrebendes Springtalent – für diese Aufgaben wurde es nie gezüchtet. Die unübertreffliche Qualität des P.R.E. liegt dafür in seiner außerordentlichen Rittigkeit und der angeborenen Fähigkeit für hohe Dressurlektionen. Wer je einen hoch ausgebildeten Andalusier unter einem ebenso gut ausgebildeten Reiter piaffieren sah, dem kommen die Piaffen renommierter internationaler Dressurstars häufig wie mühseliges, flaches Gestrampel vor; wer je die schwungvolle, schwebende Passage eines Spanischen Pferdes erleben konnte, der muss sich bei vielen dargebotenen, müden Passagen auf den großen Turnieren fragen, welche Schwebephase hier eigentlich zu bewerten sei.

Hengst Evento unter Ignacio Rambla

Eigenschaften und züchterische Merkmale

Temperament und Charakter

Sein Temperament ist feurig, sein Blick dabei so sanft, als könne ihn rein gar nichts erschüttern, und so soll das möglichst auch sein, denn für die Arbeit mit Rindern und Stieren sind hervorragendes Reaktionsvermögen und großer Mut praktisch die Grundvoraussetzung.

Das Spanische Pferd soll niemals nervös sein, auch wenn viele Menschen Nervosität und Hysterie gern mit Temperament verwechseln. Dabei kann sich ein Pferd, das jahrhundertelang als Kavallerie- und Königspferd gezüchtet wurde, um Auge in Auge dem Feind in Gestalt berittener Soldaten oder tobender Stiere zu begegnen und nicht zuletzt das wichtigste Staatsgut – den König – auf seinem Rücken durch jubelnde Mengen zu tragen, schlechte Nerven schlicht nicht leisten.

Sein sanfter, aufrechter Charakter ist legendär: Wie keine andere Pferderasse wurde das Spanische Pferd über die Jahrhunderte bis heute auch nach Charakter selektiert und ist dementsprechend außergewöhnlich freundlich, geduldig und umgänglich. Selbst die Deckhengste lassen sich nur kurze Zeit nach dem Deckakt wieder ruhig und diszipliniert an Stuten vorbeiführen – ein Verhalten, das Warmbluthalter kaum glauben können.

Ein Spanisches Pferd, das beißt, schlägt oder buckelt, wird nicht zur Zucht verwendet. Im Zweifelsfall wird ein solches Exemplar nicht einmal lange leben: Kein Spanier bringt die Geduld auf, mit einem unberechenbaren oder gar bösartigen Pferd zusammenzuarbeiten.

Das P.R.E. besitzt eine hohe Intelligenz sowie eine überdurchschnittliche Lern- beziehungsweise Auffassungsfähigkeit und -bereitschaft: es denkt und lernt schnell, was man in der Ausbildung unbedingt beachten muss. So leicht, wie es alle Dinge lernt, die man sich als Ausbilder wünscht, lernt es eben auch jeden Fehler oder Unsinn. Es ist außerdem sehr ehrgeizig, was ebenfalls gewisse Anforderungen an den Ausbilder oder Reiter stellt: Langeweile sollte man hier nicht aufkommen lassen – immerhin war und ist dieses Pferd ein hervorragendes Stierkampfpferd, was nicht nur Arbeits*bereitschaft*, sondern geradezu Arbeits*anspruch* voraussetzt. Das P.R.E. ist kein Pferd, das in seiner Box oder im Gelände in Schönheit versauern möchte: Es will arbeiten, will gefordert werden, will seine Kraft und Intelligenz gebrauchen.

15

Eigenschaften und züchterische Merkmale

Cuartelero der
Yeguada Candau

Zucht und Rassestandards

Für das Pferd Reiner Spanischer Rasse existiert kein »übergreifendes« Brandzeichen, das die gesamte Rasse kennzeichnet – stattdessen besitzt jeder Züchter seinen eigenen Brand, der den Hengsten links, den Stuten rechts auf den Hinterschenkel gebrannt wird. Allein in Spanien gibt es mittlerweile über 500 eingetragene Züchter, wobei das P.R.E. mit unterschiedlichen Erfolgen inzwischen auf der ganzen Welt gezüchtet wird, mit eigenen Stutbuch-Vertretungen des Spanischen Stutbuchs in den jeweiligen Ländern. Im Ausland existieren vor allem in den lateinamerikanischen Staaten und im Süden der USA bedeutende Privatzuchten, die das Spanische Pferd mit außergewöhnlichem, wertvollem Material weiterzüchten.

Noch immer liegt ein Teil der spanischen Pferdezucht in den Händen des Staates – des Verteidigungsministeriums nämlich, auch wenn die meisten der bedeutenden Gestüte privaten Großgrundbesitzern gehören.

Die für Pferde zuständige Unterabteilung des Verteidigungsministeriums, die CRIA CABALLAR, überprüft als oberstes Kontrollorgan die Zuchtbestimmungen für das P.R.E., führt das Stutbuch für ganz Spanien und stellt die Papiere aus.

Das wichtigste Anliegen der CRIA CABALLAR ist die Reinerhaltung der Rasse, was bedeutet, dass absolut keine fremde Rasse eingekreuzt werden darf – anders als bei vielen Warmblutrassen, in die zur Veredelung oft und gern Fremdblut eingekreuzt wird.

Stutenherde (Ganadería Salvador Sanchez Barbudo Martin)

Eigenschaften und züchterische Merkmale

Die Identifikation jedes einzelnen geborenen Fohlens ist eine ausgesprochen amtliche Angelegenheit: Nach der Geburt wird von einem Tierarzt ein »Wirbeldiagramm« ausgestellt, sämtlicher Fellwirbel also, die sich auch im Laufe eines langen Pferdelebens nämlich nicht mehr verändern. Anhand dieses Wirbeldiagramms kann das Fohlen einem Mitglied der CRIA CABALLAR vorgestellt werden, das daraufhin den Fohlenschein ausstellt. Mithilfe eines Bluttests werden die Eltern des Fohlens festgestellt und auf einer Bluttypenkarte eingetragen, und schließlich werden diese Informationen per Mikrochip, der in die Halsmuskulatur eingesetzt wird, fixiert. Die Nummer auf dem Mikrochip, die gleichzeitig in die Fohlenpapiere eingetragen wird, kann nur mit einem speziellen Lesegerät überprüft werden, das der CRIA CABALLAR gehört und sich somit nur von einem Mitglied bedienen lässt.

Pferde, die durch künstliche Befruchtung oder Embryotransfer entstanden sind, werden nicht eingetragen und können nicht gekört werden. Ob dies mit dem katholischen Umfeld der Spanischen Pferde zu tun hat, ist allerdings nicht bewiesen.

In Spanien existiert ein staatliches Hauptgestüt in Jerez de la Frontera, die Yeguada Militár, das militärischer Verwaltung untersteht und dessen Funktion in etwa der der Landesgestüte in Deutschland entspricht. Dazu gehören acht eigene staatliche Hengstdepots *(Depósitos de Sementales)*, in denen insgesamt etwa einhundert ausgewählte Deckhengste stehen, die also in Staatsbesitz und sozusagen auf Lebenszeit verbeamtet sind: Der im Ausland vielleicht berühmteste Deckhengst dort ist momentan Evento, der 1996 unter Ignacio Rambla bei den Olympischen Spielen den elften Platz belegte und als Vierzehnjähriger aus dem Sport genommen wurde, um von nun an seine Kräfte ausschließlich für die Zucht zu verwenden. Während der Decksaison im Januar und Mai können private spanische Züchter für eine geringe Decktaxe ihre Stuten von diesen Hengsten in den Deckstationen decken lassen.

Fohlen der Yeguada Las Lumbreras

Spaniens Stolz – das Spanische Pferd

Hengst Lobito der Yeguada Lovera

Die ANCCE

Nachdem ausgerechnet die vielen spanischen privaten Züchter lange Zeit praktisch kein Mitspracherecht in den Zuchtbelangen der Rasse hatten, die sie immerhin mit großer Sorgfalt und oft seit Generationen züchteten, gründeten sie 1972 ihre eigene Organisation. Die »Asociación Nacional de Criadores de Caballos de Pura Raza Española« (ANCCE) vertrat von nun an offiziell die Interessen der Züchter. Mittlerweile gehören ihr alle seriösen Züchter an. Die ANCCE legt heute zusammen mit der CRIA CABALLAR den Rassestandard, die Regelungen für die Eintragungen in die Papiere und die Körbestimmungen fest.

Rassestandard des Pura Raza Española

Typ
Ebenmäßig, mittlere oder kurzlinige Form. Pferde von großer Schönheit und ausgewogenem Körperbau. Quadratpferd mit einem Gewicht von ca. 500 kg.

Größe
Pferde von mittlerer Größe (1,57–1,62 m). Bei Hengsten mit drei Jahren mindestens 1,52 m, bei Stuten 1,50 m.

Fell
Es dominieren Schimmel und Braune, zulässig sind alle Farben mit Ausnahme von Füchsen und Schecken.

Temperament
Besonnen und widerstandsfähig, ergeben und energisch, edel und fügsam.

Eignung
Natürliche Dressurveranlagung bis hin zur Hohen Schule, ebenso für berittenen Stierkampf, die Jagd, Anspannung vor dem Wagen und die Arbeit mit Rinderherden.

Bewegung
Agil erhaben, ausgreifend, harmonisch und taktmäßig; besondere Veranlagung zur Versammlung; von außergewöhnlicher Bequemlichkeit für den Reiter.

Kopf
Von mittlerer Länge, fein, rechteckig, trocken, Nasen- und Stirnprofil gerade oder leicht subkonvex in seinen verschiedenen Abstufungen. Ohren von mittlerer Proportion, gut platziert, getrennt, leicht auseinander laufend, sehr beweglich. Breite, leicht gewölbte Stirn. Große, ausdrucksvolle, triangelförmige Augen.

Hals
Leicht gebogen und von mittlerer Länge, gut zwischen den Schultern angesetzt, Mähne kräftig und reichlich.

Widerrist
Breit und betont, bildet weichen, harmonischen Übergang vom Rücken zum Hals.

Brust
Kräftig, mittelbreit, tief angesetzt, ausgesprochen muskulös.

Rücken
Gute, muskulöse, zweckmäßig ausgerichtete Linie, ideale Verbindung zwischen Widerrist und Lenden.

Lende
Kurz, breit, horizontal oder leicht gebogen.

Kruppe
Von mittlerer Länge und Breite, rund und leicht abfallend. Tiefer Schweifansatz, in der Bewegung anliegend; Schweif mit langem, dichtem Haar.

Beine
Die Vordergliedmaßen: Schulter muskulös und schräg; Oberarm harmonisch geneigt und kräftig; Unterarm stark und gut ausgerichtet; Karpalgelenk gut ausgebildet und trocken; Röhrbein von proportionierter Länge mit trockenen Sehnen; Fesselkopf trocken und hervorgehoben; Fesseln nicht zu lang, sehr elastisch, aber nicht extrem; wohlproportionierte Hufe, kompakt und von ebenmäßigem Umfang.
Die Hintergliedmaßen: Oberschenkel und Hinterbacke muskulös; Unterschenkel lang; Sprunggelenke kräftig, ausgedehnt und klar; die übrigen Regionen unterhalb der Kniegelenke zeigen die gleichen Merkmale wie die vorderen Extremitäten.

Die Körung

Sobald das Pferd dreijährig ist, kann es der Körkommission vorgestellt werden, die aus einem Offizier der CRIA CABALLAR, einem Züchter, der der ANCCE angehört, und einem Tierarzt, den das Landwirtschaftsministerium bestimmt, besteht. Wie alt genau die Hengste oder Stuten bei der Vorstellung zur Körung sein sollen, spielt keine Rolle.

Die Körkommission bewertet das jeweilige Pferd nach einem mehr oder weniger kompliziert anmutenden Punktesystem. Nur wenn das junge Pferd die notwendige Note beziehungsweise Punktzahl erreicht, wird das Pferd auch gekört. Es bekommt die vollen grünen Papiere (*Certificado de Reproductor*) und wird damit zur Zucht zugelassen.

Das Punktesystem für Körungen spielt für den Pferdefreund nur so lange eine untergeordnete Rolle, bis er das erste Mal auf einer Körung oder einem Championat steht und gar nichts versteht anhand der Zahlen, die von den Richtern nach der Beurteilung verlesen werden. Spätestens dann wird man froh sein, die nebenstehende Liste wenigstens flüchtig betrachtet zu haben.

Pferde, die weniger als 70 Punkte erreichen, werden nicht gekört und sind damit nicht zur Zucht zugelassen.

Punktesystem für Körungen

In Übereinstimmung mit dem Rassestandard wird Folgendes bewertet:

- Kopf
- Hals
- Widerrist, Schulter, Oberarm
- Brust(weite) und Rippen(bogen)
- Rücken, Nierenpartie
- Kruppe und Schweif
- Stellung und Qualität der Beine
- Größe und Gesamterscheinung
- Bewegungen
- Temperament

Hengst Aceitunero
der Yeguada
Plaza de Armas

Das Punktesystem sieht folgendermaßen aus:

- Perfekt ....10 Punkte
- Ausgezeichnet .... 9 Punkte
- Sehr gut .... 8 Punkte
- Gut .... 7 Punkte
- Akzeptabel .... 6 Punkte
- Genügend .... 5 Punkte
- Ungenügend .... 4–3 Punkte
- Schlecht .... 2–1 Punkte

Die Endpunktzahl, die durch Zusammenzählen der Punkte erreicht wird, entscheidet über die Qualifizierung des einzelnen Pferdes gemäß einer weiteren Bepunktung:

- Perfekt .... 100 Punkte
- Ausgezeichnet .... 91–99,99 Punkte
- Sehr gut .... 81–90,99 Punkte
- Gut .... 75–80,99 Punkte
- Annehmbar .... 70–74,99 Punkte
- Mittelmäßig .... 65–69,99 Punkte

Erläuterungen zum Rassestandard

Rassestandards werden – egal bei welcher Tierart – als züchterische Richtlinie aufgestellt. Um die besonderen Merkmale einer Rasse zu bewahren, soll eben mit Tieren, die von dieser Richtlinie massiv abweichen, nicht weitergezüchtet werden. Allerdings gibt es kein Tier, das dem jeweiligen Rassestandard hundertprozentig entspricht, auch kein Champion. Im Standard wird immer ein Idealtier – in diesem Fall ein Idealpferd – entworfen. Für alle Abweichungen im richtigen Leben sind die Rasserichter zuständig, um zu bewerten, ob ein beispielsweise zu schwerer Hals in der Bewertung eine größere Rolle spielt als eine perfekte Kruppe oder ein fast perfekter Kopf.

Es ist nicht sehr sinnvoll, mit dem Rassestandard in der Hand »einkaufen« zu gehen. Ohnehin sollte man sich vorher überlegen, was für ein Pferd man wozu sucht: ein Pferd zur Zucht oder ein Reitpferd. In letzterem Fall mag es weniger wichtig sein, ob der Schweif wirklich keinen Millimeter zu hoch angesetzt ist oder der Kopf leicht arabisch anmutet. Allerdings kann man nicht auf starke Sprunggelenke und einen kräftigen Rücken verzichten. Wer ein Kutschpferd möchte, dem macht ein längerer Rücken nichts aus, vielmehr sucht er für Showzwecke vielleicht sogar eine besonders hohe Knieaktion. Wenn er allerdings auf große Schnelligkeit Wert legt, braucht er flachere Bewegungen.

Die Beurteilung eines Pferdes sollte sich immer nach seinem Verwendungszweck richten – tatsächlich allerdings sollte man sich darüber im Klaren sein, ob und welche der Abweichungen nur relativ minimal gewertet werden können und noch kein Abweichen vom Rassetyp bedeuten. Das Spanische Pferd soll und kann nicht anders bewertet werden als alle anderen Pferde – »es ist zuerst einmal ein Pferd, dann ein Spanier«, lautet ein Grundsatz der spanischen Rasserichter.

Die Mode, die Mode

Bei aller Reinzucht war und ist das Spanische Pferd wie alles, womit der Mensch sich gerne schmückt und umgibt, durch Jahrhunderte und Jahrzehnte hinweg immer wieder der Mode unterworfen – der unzuverlässigsten Idee, die der Mensch je hatte. Mochte man im 16. Jahrhundert gerne kleine Köpfe im Verhältnis zum Körper, findet man heute lange, schmale Köpfe unwiderstehlich; favorisierte man Anfang des 20. Jahrhunderts Köpfe mit arabischem Knick, fürchtet man diese heute wie der Teufel das Weihwasser; fand man zwischendurch schwere, dicke Hälse rassig, sind sie heute unpopulär, weil sie als unflexibel gelten und ungünstig in der Körpergewichtsverteilung.

Hengst Mastil der Yeguada Cárdenas

Hengst Licor II der Escuela de Equitacíon in Ronda (Ganadería Mont-Rubi)

Natürlich: Keine Rasse ist jemals statisch. Allerdings scheint es, als wäre das Spanische Pferd extremer als jede andere Pferderasse verschiedenen Moden ausgesetzt gewesen. Betrachtet man Fotos vom P.R.E., die teilweise nur fünfzehn, zwanzig Jahre alt sind, sieht man darauf Typen, die wirklich ausgesprochen unterschiedlich sind von den Pferden, die heute gefragt sind. Sprach man Anfang 1980 von einem »Spanischen Pferd von geradem Profil und orientalischem Typ« *(Pura Raza Española de perfil recto y tipo oriental)*, gibt es heute nur noch »das Spanische Pferd mit geradem oder subkonvexem Profil« – von orientalischem Einfluss oder Typ ist gar keine Rede mehr. Besaßen die Pferde noch in den achtziger Jahren des 20. Jahrhunderts gewöhnlich eine Widerristhöhe zwischen 1,55 und 1,60 Meter, findet man bei allen Züchtern heutzutage ohne die geringste Schwierigkeit Pferde mit einer Widerristhöhe von 1,63 Meter und darüber.

Lange Zeit wurde von den spanischen Züchtern sehr viel mehr Wert auf Schönheit, Ausstrahlung und spektakuläre Bewegungen gelegt als auf Raumgriff oder korrektes Gebäude. So konnten sich über Generationen echte Gangfehler einschleichen – wie etwa der *Campaneo*, eine »rührlöffelartige« Schlenkerbewegung der Vorderbeine nach außen –, bis sie schließlich sogar als rassetypisch galten. Erst mit der Einführung der Funktionalitätsprüfung der Pferde auf der SICAB *(Salón Internacional del Caballo de Pura Raza Española)* durch die ANCCE wurde deutlich, wie schlampig die Zuchtauswahl teilweise war und wie wenig man der gesamten Zucht damit einen Gefallen tat. Mittlerweile hat sich – daraus? – wiederum ein neues Geschmacksbild entwickelt. Die spanischen Züchter versuchen nun ausgerechnet, ein modernes Sportpferd zu schaffen, das auf internationalen Turnieren mit dem deutschen und belgischen Warmblut konkurrenzfähig sein soll – ungeachtet der Tatsache, dass das Deutsche Reitpferd – anders als das P.R.E. – seit hunderten von Jahren ohne Rücksicht auf Charakter oder Typ als ausgesprochenes Leistungspferd gezüchtet wurde. Aber die Olympischen Spiele rufen alle vier Jahre wieder, und mittlerweile sieht man in Spanien sogar Pferde mit so flachen Bewegungen und langem Rücken, dass man sich fragen muss, wo denn hier das »typisch Spanische« am Spanischen Pferd bleibt. Der augenblickliche Rassestandard ist also immer auch als Zeugnis unserer Zeit zu betrachten. Wenn man die unterschiedlichen Pferde unterschiedlicher Züchter vergleicht, wird man sehr genau erkennen, welcher »Typ« Pferd von den verschiedenen Züchtern bevorzugt und dementsprechend gezüchtet wird: Der eine züchtet leichtere, der andere schwerere Pferde, bei einem sind die Rücken etwas kürzer oder die Beine etwas länger, die Knieaktion

etwas höher, die Augen beim anderen dafür etwas kleiner – trotzdem sind es Spanische Pferde. Den Züchtern ist erlaubt, was gefällt, solange die Pferde nicht offensichtlich vom Standard – dem Zuchtleitfaden – abweichen.

Das P.R.E. ist ein Quadratpferd – im Gegensatz etwa zum Deutschen Warmblüter, der ein rechteckiges Pferd darstellt. Die drei Teile des Pferdes (Vorder-, Mittel- und Hinterteil) sollen immer im Gleichgewicht stehen. Beim P.R.E. besteht eine auffallende Harmonie des ganzen Pferdes, von großer Breite und Tiefe, wobei es eher kurzbeinig ist. Das Pferd als Ganzes wirkt rund, das Auge des Betrachters soll an keiner Kante hängen bleiben, sondern über alle Linien schwingen. Das Spanische Pferd soll Präsenz besitzen, ganz unabhängig vom Geschlecht. Es ist ein Pferd, das für Könige gezüchtet wurde, und als solches soll es sich auch darstellen! Es ist von mittlerem Gewicht: Hengste liegen gewöhnlich bei einem Gewicht zwischen 400 und 550 Kilogramm, Stuten bei 350 bis 475 Kilogramm.

Der Kopf des Spanischen Pferdes ist trocken, schmal und lang und bildet einen durchgezogenen, gespannten Bogen: der vorderste Punkt am Kopf ist auf der Stirn der Punkt zwischen den Augen: Die Hand soll sich leicht über diesen Punkt wölben können. Dagegen sind subkonkave und ausgesprochen konvexe Profile abzulehnen. Die Augen sind schwarz, groß, lebhaft und dreieckig. Schlitzaugen und runde Augen sind nicht erwünscht. Die Kieferpartie bildet eine weiche Linie, das Maul ist schmal mit möglichst langer Maulspalte. Die Ohren sollen lang und schmal sein und die Spitze soll mit einem dezidierten Punkt enden. Sie müssen sich nach vorn und hinten bewegen, nicht seitwärts. Außerdem soll die Linie der Ohren genau die gleiche sein wie die der Nüstern. Runde Nüstern werden ausdrücklich abgelehnt, rundliche sind auch nicht erwünscht.

Der Hals darf nicht zu viel, zu breit oder zu schwer sein. Ein zu niedriger Halsansatz ist ein grober Fehler; er soll sich mindestens eine Handbreit oberhalb der Schulter befinden. Weitere grobe Fehler sind der Unterhals – eine deutliche Wölbung nach außen am unteren Teil des Pferdehalses – und der Kipphals, bei dem in entspanntem Zustand des Halses der Mähnenkamm zur Seite fällt.

Revuelo der Ganadería Hdros de S. Salvador

Eigenschaften und züchterische Merkmale

Die Schulter soll lang und schräg sein und einen Winkel von etwa 45 Grad bilden. Der Widerrist soll breit und gut ausgebildet sein, ein hoher, dünner Widerrist wird abgelehnt. Die Brust soll breit, tief und muskulös sein und von Brustbein und Achselhöhle begrenzt werden. Der Brustkorb soll geräumig, gewölbt und sein Umfang möglichst groß sein. Der Rücken muss gerade und möglichst kurz mit starker Muskulatur sein; als grober Fehler gilt ein Senkrücken. Die Lenden sollen kurz, stark, gerade und leicht konvex im Übergang zur Kruppe sein. Die Kruppe wiederum ist idealerweise lang, breit und rund, und der Schweif ist so tief angesetzt, dass eine gedachte Linie vom Hüftgelenk den Beginn der Schweifrübe markiert. Sehr dünn behaarte Schweife oder solche, die eher hoch angesetzt sind oder getragen wirken, werden abgelehnt.

Auch die Knieaktion des Spanischen Pferdes unterliegt strenger Beobachtung: Zu hoch und steil gilt nämlich heutzutage als Fehler. Die hohe, steile Knieaktion, möglichst noch mit *Campaneo*, den man auf Deutsch meist als »Bügeln« bezeichnet und der eine fuchtelige Schlenkerbewegung der Vorderbeine nach außen darstellt, war immer wieder modisch, als die Spanischen Pferde vor allem zur Repräsentation eingesetzt wurden. Die hohe Knieaktion wirkte sehr eindrucksvoll, wenn man sie mit anderen Pferden verglich, und es wurde viel Staub dabei aufgewirbelt, ohne dass jedoch wirklich von einer Vorwärtsbewegung die Rede sein konnte. Man ritt auf spektakulären, sehr aktiven Pferden, die aber die Zuschauer nicht zu schnell passierten – immerhin wurden diese Pferde von Königen und Adeligen geritten, die gar nicht so schnell am jubelnden Publikum vorbeireiten wollten. Das Spanische Pferd war ein Prachtpferd, kein Rennpferd.

Später, Anfang und Mitte des 20. Jahrhunderts, wurde es zum Repräsentationsmittel der Sherrybarone auf großen Ferias. Und wieder bestand gar kein Interesse, dieses Pferd vorwärts zu reiten: Sehen und gesehen werden lautete die Devise. »Der Trab meines Pferdes ist so gut, dass es als letztes ankommt!«, hieß es damals. In den USA ist etwas Ähnliches heute wieder zu sehen, wo Spanische Pferde teilweise nach Art der Saddlebreds geritten werden: Der Kopf wird sehr hoch gehalten, der Unterhals heraus- und der Rücken weggedrückt, wobei die Aktion noch höher wird. Bei dieser Bewegung wird die so günstig gewinkelte Hinterhand der Spanischen Pferde vernachlässigt, die Aktion der Vorderbeine gerät zu einem Hämmern, die Hüftbewegung wird unregelmäßig.

Heute wird die hohe, steile Knieaktion von Richtern absolut abgelehnt; man will keine Pferde mehr, die auf der Stelle strampeln. Stattdessen wünscht man eine hohe, weite Knieaktion mit großem Raumgriff.

Die Farben des Spanischen Pferdes

Das Spanische Pferd existiert in drei Farben: am häufigsten als Schimmel, außerdem als Brauner und relativ selten als Rappe. Füchse werden, obwohl sie im bis ins 16. Jahrhundert zurückgehenden Register des P.R.E. häufig vorkommen, seit dem 15.9.1970 nicht mehr anerkannt, wenngleich sie natürlich nach wie vor geboren werden.

Schimmel

Die Schimmelfarbe hielt man schon in der Antike für etwas Besonderes. Schimmel, so wurde gesagt, seien Pferde des Wassers und des Lichts – und tatsächlich strahlen die Schimmelhengste im andalusischen Licht, als hätte man sie mit einem Becher Silber übergossen. Im 16. Jahrhundert galten Schimmel als besonders friedlich und zuverlässig, was als wichtig erachtet wurde, nachdem ihre Aufgabe immerhin war, den wichtigsten Mann im Staate, den König, zu transportieren. Eigentlich ist das Schimmelweiß dabei gar keine »Farbe« – die Haare des Pferdes verlieren nur allmählich oder auch etwas schneller ihr Pigment. Die Haut soll dabei allerdings schwarzes Pigment besitzen, nicht rosa: Eine rosa durchschimmernde Haut ist eine Degenerationserscheinung. Schimmel vererben sich dominant, was ihre Häufigkeit erklärt.

Urdidor VII der Yeguada Candau

Junghengste
(Ganadería Salvador
Sanchez Barbudo
Martin)

Braune

Braune und Rappen sind momentan der letzte Schrei, was die Nachfrage beim Spanischen Pferd betrifft. Bei gleicher Qualität sind sie häufig ungleich teurer als ein Schimmel, und das alles nur der Exklusivität halber. Tatsächlich sieht man momentan auf Zuchtschauen mehr Braune als Schimmel. Die Braunen kamen bei den Spanischen Pferden immer schon vor, obwohl sich Schimmel dominant vererben. Die Mode entschied durch die Jahrhunderte immer wieder über Vorzüge und Nachteile der einzelnen Fellfarben: Im 13. Jahrhundert unterstellte man Braunen ein schwaches Herz und weiche Hufe, im 16. Jahrhundert veränderte sich dieses Denken und man hielt sie für kraftvoll und mutig. Gegen Mitte des 19. Jahrhunderts wurde die braune Farbe in Frankreich dann zum *dernier cri*: In den Gestüten von Napoleon III. etwa wurden überhaupt ausschließlich braune Pferde zur Zucht eingesetzt, und zeigten die Pferde – wobei wiederum vor allem die Dunkelbraunen bevorzugt wurden – irgendwelche weiße Abzeichen, wurden diese kurzerhand gefärbt.

für, dass diese Farbe bis vor wenigen Jahren beinahe ausgestorben war, und manche der Produkte erinnern mehr an Menorquinos oder Friesen denn an P.R.E.s – drum prüfe, wer sich ewig bindet ...

Rappen

Rappen allerdings gelten in weiten Teilen Spaniens nicht als »natürliche Farbe«: In einem Land, in dem die Temperatur im Sommer durchaus 35–45 °C beträgt, ist ein schwarzes Fell, das Licht und Wärme anzieht, keine wirklich gute Idee. Der bedeutende Züchter Yacobo Delgado (Gestüt Las Lumbreras) weist denn auch darauf hin, dass es immerhin auch keine »natürlichen« schwarzen spanischen Jagdhunde gäbe. Rappen waren wenig gefragt, weil sie aufgrund ihrer Farbe angeblich weniger ausdauernd waren als beispielsweise Schimmel. Lange Zeit existierten Rappen nur als Beerdigungspferde, und das in aller Ausschließlichkeit, weil man mit den Dingen, die an den Tod erinnern, im täglichen Leben ja möglichst nichts zu tun haben möchte. Als man begann, die Toten vorzugsweise mit dem Auto zu fahren, verschwanden die Rappen dann fast gänzlich. Der Seltenheit halber bäumte sich die schwarze Farbe in den letzten Jahren zur Mode auf, und heute gibt es einige neue Züchter, die sich auf eine ausschließliche Rapp-Zucht konzentrieren. Viele dieser Zuchten sind erstaunlich groß da-

Füchse

Das Thema »Fuchsfarbe« ist kompliziert: Man mochte sie am Spanischen Pferd noch nie. Die Gründe hierfür sind unterschiedlich. Manche Theorien, die sich bis in moderne Zeiten hartnäckig halten, behaupten, dass Füchse als Hinweis auf arabisches Blut im Spanischen Pferd zu betrachten wären. Dies ist ein Irrtum, der sich leicht anhand der Mendel'schen Vererbungslehre beweisen lässt: Aus der Verpaarung von einem Rappen und einem Braunen entstehen laut Mendel nur Braune, aus denen in der 2. Generation zwei Braune, ein Rappe und ein Fuchs hervorgehen, völlig unabhängig von irgendwelchen Fremdbluteinkreuzungen.

Der andere, ältere Grund ist ein Aberglaube. Als die spanische Rasse gegründet wurde, glaubte man nach dem Vorbild der griechischen Antike, dass bei Pferden von der Farbe auf ihren Charakter zu schließen war. Die Fuchsfarbe galt als Feuerfarbe, Füchse demnach als besonders feurig und hysterisch. Über die Jahrhunderte wurden Füchse möglichst nicht gezüchtet, im 18. Jahrhundert waren nur noch acht Prozent der Pferde der P.R.E. Füchse.

Die Farben des Spanischen Pferdes

Und obwohl man im Laufe der Jahrhunderte wissenschaftlich klüger wurde und wusste, dass man von der Farbe nicht auf den Charakter schließen konnte, berief man sich weiterhin auf die Auswahlkriterien aus dem 16. Jahrhundert. Die Festlegung der Rassemerkmale von 1970 beruhen in diesem Fall offenbar auf einer wissenschaftlichen Fehlinformation aus der griechischen Antike, was bei aller Liebe der Spanier zur Tradition vielleicht doch zu überdenken wäre – vor allem, nachdem Rappen und Braune momentan so modisch sind, dass bei der Kreuzung dieser beiden Farben damit zu rechnen ist, dass verstärkt Füchse geboren werden. Wie sagt man in der restlichen Welt? »Ein gutes Pferd hat keine Farbe.« Auf diesem Stand sind die Spanier dankenswerter Weise mittlerweile auch angekommen, und ab 2003 werden alle Füchse auch rückwirkend registriert. Damit ist zu erwarten, dass sie in den nächsten Jahren vielleicht auch Papiere bekommen.

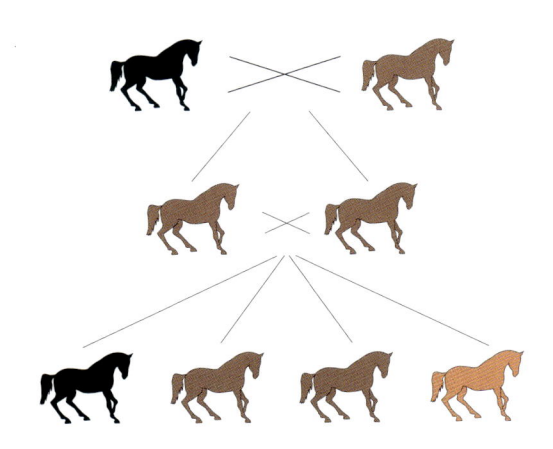

Nadal aus der Ganadería de Caballo Espagnolas S.A.

Galan XV der
Yeguada San Román

Von Andalusiern, P.R.E.s, Kartäusern und anderen

Für das Spanische Pferd existieren gleich vier oder fünf Bezeichnungen, die alle beinahe das gleiche Pferd meinen. Das liegt daran, dass das Spanische Pferd lange Zeit überhaupt keine besondere Bezeichnung hatte, sondern nach seinen Zuchtgebieten benannt wurde.

Andalusier und P.R.E.

Die Bezeichnung »Andalusier« ist die am häufigsten gebrauchte für das Spanische Pferd. Eigentlich ist sie aber irreführend, da sie im Grunde nur die Gegend bezeichnet, in der viele Spanische Pferde gezüchtet wurden und werden und alle Pferde Reiner Spanischer Rasse, die außerhalb Andalusiens gezüchtet wurden, ausschließt. Erst als man 1912 das Spanische Stutbuch einführte, beschloss die Spanische Züchtervereinigung, das Pferd *Pura Raza Española* (P.R.E.) zu nennen, also »Pferd Reiner Spanischer Rasse«.

Heutzutage bezeichnet man die gekörten Pferde mit vollen Papieren als »P.R.E.«, die Spanischen Pferde mit halben oder ganz ohne Papiere gewöhnlich als »Andalusier«, wobei die Andalusier – die menschlichen Spanier – natürlich überhaupt nichts dagegen haben, wenn man ihr Pferd »*el caballo andaluz*« nennt.

Kartäuser (Cartujano)

Der Kartäuser oder *Cartujano* ist keine andere Rasse, sondern bezeichnet eine bestimmte Linie des Pferdes Reiner Spanischer Rasse. Er gilt aufgrund einer Legende als wertvollste Linie des P.R.E.

Die Mönche des Kartäuserklosters außerhalb von Jerez begannen im Mittelalter, Pferde Reiner Spanischer Rasse zu züchten und sie möglichst frei von Fremdeinkreuzungen zu halten, weil sie außerordentlich national gesinnt waren und überhaupt jeglichen Fremdeinfluss ablehnten, vor allem den französischen. Sie hassten Napoleon. Dementsprechend lehnten sie auch die französische Reitweise als Teufelszeug ab, die sich Anfang des 18. Jahrhunderts an allen europäischen Höfen durchsetzte, und bekämpften sie mit Verve und großem Mut heftigst von der Kanzel herab. 1835 mussten die Kartäusermönche im Zuge der Säkularisierung ihre kirchlichen Güter aufgeben und verkauften ihre Pferde, unter anderem an die Familie Zapata, die die Zuchtlinie der Mönche weiterverfolgte. Die Zucht der Familie Zapata wurde 1854 an Vincente Romero veräußert, der wiederum 1897 teilweise an Romero Benitez verkaufte. 1911 wurde die Zucht von Vincente Romero vollständig aufgelöst, und unterschiedliche Teile

Spaniens Stolz – das Spanische Pferd

Gitano-MAC der Yeguada Cárdenas

der Linie gingen an verschiedene Privatzüchter – wie Terry, Roberto Osborne, Salvatierra oder Urquijo – und kurz darauf an die Militärgestüte wie etwa Hierro del Bocado, wo die Kartäuser bis heute als Reinzucht weitergeführt und als edelster Zweig der Reinen Spanischen Rasse vermarktet werden.

Über die Reinzucht der Pferde aus der Kartäuser-Linie wird heute viel und heftig diskutiert. Es existieren nur wenige Originaldokumente. Meistens verließ man sich auf Berichte von Zeitgenossen, deren Wahrheitsgehalt nachträglich nur selten nachprüfbar war, deren Legenden aber Jahrzehntelang immer wieder zitiert wurden. Eine hundertprozentige, nachweisbar lückenlose Abstammung von den Pferden der Kartäusermönche kann in den seltensten Fällen belegt werden. Gleichzeitig ist bekannt, dass sowohl die Familie der Terrys als auch die RUMASA S.A. und später die EXPASA keineswegs ausschließlich mit reinen Kartäusern züchteten.

Zapatero

Zapateros wurden die Karthäuserpferde aus dem Gestüt eines Don Pedro José Zapata Caros genannt. Zapata hatte angeblich nach der Enteignung der kirchlichen und klösterlichen Besitztümer durch den Staat 1835 den Mönchen der Kartause von Jerez große Teile ihrer Pferde abgekauft und begründete mit ihnen eine Zucht reiner Kartäuserpferde. Allerdings gibt es bisher keinen Nachweis eines Dokumentes, das belegen würde, dass die Kartäusermönche ihre Pferde an Zapata verkauft hätten.

Iberisches Pferd

Die Spanier können diesen Begriff nicht leiden, und dennoch wird er im spanischen Ausland immer wieder und gern als anderes Wort für das Spanische Pferd verwendet. Tatsächlich ist diese Bezeichnung nicht nur unpräzise, sondern falsch: Die Iberer waren schlicht alle Bewohner der Iberischen Halbinsel, und dazu gehörte Spanien ebenso wie etwa auch Portugal. Als Iberisches Pferd muss dementsprechend also alles gelten, was auf eben dieser Iberischen Halbinsel herumläuft: Andalusier, P.R.E., die portugiesischen Lusitanos und die Sorraiapferde sowie die Menorquinos und Mallorquinos, die nach ihren jeweiligen Heimatinseln benannt wurden.

Die Bedeutung des Pferdes im spanischen Leben

Wie sehr das Pferd trotz moderner Zeiten, Motorräder und Diskotheken immer noch Teil des spanischen Lebens ist, wird am deutlichsten auf den Ferias, die von Februar bis September überall in Spanien stattfinden: Feste zu feiern ist ein so wichtiger Bestandteil des spanischen Lebens, dass sich der englische Reiseautor Richard Ford, der Spanien um 1830 bereiste, immer wieder fragte, »wie es den Spaniern eigentlich gelingt, ihren Lebensunterhalt zu verdienen, da jeder Tag ein Feiertag zu sein scheint.« Andalusien ist dabei sicherlich die festseligste Region Spaniens, wo nicht der geringste Anlass ausgelassen wird, um eine Fiesta zu veranstalten. Pferde sind dabei so sehr traditioneller Bestandteil andalusischen Lebens, dass es auch keine Feria ohne Pferde und Reiter gibt: Schon die kleinsten Kinder sitzen in natürlicher Anmut und mit großer Ernsthaftigkeit auf dem Pferd, Eigenschaften, die sich später zu spanischem Stolz entwickeln.

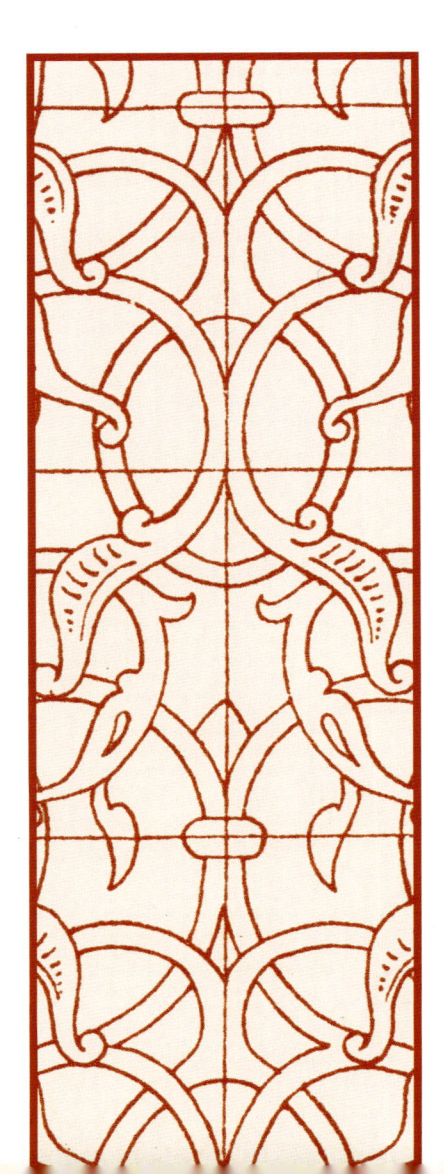

Ferias – Ausdruck spanischer Lebenslust

Die vielleicht berühmteste Feria Spaniens ist die *Feria de Abril* in Sevilla. Dort, wo die Karwoche – die *Semana Santa* – schöner und prächtiger als irgendwo sonst in Europa begangen wird, ist Ostern eigentlich erst mit dieser Feria vorbei, die etwa zwei Wochen nach dem Osterfest stattfindet und das sevillanische Frühlingsfest darstellt. Eine Woche lang wird in Sevilla farbenfroh und laut gefeiert. Die Frauen tragen bunte Flamencokleider mit Punktemustern und Seidenschals, sie tanzen auf Straßen und Plätzen die *Sevillana*, einen volkstümlichen andalusischen Tanz, der an eine weiche Variante des Flamenco erinnert, zum rhythmischen Gerassel der Tamburins oder zu Zigeunerliedern. Und wo man auch hinschaut – überall Pferde: Ab Mittag zeigen sich Reiter in ihren traditionellen Trachten und mit dem Kopfschmuck aus Spitze in der großen Parade, der *Cabalgata*. Reiter, Kutschen, Fußgänger und Tänzer vermischen sich, und man sieht Bauern auf prächtig geschmückten Maultieren und Grandes auf edlen Spanischen Hengsten, die aus lauter Festlust erhaben piaffieren.

Auf allen Straßen, in der ganzen Stadt begegnet man während der Feria del Caballo Schönheiten in traditionell bunten Kleidern auf dem Weg zum Festplatz.

Ferias – Ausdruck spanischer Lebenslust

Unbedingt dazu gehört immer der Kampfstier. In der berühmten Arena Maestranza treten die besten Stierkämpfer Spaniens auf, die wiederum gegen die besten Stiere Spaniens antreten, Symbole der Fruchtbarkeit und Naturgewalt – und Ausdruck spanischer Todessehnsucht. Die wichtigste Feria für Pferdefreunde findet allerdings im Mai im Südosten Andalusiens statt. Die Stadt Jerez de la Frontera hat sich als Wiege goldener Sherrys und Brandys etabliert und gilt als Zentrum der spanischen Pferdezucht. Hier werden berühmte Sherrys wie Domecq, Gonzalez Byass, Tío Pepe oder Sándeman hergestellt – tatsächlich stammt das Wort »Sherry« denn auch von »Jerez«, das die Andalusier ohne das spanisch weich gesprochene »z« (wie das englische th) aussprechen. Die mundfaulen englischen Sherrybauern machten aus dem »Jere« schließlich also »Sherry«. In tausenden von schwarzen Eichenfässern lagert der Wohlstand der Stadt in den kathedralenartigen Hallengewölben der malerischen *Bodegas*. In Jerez an der Avenida Duque de Abrantes liegt auch die berühmte Real Escuela Andaluza del Arte Ecuestre (die Königliche Andalusische Reitschule), hier liegt mitten in der Stadt ein Hengstdepot des Militärgestüts, hier steht gleich vor der Stadt das alte Kartäuserkloster, das in der Pferdezucht eine große Rolle spielte, und das Staatsgestüt Hierro del Bocado.

Jedes Jahr in der zweiten Maiwoche dreht sich in Jerez rauschende sieben Tage lang alles um das Pferd: Während der *Feria del caballo* erlebt man auf unvergleichliche Weise die feudale andalusische Lebensart noch nicht vergangener Zeiten, wo man den gesellschaftlichen Großauftritt der andalusischen Landesherren sehen kann, den sie dem Sherry verdanken und auf ihren Prachtrössern präsentieren: Auf diesen unbeschreiblichen Jahrmärkten der Eitelkeit erfüllt das Spanische Pferd immer wieder seine Bestimmung als Prestigeobjekt und Repräsentationsmittel – denn: je spektakulärer das Pferd, desto stolzer der *Caballero*.
Die Gassen, Plätze und Cafés der Stadt sind wie leergefegt, stattdessen flanieren tausende von Menschen über den großen Festplatz González Hontoria Park im nördlichen Teil der Stadt. Andalusische Schönheiten in traditionellen

Schon Dreijährige sitzen mit Stolz und Anmut im Sattel.

Pünktchenkleidern, Touristen und Einheimische, Señores auf kraftstrotzenden Hengsten nehmen am Rande im Schatten der Eukalyptusbäume einen Aperitif oder drei, schwarz gelackte Sechsspänner traben durch die Menschenmenge, die Mähnen und Schweife der Pferde farbenfroh geschmückt mit gelben und roten Troddeln, begleitet von Reitern in traditioneller Tracht. Neben den breiten Sandwegen reihen sich Schanktheken, Süßigkeitenbuden, Tanzdielen und Casetas aneinander, die Fassaden wie in einer potemkinschen Stadt liebevoll als kleine Bodegas aufgemacht. Durch ihre Tür tritt man in dröhnende Festzelte, in denen köstliche *Tapas* gegessen werden sowie Bier – *Cerveza* – und vor allem gekühlter Sherry in Strömen fließen. In keiner dieser Casetas darf die Tanzfläche fehlen, ganz egal, wie winzig sie zuweilen auch ausfällt. Schon die ganz kleinen Mädchen wirbeln hier mit anmutigen Bewegungen in aufwändigen Kleidern zu ohrenbetäubender Musik in Sevillanas über die Tanzfläche, zusammen mit ihren Freundinnen oder größeren Schwestern, ihren Müttern und Großmüttern, aber nur wenigen Männern, die sich meistens etwas zieren zu tanzen – dem spanischen Machismo scheint das Tanzen offenbar entgegenzustehen. Echte Männer tanzen nicht, das ist ein internationales Phänomen. Machismo und Selbstdarstellung sind wichtige Bestandteile der *Feria del Caballo*, wo letztere

Oben:
Prächtig geschmückte
Kutschpferde in Sevilla

Ferias – Ausdruck spanischer Lebenslust

zum Selbstzweck wird. Ursprünglich begann diese Feria als nüchterne Vieh- und Landwirtschaftsausstellung, bis die andalusischen Sherry-Barone daraus ein Fest machten, um ihre Angestellten zu unterhalten und sich selbst als Herren über Wein und Länder darzustellen. Und nichts eignet sich dafür schließlich besser als der Rücken eines edlen, schnaubenden Rosses. Immerhin drückt sich auch in den (männlichen) spanischen Wörtern *caballero* – Herr – und *caballerosidad* – Herrlichkeit – die Bedeutung und Ernsthaftigkeit des Pferdes (spanisch *caballo*) als Imponierobjekt aus: Das Pferd ist in Andalusien noch immer wichtiges traditionelles Element männlichen Selbstverständnisses.

Ab etwa zwölf Uhr Mittag defilieren die *Caballeros* und Kutschen stundenlang unermüdlich in der Hitze, um zu sehen und gesehen zu werden. Mit aufrechter Lässigkeit und einstudierter Arroganz paradieren die Reiter meist gruppenweise in traditionellen andalusischen Trachten auf und ab, die Männer in der formellen Reittracht, dem *Traje corto* mit kurzer Jacke, weißen Hemden, schmalen Hosen und schwarzen oder grauen Sombreros, die sie tief in die Stirn gezogen haben. Ihr strenger Blick, der unter der Hutkrempe hervorlodert, sieht über das bunte Fußvolk einfach hinweg. Damen der besseren Gesellschaft sitzen ebenfalls in schlichten *Traje corto* im Sattel auf ihren Pfer-

Die Bedeutung des Pferdes im spanischen Leben

den, die vom Festtagsfieber gepackt auf dem Asphalt passagieren. Die Señoritas, die vom Reiten nichts verstehen oder einfach die Gelegenheit nutzen wollen, ihr schönstes Kleid zu zeigen, nehmen hinter dem Sattel ihres Beau elegant seitlich auf der *Grupera*, einem Sitzkissen, Platz, einen Arm um die Taille des Caballeros, mit der anderen Hand halten sie sich am Schweifriemen fest: Prinzessinnen für diesen Tag.

Berittene Familien erscheinen neben- und hintereinander, hierarchisch gestaffelt, der Vater mit der kleinsten Tochter im Festkleid aus hunderten von Rüschen vor sich auf dem Sattel – und jeder von ihnen strahlt das Selbstbewusstsein dessen aus, der seinen Platz auf der Welt kennt und genießt. Drei- oder vierjährige Stammhalter sieht man in kompletter Vaqueramontur und tiefer Konzentration von der Höhe ihres Kindersattels das strenge Imponiergehabe ihrer Väter nachahmen, während ihre Spanischen Hengste sich äußerst vorsichtig durch die gut gelaunte Menschenmenge bewegen, ihrer kindlichen Last voll bewusst. Am Rande und dazwischen bilden große Gruppen jeweils einen Kreis, in dem unter Kastagnettengeklapper und dem Rhythmus der Tamburine im Straßenstaub die Sevillana getanzt wird. Die rundleibigen älteren Frauen tanzen sie meist am besten, mit reduzierten Bewegungen, die unendlich elegant wirken, selbstsicherem Charme und einem erotischen Feuer im Gesichtsausdruck, das jeden Mann der Ohnmacht nahe bringen müsste.

Gelassen bewegen sich die üppig geschmückten Kutschpferde mit den edlen Wagen durch die Festmenge.

Auf andalusischen Ferias dient das Pferd nicht nur der eleganten Fortbewegung, sondern ist vor allem wichtigstes Repräsentationsmittel: je schöner das Pferd, desto stolzer der Caballero. (unten)

Die Tänzerinnen und Tänzer wechseln sich immer wieder ab, bringen Fremde in die Mitte des Kreises, zeigen ihnen fröhlich die Tanzschritte und prosten ihnen mit Jerez zu, einem trockenen Sherry – den süßen, den Dulce, trinken hier nur sehr alte Damen und Touristen. Trotzdem trifft man hier nie auf Betrunkene oder Randalierer; der sprichwörtliche spanische Stolz beinhaltet unbedingt auch Disziplin.

Zwischen den Sevillana-Tänzern, Reitern und Menschenmengen erlebt man, wie mit höchstem Fahrniveau die elegantesten Kutschen sicher und gekonnt durch den Trubel gelenkt werden. Die Pferde, so üppig mit bunten Troddeln geschmückt, dass man sich manchmal fragt, ob sie überhaupt etwas sehen können, traben völlig gelassen zwei-, vier- oder noch eindrucksvoller: sechsspännig vor wertvollen polierten Kutschen und reagieren sofort auf die leisesten Paraden. Im Inneren der Kutschen sitzen meist aristokratisch wirkende Herrschaften, die Damen mit strenger Knotenfrisur in bunter Volkstracht oder schwarzer Seide, die Herren mit winzigem Sherryglas in der einen, eine eindrucksvolle Zigarre in der anderen, beringten Hand. In weniger edlen Kutschen lassen sich vor allem Touristen herumkutschieren – wären sie nicht sofort an ihrer Kleidung zu erkennen, dann verrieten sie sich durch ihre hingerissen staunenden Mienen, die sich so sehr von dem gelassenen, wohlwollenden Gesichtsausdruck der

Die Bedeutung des Pferdes im spanischen Leben

Selbst Kinder entbehren weder Stil noch Selbstbewusstsein.

Der Sherry: Um den geht es eigentlich!

Spanier unterscheiden, und ihre Fröhlichkeit wirkt irgendwie lauter, auch wenn sie die Sevillanas gar nicht mitsingen, und durch ihre Kameras, die sie ob des Übermaßes an bunter, zu Hause vielleicht schwer zu beschreibender Szenerie ständig zücken, auch irgendwie indiskret. Natürlich haben sich diese Ferias verändert in den letzten zehn, fünfzehn Jahren, in denen der Tourismus zugenommen hat. Längst nehmen nicht mehr alle wichtigen Familien zu Pferde an den berittenen Defilees teil, auch die Reiter der Real Escuela del Arte Ecuestre beschränken sich auf Galadarbietungen innerhalb ihrer Institution und reiten nicht mehr auf dem Festplatz auf und ab, wie sie es noch vor wenigen Jahren aus Repräsentationsgründen getan haben. Dem überwältigenden Zauber dieser Volksfeste tut das dennoch keinen Abbruch. Spätestens hier und jetzt beginnt man als Fremder, Spanien zu lieben, Andalusien zu lieben, das Vergnügen der Andalusier am heimatlichen Brauchtum, ihre überschwängliche Lebenslust und schweigsame Ernsthaftigkeit.

Abseits vom Festplatz werden viele verschiedene Turniere und Wettbewerbe veranstaltet, auf denen sich Pferdeliebhaber aus aller Welt treffen. Gleich um die Ecke veranstaltet die Real Escuela del Arte Ecuestre in ihrer großzügigen Reithalle neben dem Palast »Recreo de las Cadenas« nächtliche Galas, deren Eintrittskarten gewöhnlich schon Monate vorher ausverkauft sind und lange vorbestellt werden müssen, die aber ein wundervolles Erlebnis für alle Zuschauer sind – ob nun ausgesprochene Pferdeliebhaber oder nicht. Tagsüber finden an wechselnden Orten die Nationalmeisterschaften der *Doma Vaquera*, der traditionellen Hirtenreiterei, und des *Acoso y Derribo* statt. Das *Acoso y Derribo* ist ein wichtiger Teil der Arbeit der Kampfstierzüchter, wobei der Mut der Rinder getestet werden soll. Bewertet werden die gewöhnlich sehr hohen reiterlichen Fähigkeiten des Reiterteams: eines *Garrochista*, der eine Holzstange von vier Metern Länge zu Pferde handhaben muss, um damit ein junges Rind von der Herde auszusondern und schließlich im gestreckten Galopp umzustoßen, während sein Helfer, der *Amparador*, ihn dabei unterstützt, indem er etwa das Rind in die richtigen Bahnen lenkt.

Auf dem Gelände des Hengstdepots des Staatsgestüts demonstrieren anderntags renommierte Kutschenfahrer vor leuchtenden Bougainvilleen am Verwaltungsgebäude ihre mehrspännigen Wagen in den schwierigsten Hufschlagfiguren bei Fahrturnieren. Die Anlage ist traditionell andalusisch gelb-weiß gestrichen und sehr gepflegt, die arabischen und spanischen Zuchthengste – unter denen sich mittlerweile auch der berühmte spanische Olympia-Hengst von 1996, Evento, befindet – stehen in Offenboxen und behalten so einen fabelhaften Überblick über das ungewohnte Treiben auf ihrer sonst stillen und militärisch straff geführten Anlage. Gegenüber des González Hontoria Park findet auf dem IFECA-Messegelände eine wichtige Zuchtschau, die »Equisur« statt, wo von einem fachkundigen Publikum die Ergebnisse der Landeszucht begutachtet und von strengen Richtern bewertet werden. In der Messehalle werden währenddessen von der Zunft handgenähte und üppig verzierte spanische Reitstiefel gezeigt und verkauft, *Traje cortos*, Zäumungen aus weichstem Rindsleder und Sättel jeder Form und Ausführung. Auf der »Equisur« kommen viele der großen – vor allem andalusischen – Züchter von *Pura Raza Española*, Arabern und Anglo-Arabern zusammen, die hier ihre Fohlen, Stuten und Hengste der Kategorien von ein bis sieben Jahren zeigen und teilweise verkaufen. Vor einer Jury aus drei Richtern werden die Pferde in den verschiedenen Kategorien an der Hand vorgeführt, schweben im Aktionstrab über die Arena und lassen die Zuschauerherzen schmelzen, wobei die Richter naturgemäß viel unerbittlicher sind. In dem relativ kleinen Rahmen der »Equisur« geht die Bewertung der einzelnen Pferde für das Publikum sehr übersichtlich vonstatten, und die Zuschauer können die Bewertungskriterien der Richter gut nachvollziehen.

Auf dem Gelände des Hengstdepots des Staatsgestüts werden künstlerische, waghalsige Kutschenmanöver vorgeführt.

Die Bedeutung des Pferdes im spanischen Leben

Oben: Stutenboxen auf der Zuchtschau, der »Equisur«. Unten: Auf dem IFECA-Gelände findet das Kernstück der Feria statt.

Für die Beurteilung der Funktionalität werden die vier-, fünf-, sechs- und siebenjährigen Hengste unter dem Sattel gezeigt, was die neutrale Bewertung ihrer Bewegungsmöglichkeiten vielleicht manchmal etwas behindern könnte – so, wie einige der Reiter zweifellos die Bewegungsmöglichkeiten ihrer Pferde behindern –, aber die spanischen Richter verstehen ganz offensichtlich etwas von ihrem Fach und können über solche Dinge hinwegsehen.

Als gesellschaftliche Höhepunkte der *Feria del Caballo* finden in der Arena von Jerez fast jeden Abend Stierkämpfe mit den großen Stierkämpfern statt. Den berittenen Stierkampf – den *Rejoneo* – gibt es meist nur an einem Abend zu sehen, während die anderen Abende für die klassische *Corrida*, den Stierkampf zu Fuß, reserviert sind. Der Stierkampf zu Pferd ist die eigentlich ältere Variante, die Mitgliedern der aristokratischen Familien vorbehalten war. Erst als Anfang des 18. Jahrhunderts der *Rejoneo* verboten wurde, entwickelte sich die heute populärere, plebejische *Corrida* zu Fuß. Ist in der *Corrida* die Tragödie die Hauptsache, die Auseinandersetzung von Mann gegen Naturgewalt in Form der tobenden Bestie, spielt der Stier im *Rejoneo* eigentlich nur eine Nebenrolle, ist Mittel zum Zweck, um den *Rejoneador* mit seinen reiterlichen Fähigkeiten brillieren zu lassen. Die Künste von Pferd und Reiter sind atemberaubend, das Manöver zwischen Mann, Pferd und Stier unendlich spannend: ein Schauspiel nach strengen Regeln, das zum eigentlichen Verständnis Spaniens und seiner Kultur unbedingt dazugehört.

Bewertet werden:

- Bestes Gestüt *(mejor Ganadería)*
- Bester der Besten aller vorgestellten Rassen *(Campeón de Campeónes)*
- Bester Hengst und beste Stute der jeweiligen Rasse *(Campeón(a) de la Raza)*
- Zweitbester Hengst/zweitbeste Stute der jeweiligen Rasse *(Subcampeón(a) de la Raza)*
- Bester Bewegungsablauf *(Mejores Movimientos)*
- Funktionalität *(Funcionalidad)*

Ein strenger Richterblick, dem nichts entgeht

Nächste Seite: 350 000 Glühbirnen erhellen nachts den Festplatz und sorgen für eine fast märchenhafte Atmosphäre.

Nach dem Stierkampf werden in der Bar gegenüber der Arena beim Sherry leidenschaftliche Kritiken und Beurteilungen über die Stierkämpfer und ihre Widersacher, die Stiere, sowie die einzelnen Kampfphasen – die *Tercios* – ausgetauscht. Der Sherry sorgt für Feuer in den Adern, oder die Liebe zum Land: Tage des Triumphes und der Eroberungen, Ehre und Leidenschaften werden besungen, die Nacht wird zum Tag gemacht. Wer danach noch nicht genug erlebt hat, wird wieder zur Feria zurückkehren. Wenn es dunkel wird und alle Paradepferde längst wieder in ihren Ställen stehen, wird der ganze Festplatz taghell erleuchtet mit bunten, spektakulären Girlanden aus 350.000 Glühbirnen, die an maurische Ornamente erinnern und eine seltsam unwirkliche, märchenhafte Atmosphäre verbreiten. Die Luft ist weich und schmeckt nach Sherry, aus den *Casetas* dringt Gitarrenmusik, es wird gesungen, gelacht und getanzt bis zum Morgengrauen – und der totalen Erschöpfung.

Noch in der Nacht wirbeln überall Tänzer und Tänzerinnen mit ungebrochenem Temperament zu den Sevillanas.

Die Kapelle von El Rocío, zu der jedes Jahr über eine Million Menschen pilgern

Die Wallfahrt nach El Rocío ist eine der fröhlichsten und spektakulärsten der Welt.

Reiterwallfahrt nach Rocío – Romería del Rocío

Reiterwallfahrt nach Rocío – Romería del Rocío

Gewöhnlich passiert in dem andalusischen Dorf El Rocío praktisch nichts: ein ruhiger, ländlicher Ort mit etwa dreihundert Einwohnern, der nur wenige Besucher anlockt. Zu Pfingsten ist es dann plötzlich mit der Ruhe vorbei. Etwa eine Million Menschen strömten aus ganz Spanien in die kleine weiße Wallfahrtskapelle El Rocío mitten in den *Marismas*, den Sümpfen in der Mündung des Guadalquivir, um der »Ermita de Nuestra Señora del Rocío« zu huldigen, einer Marienstatue, deren geheimnisvolle Erscheinungen sie berühmt gemacht haben. Über achtzig Bruderschaften wandern über fünf Tage auf der fröhlichsten aller Wallfahrten nach El Rocío, und mit ihnen zusammen kommen Pilger zu Fuß, im Auto, im Bus oder zu Pferd, auf prächtig dekorierten Kutschen und von Rindern gezogenen Karren, es wird tage- und nächtelang gesungen, getrunken, gelacht und geweint, bis am Montagmorgen die »Virgen del Rocío«, auch »Weiße Taube« oder »Königin der Sümpfe« genannt, endlich aus der Kapelle geholt wird. Zwölf Stunden lang wird die Madonna dann von jungen Männern durch die Menge getragen, die jeden davonjagen, der sich ihr zu nähern versucht.

Der Legende nach begann der Marienkult von El Rocío etwa im 7. Jahrhundert, als ein Jäger

Die Bedeutung des Pferdes im spanischen Leben

Die Gläubigen wandern, reiten oder fahren per Jeep, Pferd, Esel, Ochsenkarren oder Maultierwagen in das kleine Dorf El Rocío.

aus Almonte im Wald eine von Unkraut umwucherte, hölzerne Marienfigur fand, die dort wohl schon länger gelegen haben musste, und die er kurzerhand schulterte, um sie nach Hause zu tragen. Als der Mann sie auf dem Heimweg zwischendurch absetzte, war sie plötzlich verschwunden. Er fand sie wieder – in ihrem alten Versteck. Ein Wunder war also geschehen, und von nun an pilgerten die Dorfbewohner zu dem Marienversteck, um sie vor Ort um ihren Segen zu bitten. König Alfons X., der Weise, ließ der »Nuestra Señora del Rocío« 1275 eine Kapelle bauen, um die sich im Laufe der Zeit das Dorf El Rocío bildete. Etwa seit dem 18. Jahrhundert wurde die »Madonna der Sümpfe« dann auch für weiter gereiste Pilger ein Begriff.

»Den Rocío kann man nicht in Worte fassen, man lebt ihn«, schrieb der andalusische Dichter Antonio Gala in seinem Buch »Cartas a Troylo«. Beschreiben kann man tatsächlich nur Randdetails – das Gefühl, um das es sich hierbei eigentlich handelt, reicht weit über Sprache hinaus. Der Rocío ist eine seltsame Mischung aus religiöser Wallfahrt und Aberglaube, aus Tradition, Folkore, Lebenslust und Todessehnsucht – sehr spanisch eben. Es geht darum, bei dieser beschwerlichen Reise den Weg durchs Leben zu symbolisieren, darum, die Heilige Jungfrau zu verehren und seine Mitmenschen ohne Unterschied oder Rücksicht auf ihre Herkunft als Brüder zu betrachten. Mit einer

Reiterwallfahrt nach Rocío – Romería del Rocío

Pilgerfahrt der Verzweiflung und Trostlosigkeit hat die Reise nach El Rocío beim besten Willen nichts zu tun: Hier wird bis zur Entkräftung gefeiert.

Auf dem Weg zum Strand von Sanlúcar de Barrameda, einem der Ausgangspunkte, wird man fast überrollt von den vielen Fuhrwerken, beladen mit Heu und Hafer, Coladosen, Sherryflaschen, Jamón, Brot und Eiern, blumengeschmückten Geländewagen und aufgeregten Pferden. Unten am Strand, an dem gewöhnlich nur ein paar Fischerboote liegen und die Fähren, die schläfrig ein paarmal am Tag Touristen in den schönsten aller Naturparks – den Coto Doñana – schippern, findet man eine Menschenmenge wie bei einem Volksaufstand. Hier werden volkstümliche, fröhliche Sevillanas gesungen und getanzt, die entfernt an den dramatischen Flamenco erinnern, aber viel leichter, weicher sind. In den umliegenden Kneipen strömt der Sherry, junge Männer kommen auf ihren rassigen Hengsten angaloppiert und erschrecken die jungen und in ihren Flamenco-Kostümen hübsch anzusehenden Mädchen,

Der Legende nach fand ein Jäger im 7. Jahrhundert im Wald die hölzerne Marienfigur an der Stelle, an der später die Kapelle gebaut wurde.

Die Bedeutung des Pferdes im spanischen Leben

Unerschrocken lassen sich die Pferde per Fähre über das Wasser schippern.

die gackernd wie junge Hühner zur Seite springen. Überall stehen Pferde mit und ohne Reiter, dafür dann mit einem Betreuer, der vier, fünf von ihnen am Zügel hält, bis ihre Reiter sich genügend verabschiedet und Sherry getrunken haben und bereit für die Überfahrt sind. All diese Pferde sollen nämlich zunächst auf die kleinen Fähren und dann auf die andere Seite des Flusses gebracht werden, von wo aus die eigentliche Pilgerfahrt losgeht. Manche der Pferde sind von der Notwendigkeit, diesen unsicheren, schaukeligen Untergrund zu betreten, nur schwer zu überzeugen, aber irgendwie sind sie schließlich doch alle auf den Booten und werden übers Wasser gebracht – wobei der Strom der Pferde, Reiter und Karren, die auf die nächste Fähre warten, nicht abzunehmen scheint.

Die Wanderung nach El Rocío setzt sich aus mehreren Pilgerzügen zusammen, die aus verschiedenen kleineren Orten Andalusiens in die *Marismas* ziehen, aus Jerez, Cádiz und Sanlúcar, aus Sevilla, Huelva und Umgebung. Der Weg nach El Rocío dauert drei bis fünf Tage. Gereist wird zu Fuß, zu Pferd oder zu Wagen, gezogen von Ochsen, Eseln oder Treckern, mit Kind, Kegel und Kühlschrank.

Angeführt wird jeder Pilgerzug von der *Carreta de Plata*, einem Karren, der einen Altarschrein mit der Madonna der heimatlichen Kirche zeigt und überschwänglich mit Blumen, Gold und

Reiterwallfahrt nach Rocío – Romería del Rocío

Silber geschmückt ist. Dahinter folgen malerische Ochsenkarren, die manchmal auch von Kühen gezogen werden, und deren gewaltige Zugtiere, geschmückt wie die sprichwörtlichen Pfingstochsen mit seltsamem, flitterndem und glitzerndem Kopfputz, die Reise durch die Landschaft machen. Die oft ganz einfachen Wagen sind nach Planwagenmanier mit einem weißen Sonnendach versehen und aufwändig mit Blumengirlanden geschmückt. Neben Matratzen, Kissen und Kästen befördern sie alles, was der gut organisierte Wallfahrer unterwegs so braucht.

Die Route ist in jedem Jahr dieselbe. Unterwegs schließen sich immer noch mehr Pilger der Reise an, die wieder und wieder unterbrochen wird für zahlreiche Stegreifmessen und Ruhepausen, wobei insgesamt wenig geschlafen wird, aber umso mehr gesungen, getanzt, geweint, gegessen und getrunken. Neben gefederten, luftbereiften Luxuswagen mit runden, gut gefütterten Maultieren, die ihr Leben offensichtlich ordentlich versorgt auf reichen Fincas verbringen dürfen, schlurfen grobknochige, klapprige Exemplare der gleichen Art, die harte, ungefederte Karren mit starren Wagendeichseln armer und ärmster Pilger ziehen müssen. Alle Pilger sind dabei erfüllt von brüderlichem Wohlwollen für ihre Nächsten: Jeder teilt sein Essen, seinen Sherry, alles, was er hat, mit jedem. Auf vielen Wagen findet man bis zu 50 Kilogramm Schinken,

40 Kilogramm Meeresfrüchte, fässerweise Bier und so viel Brot, dass es über den ganzen Sommer reichen würde. Zum *Espíritu rocíero* gehört die Gastfreundschaft als oberstes Gebot. Aber obwohl hier unglaubliche Mengen Sherry und Bier konsumiert werden, erlebt man nur wenig Betrunkene und keine Streitereien – schließlich ist der Rocío ein Fest der Brüderlichkeit, Nächstenliebe und Versöhnung. Alle Reiter und ihre Damen tragen das Medaillon ihrer Bruderschaft oder der Virgen del Rocío über ihrer traditionellen Kleidung, die Frauen in leichten Flamencokleidern, die Männer meistens im klassischen Reitkostüm mit Zahones und Sombrero. An den meisten Füßen sieht man spanische Reitstiefel, in denen man so bequem laufen kann. Immerzu dröhnen die Tambores und die immer heiserer werdenden Gesänge fröhlicher Rocíeros, dazu unermüdlich

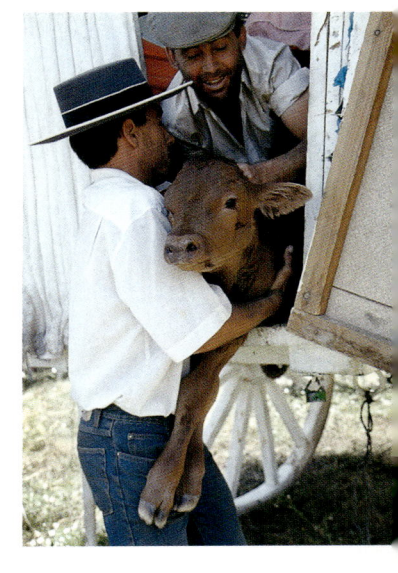

Ein neu geborenes Kalb wird im Karren gefahren, den seine Mutter ziehen muss.

Die Führer der Maultier-, Esel- und Ochsenkarren machen die gesamte Strecke nach El Rocío zu Fuß.

Die Bedeutung des Pferdes im spanischen Leben

Wie Wasserfälle stürzen die Rüschen der Flamencokleider über die Kruppen der Pferde. (unten)

Das Medaillon einer der vielen teilnehmenden Bruderschaften.

das rhythmische Händeklatschen zu den Sevillanas. Die Sonne brennt mit häufig über 40 Grad aufs edle oder elende Haupt, und eine Kopfbedeckung ist unbedingt anzuraten.

Zwischen den Maultieren, Eseln und Ochsen reiten *Caballeros* unter Sombreros und in reich verzierten Lederschürzen auf edlen Spanischen Pferden oder solchen, die eher an Don Quijotes Rosinante erinnern. So oder so sitzen sie mit aufrechter Lässigkeit und unnahbarem Stolz in ihren traditionellen, lammfellbezogenen Sätteln, die Zügel in der linken Hand, hinter ihnen sitzt seitlich-elegant eine Señorita auf der Kruppe des Pferdes im bunten Kleid, dessen zahllose Rüschen kaskadenartig über die Hinterhand des Pferdes fallen und im

Gegen Abend wird der Weg etwas leichter ohne die Sonne, die tagsüber erbarmungslos bei bis zu 40 Grad brennt. Der Staub bleibt.

Reiterwallfahrt nach Rocío – Romería del Rocío

Takt der Bewegung wallen. Sand- und Staubwolken, von hunderten und tausenden Hufen, Rädern und Füßen aufgewirbelt, setzen sich knirschend zwischen Zähnen, Haut und Stoffen nieder, aber das alles tut der Stimmung keinen Abbruch.

Die Pilger sind nach fünf Tagen Marsch meistens vollkommen staubbedeckt und unkenntlich geworden: Der Staub liegt auf Haut und Haar, dringt zwischen die Zähne, wer in El Rocío sauber und gebügelt aussieht, wohnt entweder hier oder ist mit dem Auto angereist.

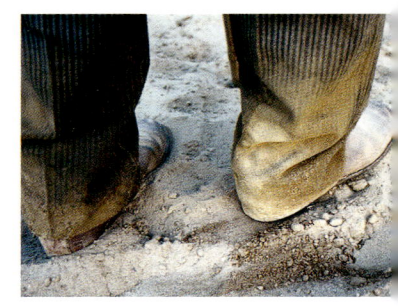

Die Bedeutung des Pferdes im spanischen Leben

Reiterwallfahrt nach Rocío – Romería del Rocío

Die Beschwerlichkeit der Wallfahrt, Staubwolken oder Schlafmangel können das Vergnügen der Teilnehmer nicht erschüttern.

Die Bedeutung des Pferdes im spanischen Leben

Während am Freitag vor Pfingsten die Pilgerzüge und Bruderschaften unter *Viva la virgen!*-Rufen in das Dorf strömen, werden in der Kapelle von El Rocío jeden Morgen kleine Messen abgehalten. Der Duft aus Rosmarin, Thymian und Eukalyptus vermischt sich mit Pferdegeruch und Staub; Reiter, Fußgänger, Karren und Kutschen fluten im friedlichen Chaos durcheinander. Die wohlhabenden Familien lassen sich auf den Veranden ihrer Häuser nieder, die sonst das gesamte Jahr über leer stehen; die, die eine Bleibe haben, richten sich dort häuslich ein, andere machen sich in ihren Autos ihr Bett, wieder andere legen sich unter den freien Himmel. Platz gibt es hier keinen mehr – noch die ganze Nacht hindurch wird herumgelaufen und -geritten. Freunde werden begrüßt, wird weitergetanzt und weitergetrunken. Am Samstag werden dann die offiziellen Besuche gemacht, oder man sucht die, mit denen man eigentlich verabredet war, zwischen einer Million Pilgern, von denen die meisten auch irgendjemanden suchen. Und keine Gelegenheit zur Selbstdarstellung bleibt ungenutzt: Wohlhabende Grandes defilieren durch das Dorf, die Rechte lässig auf den Oberschenkel gestützt, das unbeschreibliche Durcheinander um sich herum ignorierend, ganz Autorität, ganz in die eigene Herrlichkeit vertieft. Stolze *Caballeros* reiten unermüdlich in

Gläubige aus allen Teilen Spaniens strömen in das winzige Dorf und tragen die Fahnen ihrer Bruderschaften mit sich.

Die Bedeutung des Pferdes im spanischen Leben

Abends werden offizielle Besuche gemacht, oder man sucht die, mit denen man verabredet war.

Die Dichte der Gläubigen stellt eine große Prüfung für Menschen mit Platzangst dar.

der Hitze auf und ab, stets zu einem trockenen Sherry und einem Schwätzchen im Schatten der Bäume aufgelegt. Bruderschaften ziehen durch das Dorf, um wiederum andere Bruderschaften zu besuchen, daneben werden anmutige Sevillanas unter Vordächern schlichter Häuser getanzt.

Am Pfingstsonntag dann sind alle gleichermaßen zu Fuß unterwegs – Pferde und Wagen sind in Ställen untergebracht oder irgendwo am Rande geparkt. Zu der großen Messe unter freiem Himmel ziehen sich die Pilger festlich an, die Gesänge werden getragener, die Gebete stiller.

Die Bedeutung des Pferdes im spanischen Leben

Die große Prozession am Pfingstsonntag

Die Königin der Marismas: la Virgen del Rocío

In der Nacht von Sonntag auf Montag geht das Pfingstfest endlich seinem eigentlichen Höhepunkt entgegen, und jetzt schläft wirklich niemand mehr. Wallfahrer tragen brennende Kerzen vor sich her, Rosenkränze werden gebetet. Gegen zwei Uhr nachts kann man den Zug des Rosario beobachten, bei dem die Männer aus dem benachbarten Dorf Almontes, die berühmt sind für ihre Kraft und Stärke, die große Sänfte mit der Heiligen Jungfrau auf ihre Schultern nehmen. Nur wer ihnen zuruft, dass er ein Gelübde abgelegt habe, wird kurz hochgestemmt, um für einen winzigen Moment das Gewand der Madonna berühren zu dürfen.

Die Königin der *Marismas* wird in den Nachthimmel emporgehoben und bis zum Mittag des folgenden Tages herumgetragen.

Reiterwallfahrt nach Rocío – Romería del Rocío

Schließlich weicht die Ekstase der Melancholie, die Stimmung wird nachdenklicher.

Der religiöse Eifer wird in seiner ungeheuren Intensität körperlich regelrecht spürbar, die Dichte der Gläubigen beängstigend. Dies ist keine Veranstaltung für Menschen mit Platzangst. Böllerschüsse ertönen, Glockengeläut und ekstatische Hochrufe: »*Viva la Paloma Blanca!*« In ganz unchristlichem Gewühle und Gerangel schwankt die Sänfte der Jungfrau Maria immer wieder bedrohlich, aber um tatsächlich umzufallen, ist es hier viel zu eng.
Gleichzeitig schlägt jetzt auch die Stimmung um: Die Ausgelassenheit, die Ekstase der letzten Tage wird zu Wehmut und Melancholie, sogar die Sevillanas klingen plötzlich traurig, die Stimmen werden leiser. Vielleicht ist es nur die Erschöpfung.

Die Bedeutung des Pferdes im spanischen Leben

SICAB – Salón Internacional del Caballo de Pura Raza Española

Die SICAB, die jedes Jahr im November in Sevilla im *Palacio de Congresos y Exposiciones* stattfindet, ist heute die wichtigste Zuchtschau für das Pferd Reiner Spanischer Rasse. Zuchtschauen oder -ausstellungen, egal für welche Tierart und welche Rasse, sind unbedingt notwendig: Züchter können ihre Jungtiere mit denen anderer Züchter vergleichen, ihre Tiere werden von verschiedenen Richtern bewertet, und die Ergebnisse beeinflussen sie hoffentlich, ihre Zuchtziele entweder einzuhalten oder neu zu überdenken.

Die SICAB als internationale Zuchtschau existiert dabei erst seit 1991. Vorher wurden von 1980 bis 1986 die Meisterschaften für das Spanische Pferd im Club Pineda von Sevilla organisiert, bis die afrikanische Pferdepest in Spanien ausbrach. Daraufhin wurden zwischen 1987 und 1990 die spanischen Grenzen geschlossen und der Export Spanischer Pferde ins Ausland verboten. 1991 gründete die ANCCE, die *Asociación Nacional de Criadores de Caballos de Pura Raza Española*, die SICAB, und bereits die erste Messe entpuppte sich als

Vorstellung eines Hengstes

SICAB – Salón Internacional del Caballo de Pura Raza Española

ein großer Erfolg. Man war so unendlich froh, das Spanische Pferd endlich wieder zeigen und ansehen zu dürfen.

Für alle, die sich für das Spanische Pferd interessieren, ist die SICAB eine wundervolle Möglichkeit, sich einen Überblick über die verschiedenen existierenden Rassetypen, ihre Züchter und deren Zuchtvorstellungen zu verschaffen: Etwa 130 verschiedene Gestüte zeigen hier jedes Jahr ihre Produkte – von Stuten mit oder ohne Fohlen bei Fuß, von ein- bis siebenjährigen Hengsten. Das große sevillanische Messezentrum verwandelt sich in eine gewaltige Pferdeanlage mit lang gestreckten provisorischen Hengststallungen unter Sonnendächern zwischen den großen Messehallen, in deren einer, der größten, Box an Box gereiht die Stuten der teilnehmenden Gestüte im Stroh stehen, die Paradetiere ihrer Züchter. Weiche Nüstern, große dunkle Augen und schmale, lange Köpfe wenden sich den vorbeigehenden Besuchern höchstens kurz zu – nur die ganz jungen Pferde sind neugierig, die anderen sind längst Zuchtschauprofis, die ihre Energie nicht an Fremde verschwenden. Hinter den Messehallen liegen provisorische Abreiteplätze, auf denen die Bereiter oder Stallmeister der Gestüte ihre Pferde bewegen können.

Eine Halle ist gewöhnlich ganz der Präsentation der Gestüte gewidmet, die in aufwändigen Messeständen versuchen, einen Eindruck ihrer Zuchtanlagen zu vermitteln und immer gern bei einem trockenen Sherry – dem *Fino* – und ein paar *Tapas* mehr zu ihren Pferden, ihren Zuchtvorstellungen und ihren gewonnenen Preisen erzählen. In zwei weiteren Hallen werden die Stuten beziehungsweise Hengste in den verschiedenen Alterskategorien gezeigt und bewertet. Die »Stutenhalle« ist dabei sicherlich die Lebendigste. An den zahllosen Tapas-Ständen tobt buchstäblich das Leben, treffen sich alte und neue Freunde, werden Pferde diskutiert und ebenso laienhaft bewertet, wie Richterwertungen mit eben jenen Richtern hitzig erörtert oder freundlich begossen werden, Pferdekäufe besiegelt und schlicht der Messehunger und -durst gestillt. Hier trifft man sie alle – auf der Suche nach einem neuen Pferd, nach Informationen, um zu sehen, was so los ist in der Spanischen

Die Bedeutung des Pferdes im spanischen Leben

Pferdewelt, oder wohin die Rasse zu gehen scheint, oder, um endlich einmal wieder einen Tag oder länger nur über Pferde zu reden, über Stierkämpfer, Ausbilder, Autoren, Züchter, Bereiter, Filmstars, internationale Zuchtwarte, Politiker und Leute, die sich dem Traum vom Spanischen Pferd einmal nähern wollen.

Auf dem Weg von einem Stand zum nächsten oder einer Halle zur anderen wird ständig die Standhaftigkeit des Publikums geprüft: Etwa hundertfünfzig Stände von Sattlern, Hufschmieden, Futtermittelherstellern, Transport- und Bekleidungsunternehmen sowie jegliche Ausstattung rund ums Pferd, die man sich nur vorstellen kann, dienen der ständigen Verführung und akuten Bedrohung des Portmonees. Schließlich liegen die wunderschön gearbeiteten Trensen, weichen Reitstiefel, eleganten Gürtel, Bücher oder einladenden Sättel da nicht nur zur Dekoration.

Das eigentliche Ereignis ist dabei eine relativ trockene Angelegenheit: die Körungen und Bewertungen der Pferde Reiner Spanischer Rasse nämlich. Insgesamt sind sechs Richter in den verschiedenen Messehallen damit beschäftigt, die einzelnen Hengste und Stuten zu betrachten und zu bewerten. Die Pferde der jeweiligen Sektionen werden nebeneinander aufgestellt und an der Hand im Schritt und Trab vorgeführt. Die Ausbilder oder Angestellten der Gestüte tragen dabei die traditionelle Reitertracht mit grauem Sombrero und müssen sich Mühe geben, die Pferde möglichst vorteilhaft vorzuführen: Das Pferd darf seinen Kopf nicht zu hoch tragen, damit der Rücken nicht weggedrückt wird und die Bewegung präziser und runder ausfallen kann. Bei der Beurteilung des Trabs soll das Pferd möglichst entspannt traben, damit die Richter die Ausgewogenheit der Bewegungen beurteilen können. Temperamentsausbrüche, bei denen das Pferd vor lauter Aufregung etwa galoppiert statt zu traben, werden schlecht bewertet. Wenn kein Trab zu sehen ist, kann er auch nicht anerkannt werden.

In der Halle mit der größten Arena werden die Hengste vorgeführt. Hier herrscht eine andere Stimmung als die der gut gelaunten Geschäftigkeit in der Halle der Stuten-Arena: Auf den weit nach oben gezogenen Rängen sitzen die Züchter mit ihrem Stallmeister, Zuchtwart oder ihrer Familie in schweigsamer Konzentration mit

SICAB – Salón Internacional del Caballo de Pura Raza Española

dem Messekatalog auf den Knien, in den sie die Bewertungen mitnotieren. Für sie ist das Ganze hier keine spaßige Veranstaltung, sondern ernst zu nehmende Kritik ihrer züchterischen Arbeit. Hier wird die Zukunft kommender Zuchtgenerationen bewertet und über das Renommee der Gestüte entschieden.

Als Orientierung für die Qualifikationen gilt der Rassestandard. Zuerst wird das Exterieur des Pferdes im Stand geprüft. Damit wird die *Morphologia*, der morphologische Typ beurteilt. Wer das Mindestmaß der Widerristhöhe oder des Röhrbeinumfanges nicht erreicht, wird sogleich disqualifiziert. Die dreijährigen und älteren Hengste werden dann in ihrer »Funktionalität« bewertet. Dabei werden sie unter einem Reiter in einer leichten Reitaufgabe vorgestellt, die in etwa der »Reitpferdeprüfung« der LPO entspricht. Es werden Schritt, Trab, Galopp und Qualität des Körperbaus, Ausstrahlung und Gesamteindruck beurteilt – wobei eindeutig die Pferde den Vorteil haben, die gut geritten werden.

Präsentation der Stuten

Eindrucksvoller Aufwärtsgalopp
in der Dämmerung

Die verschiedenen Reitweisen

Das Pferd Reiner Spanischer Rasse war Kriegspferd, Hirten- und Stierkampfpferd – drei Aufgaben, die die vollständige Abhängigkeit von Pferd und Reiter voneinander darstellen. Der eine wäre ohne den anderen verloren gewesen.

Spanien schwelgt in seinen Traditionen, und so ist es vielleicht kein Wunder, dass auch dieses eigentlich für moderne Zeiten ganz unzeitgemäße, weil praktisch überflüssige gegenseitige Vertrauen zwischen Pferd und Reiter weiterhin als Tradition aufrechterhalten und gefeiert wird: In Spanien existiert die Hirtenreiterei, die Doma Vaquera, noch immer als Beruf, der den Menschen aufs engste mit der Kreatur verbindet; der berittene Stierkampf, der Rejoneo, erlebt eine große Renaissance, und die Kunst der Hohen Schule, die Alta Escuela, macht den Spanischen Pferden in der Leichtigkeit der Lektionen so schnell keiner nach, wie immer wieder auch ganz beiläufig auf Ferias, Parkplätzen oder Hinterhöfen zu erleben ist.

Der vielfältige Einsatz des Spanischen Pferdes

Alle drei Reitweisen hängen eng miteinander zusammen: Wurde die Hohe Schule – die *Alta Escuela* – ursprünglich für die Kriegsreiterei entwickelt, benutzte man nur wenig später Elemente daraus für den adeligen Kampfspielsport, den berittenen Stierkampf, um den Stier zu reizen, um zu zeigen, welche Fähigkeiten und Fertigkeiten man besaß, und um in der Übung zu bleiben. Was die hohen Herren amüsierte, war für die Landarbeiter bei ihrer täglichen Arbeit von größter Bedeutung: Stark versammelte Pferde waren schon immer leichter zu reiten, und nachdem beim Hüten von Rindern große Tempounterschiede, scharfe Wendungen und geschickte Ausweichmanöver notwendig sind, wandten die Hirten bekannte Übungen aus der Dressur – der *Doma* – an, ohne sich dabei um deren Kunstgehalt zu scheren.

Die traditionellen, ja historischen Ausbildungsweisen und Dressuren sind über die Jahrhunderte hinweg in Spanien erhalten geblieben und haben nicht zuletzt die Genetik des Spanischen Pferdes entscheidend beeinflusst. Die Reitweisen, für die das Spanische Pferd genutzt wurde und noch immer genutzt wird, sahen weniger Schnelligkeit vor als etwa die Fähigkeit, abrupt stehen bleiben und diagonal ausweichen zu können. Also selektierten die Züchter jahrhundertelang Pferde mit kurzem Rücken und starker Hinterhand, die sich leicht versammeln, durchparieren und wenden ließen, Pferde, die mit Leichtigkeit unter ihren Schwerpunkt treten und diesen verschieben konnten. Das Spanische Pferd ist, was es ist, aufgrund der traditionellen Reitweisen.

Oben rechts:
Stierkampftraining.
Unten:
Die Kopfhaltung des Pferdes spiegelt den ganzen Stolz wider (Doctor, Yeguada Escalera).

Haciendoso XXXVII cer Expasa y la Yeguada de la Cartuja

Der vielfältige Einsatz des Spanischen Pferdes

76
Die verschiedenen Reitweisen

Der Rejoneador Fermín Bohorquez fordert den Stier zum Angriff auf.

Rejoneo – der berittene Stierkampf

Der Ursprung

Der Stier hatte es in der Mythologie nie leicht. Er wurde als Fruchtbarkeits- und später als Todessymbol verehrt, galt als Verkleidung von Zeus, um auf diese Weise Europa zu gewinnen, er war unfreiwilliger Begatter der griechischen Göttin Pasiphae und Vater des fürchterlichen Minotaurus, der jedes Jahr aufs Neue zwölf Jungfrauen und junge Männer verschlang. Erste Spiele mit dem Stier findet man auf Keramikbildern aus dem 4. Jahrhundert v. Chr., und auch die Tradition des Stierkampfes zu Pferd reicht weit bis in die Antike zurück. Die Römer veranstalteten Stierhatzen zu Pferd in ihren Arenen, eine Tradition, die Mauren und Christen auf der Iberischen Halbinsel übernahmen. Der immer berittene Kampf zwischen Mensch und Stier wurde zum Freizeitvergnügen des Adels und bot sich gleichzeitig als wichtige Übung für die Kriegsreiterei an, bei der man mit einem schnellen, rasenden und schwer berechenbaren Feind vor sich üben konnte.

Zur gleichen Zeit existierte auch eine Art Hochzeitsritus, der direkt mit dem Stier zu tun hatte: Am Vorabend seiner Hochzeit musste sich der Bräutigam einem bestimmten Stier – dem Fruchtbarkeitssymbol – stellen, weil er hoffte, auf diese Weise sowohl Zeugungskraft erhalten als auch seinen Mut und seine Männlichkeit beweisen zu können. Die Braut warf währenddessen vom Fenster oder Balkon kleine Speere auf den Stier, um ihm eine blutende Wunde zuzufügen – ein Ritual, das man in etwas abgeänderter Form noch heute im Stierkampf wiederfindet.

Über die Jahrhunderte hinweg waren die Landesherren immer wieder aktiv mit dem Thema Stierkampf beschäftigt: König Alfons X. der Weise (1252–1284) wollte versuchen, den einigermaßen spontan und unkoordiniert ablaufenden Stierkampf zu reglementieren, was ihm jedoch nicht gelang. Die Reiter traten weiterhin willkürlich gegen den Stier an und droschen und stießen mit Lanzen so lange auf ihn ein, bis sie ihm schließlich den Garaus gemacht hatten. Die Kirche unter Papst Paul IV. versuchte 1558, den Stierkampf endlich abzuschaffen, was Philipp II. im Jahre 1567 entschlossen ablehnte, weil sich sowieso niemand an dieses Verbot halten würde: »Die Stierkämpfe stellen eine Gewohnheit dar, welche die Spanier im Blut zu tragen scheinen.« Zum Beweis dessen trat er sogar in eigener, königlicher Person gegen den Stier in der Arena an.

Erst Anfang des 18. Jahrhunderts verbot der damalige König Philipp V. von Spanien (Philipp

Die Stierkampfarena von Sevilla

Als Ausdruck besonderer Begeisterung und Anerkennung der reiterlichen Künste schwenkt das tobende Publikum weiße Taschentücher.

von Anjou) endgültig den berittenen Stierkampf. Das führte allerdings nur dazu, dass sich das einfache Volk nun der Sache zu Fuß annahm und die – heute üblichere – *Corrida* erfand, um so zu Ehren und Reichtum zu kommen. Der Stierkampf wurde zum für jedermann zugänglichen Volksspaß, der nun gegen Eintrittsgelder in eigens dafür erbauten Arenen stattfand. Viele der spanischen *Rejoneadores* wanderten nach Portugal aus, wo die Tradition des berittenen Stierkampfes ungebrochen weitergeführt wurde. Erst 1923 wurde der berittene Stierkampf, der *Rejoneo*, wieder in Spanien eingeführt.

Die *Corrida* zu Fuß und der *Rejoneo* unterscheiden sich dabei vor allem maßgeblich in dem dramatischen Gehalt der jeweiligen Darstellung: Die klassische *Corrida* stellt einen tragischen Dialog zwischen Mann und Stier dar, wobei der Matador, der schließlich äußerst gefährdet ist, den Stier von seiner Überlegenheit überzeugen muss. Der *Rejoneador* ist dabei keiner unmittelbaren Gefahr ausgesetzt. Stattdessen befindet sich das Pferd in ständiger Gefahr, von den scharfen Hörnern des Stieres aufgeschlitzt zu werden, und ist ganz und gar von der Voraussicht und dem Reitvermögen des Rejoneadors abhängig.

In anderen Ländern ist der Stierkampf oft sehr umstritten – allerdings häufig gerade bei denen, die sich wenig mit den Hintergründen beschäftigt haben. Tatsächlich geht es beim spanischen Stierkampf nicht um die Erfüllung der Blutrünstigkeit des Publikums. Bei diesem uralten spanischen Ritual geht es um die Bewährungsprobe der allermännlichsten Tugenden: Mut, Kampfgeist und Geschicklichkeit – der Stierkampf als einzigartige Bestätigung des spanischen Männlichkeitskultes. Das Verhältnis der Spanier zum Stier als dunkle Naturgewalt und entsetzlicher Gegner ist unbedingt von großem

Rejoneo – der berittene Stierkampf

Der *Toro Bravo* gilt als Symbol für weltliche Schöpfungskraft.

Der Kampfstier – der *Toro Bravo* oder *Toro de Lidia* – wird seit etwa 250 Jahren gezielt gezüchtet. Die Selektion der Zuchtbullen ist dabei nicht ganz einfach: Einem Stier, der sich in der Arena bravourös verhalten hat, wird nach dem üblichen Reglement nur in den seltensten Fällen Gelegenheit gegeben, seine Leistung weiterzuvererben. Gewöhnlich werden die Vaterstiere nach Exterieur und Blutlinien ausgewählt und decken etwa fünfzehn bis zwanzig Jahre lang. Die besten und erfolgreichsten Kampfstiere werden in Andalusien, Kastilien und Portugal gezüchtet. Kampfstiere, die in anderen Gebieten gezüchtet wurden, erwiesen sich merkwürdigerweise meistens als viel zu zahm und freundlich, obwohl nicht geklärt ist, woran das liegen könnte.

Der ideale *Toro Bravo* vereint Adel und Tapferkeit und trägt eine tief verwurzelte Abneigung gegen alle Mitgeschöpfe in sich. Sein Exterieur soll edel proportioniert sein, aber beim unbedarften Betrachter möglichst eine Gänsehaut erzeugen. Er kommt in allen erdenklichen Fellfarben und -zeichnungen vor, soll aber vorzugsweise groß sein, den Kopf hoch tragen und lange, hoch angesetzte Hörner besitzen. Sein Gewicht liegt bei etwa zehn bis zwölf Zentnern. Der Kampfstier soll möglichst unbeirrbar angriffslustig sein, schnell, wendig, aber nicht zu ausdauernd – und vor allem: nicht zu intelligent. Ein besonders intelligenter Stier ist auch ein besonders gefährlicher Stier, weil er schwer berechenbar ist und dabei die Manöver der *Matadores* oder *Rejoneadores* schnell durchschaut.

Der Stier wird in die Arena gelassen.

Rejoneo – der berittene Stierkampf

Respekt geprägt. Die Kampfstiere leben vier, fünf Jahre lang in völlig unbehelligter, sonniger Freiheit auf unendlichen Feldern werden regelmäßig beobachtet und zugefüttert, bis sie sich zu gewaltigen, zwölf Zentner schweren und ungeheuer muskulösen Kreaturen entwickelt haben, die nach alter Auerochsenmanier aussehen wie der Schrecken der Menschheit und nicht den geringsten Sinn für Humor besitzen. Dem *Toro Bravo* – der gewöhnlich kein bisschen brav ist – werden in Spanien tiefer Respekt und Bewunderung entgegengebracht. Er gilt als Symbol für weltliche Schöpfungskraft, für Natur, die dem Menschen als vermeintlichen Gegenpol nicht notwendigerweise freundlich gesonnen ist. Ein Stierkampf dauert circa zwanzig Minuten, wobei der Stier vor lauter Wut und Stress so sehr unter Adrenalin steht, dass er den ihm zugefügten körperlichen Schmerz vermutlich kaum spürt. Entgegen dem allgemeinen – ausländischen – Verständnis sehen die Spanier es auch gar nicht gern, wenn der Stier leidet, was leicht an dem strengen Reglement erkennbar ist, das das Leiden des Stieres möglichst gering halten soll. Dem Stierkämpfer ist die höhnische Verachtung des Publikums sicher, wenn das Töten stümperhaft oder qualvoll ausfällt. Und vom Grad der Begeisterung des Publikums hängen auch seine Karriere und sein Lohn ab. Tatsächlich muss man den Stierkampf weniger als blutrünstiges Schauspiel betrachten, son-

Die Arena in Sevilla

Fermín Bohorquez weicht dem Stier mit einer Galopp-pirouette aus.

dern als eine Art Tanz von Mensch, Pferd und Stier. Es ist vor allem ein fast unbeschreibliches Zusammenspiel zwischen Pferd und Reiter, ein Kunstwerk zwischen Mensch und Tier, das wie beiläufig geschieht.

Die Pferde der berittenen Stierkämpfer sind elegante und außerordentlich reaktionsschnelle, in allen Gangarten der Hohen Schule ausgebildete Tiere, die ein Vermögen kosten würden, wenn sie verkäuflich wären. Sie sind in der Lage, vom Fleck weg im vollen Galopp zu starten und ebenso schnell zu halten, sich zu drehen, sich mühelos zur Seite und rückwärts zu bewegen. Sie paradieren für Publikum und Stier in Piaffen, dem Trab auf der Stelle, und Passagen, einem so verhaltenen Trab, dass das Pferd zwischen jedem hohen Trabschritt eine Pause zu machen scheint. Sie müssen sich auf Befehl mitsamt ihrem Reiter hinsetzen, um in herausfordernder Haltung den Angriff des Stieres zu erwarten. Das alles wird in vollendeter Harmonie nur mit dem Gewicht des Reiters geritten, denn er muss ja seine Hände frei haben, in denen er die *Picas* und *Banderillas* hält. Die Eleganz, Beweglichkeit und Durchlässigkeit dieser Pferde sind unübertroffen, das Pferd temperamentvoll wie sein Reiter, der auf ihm sitzt wie auf einem beweglichen Thron: Seht her, ich bin der Mächtige dieser Erde, dessen Feinde erzittern vor dem Hufstampfen seines Rosses!

Die wichtigsten Protagonisten der Wiedergeburt des berittenen Stierkampfes in Spanien waren ohne Frage Alvaro Domecq y Diez und in den vierziger Jahren des 20. Jahrhunderts Angel Peralta Pineda: Beide sind heute Legenden. Alvaro Domecq war berühmt dafür, immer von vorn im *Cara a Cara* (von Angesicht zu Angesicht) an den Stier heranzureiten – wohl die gefährlichste Art, die Lanzen zu setzen –, um die einzelnen Manöver exakt am Steigbügel und in voller Reinheit auszuführen. Angel Peralta gilt als der Erschaffer des »modernen« *Rejoneo*: Er machte aus dem berittenen Stierkampf, der

Rejoneo – der berittene Stierkampf

in den vierziger Jahren in Spanien lediglich als hübsche Zugabe beim regulären Stierkampf betrachtet wurde, die *Corrida de Rejoneo*. Peralta vervollkommnete spektakuläre Lanzenmanöver und Schulsprünge wie Courbetten und Levaden in der Arena und machte den Stierkampf nicht nur zum reiterlichen, sondern auch zum gesellschaftlichen Ereignis. Ein weiterer legendärer *Rejoneador* war Alvaro Domecqs Sohn, Alvaro (oder Alvarito, wie er jahrzehntelang genannt wurde) Domecq Romero. Alvaro Domecq Romero ritt schon im Alter von sieben Jahren seinen ersten Stierkampf und war vielleicht der erfolgreichste Stierkämpfer der Welt. Nach 1544 Stierkämpfen kehrte er 1985 der Arena den Rücken, um sich anderen Zielen in der Pferdewelt zuzuwenden: Er gründete die Real Escuela del Arte Ecuestre in Jerez und begann Ende der neunziger Jahre auf seiner Finca Los Alburejos eine neue Reitschule, die Escuela Andaluza, wo er auch besonders gefährliche Stiere züchtet.

Don Alvaro Domecq Romero

Der Stier versucht, beim Angriff die Hinterhand des Hengstes von Andy Cartagena zu erwischen.

Die Banderillas werden bis zum Stierkampfbeginn amtlich gehütet.

Das Reglement

Von der ursprünglichen Stierhatz ist der moderne *Rejoneo* weit entfernt. Der berittene Kampf gegen den Stier unterliegt heute strengen Regeln und dauert gewöhnlich etwa zwanzig Minuten, wobei der Stierkämpfer nacheinander etwa vier bis sechs Pferde reitet. Wie der Stierkampf zu Fuß, die *Corrida*, wird der *Rejoneo* – der zur allgemeinen Verwirrung umgangssprachlich und auf Plakaten manchmal auch *Corrida* genannt wird – in drei Abschnitte eingeteilt, in denen der Stierkämpfer sein jeweiliges Pferd nach wenigen Minuten austauschen darf, um die Gefahr nicht durch ein ermüdetes Pferd zu vergrößern.

Üblicherweise gibt es pro Stierkampfveranstaltung sechs Stiere, gegen die vier Stierkämpfer antreten. Zuerst tritt jeder *Rejoneador* allein gegen einen Stier an, danach werden die letzten Stiere jeweils von zwei *Rejoneadores* gemeinsam bekämpft. Das bedeutet, dass jeder Stierkämpfer etwa acht bis zehn voll ausgebildete Pferde zum Stierkampf mitbringen muss, um genügend »Reservepferde« dabei zu haben. Meistens führt er noch das eine oder andere Nachwuchspferd mit sich, um es an Transport, Aufregung und Geräusche zu gewöhnen.

Die Instrumente des Rejoneadors, die er während des Stierkampfes verwendet, müssen am Tag vor der *Corrida* von einem beauftragten Vertreter der Behörden genehmigt werden. Nach dieser Inspektion werden sie bis zum Beginn des Stierkampfes in einer versiegelten Kiste aufbewahrt. Auch während der gesamten Dauer des Kampfes werden die genehmigten Lanzen von einem Vertreter der Behörden bewacht.

Der *Rejoneo* beginnt mit dem *Paseo*: Dabei reiten alle Stierkämpfer auf ihren spektakulärsten Hengsten in die Arena ein, und geben einen kurzen Einblick in ihre Reitkünste. Sie führen zu viert eine Choreographie nach Art einer Quadrille vor, um sich dabei dem Publikum vorzustellen und außerdem den anwesenden Präsidenten zu ehren. Manchmal verwenden die *Rejoneadores* auch ihre jüngsten, unerfahrensten Pferde für den *Paseo*, um sie mit dem Trubel und dem Getöse in der Arena vertraut zu machen. Hier erkennt man nun deutlich die Reitkunst der Iberischen Halbinsel, die Vermischung der Hohen Schule mit der spanischen Reitkunst »à gineta«, der Genettenkampfkunst: Alle Einzelheiten der Reitakademien, der Schaureiterei und der klassischen Dressurübungen werden im *Paseo* angedeutet, um später im eigentlichen Stierkampf dann in die Tat umgesetzt zu werden.

Die Mähnen der Pferde sind kunstvoll mit bunten Bändern eingeflochten, die ihre imposanten Hälse noch breiter und stärker erscheinen lassen. Sie passagieren mit leicht

Rejoneo – der berittene Stierkampf

durchhängendem Kandarenzügel und demonstrieren die Lektionen der Hohen Schule mit einer Lässigkeit, als ahnten sie nicht, um was es hier in den nächsten beiden Stunden geht.

Dabei wissen sie es genau: Sie sind durch jahrelanges Training oder mehrfache Stierkampf-Erfahrung bestens vorbereitet, und vibrieren in erwartungsvoller Hochspannung.

Beim »Paseo« präsentieren sich die teilnehmenden Rejoneadores als Begrüßung von Publikum und Honoratioren.

Die verschiedenen Reitweisen

Pablo Hermoso de Mendoza beim Frontalangriff auf den Stier

Erste Phase: Tercio de Salida

Im ersten Teil des Stierkampfes verwendet der *Rejoneador* gewöhnlich ein sehr erfahrenes und vor allem sehr schnelles Pferd, um den Stier, der noch sehr ausgeruht und kraftvoll ist, müde zu machen. Anders als Pferde sind Stiere nämlich keine Langstreckenspurter und werden nach kurzen Galoppstrecken relativ schnell müde. Der Stierkämpfer lässt sich vom Stier verfolgen, um ihm in blitzschnellen Traversalen oder Wendungen auszuweichen. In dieser Phase lernt der Stierkämpfer, den Stier, seinen Mut und seine Kampflust einzuschätzen und hoffentlich zu erkennen, ob der Stier eine bevorzugte Hornseite hat, mit der er zustößt. Zwei Helfer zu Fuß unterstützen ihn dabei mit der *Capa*, dem roten Tuch. Sie sind während der gesamten *Corrida* anwesend, um gegebenenfalls einzugreifen, zwischendurch festzustellen, wie agil der Stier noch ist, um ihn im Notfall abzulenken oder ihn an die richtige Stelle zu platzieren, wenn er etwa aus einer Ecke nicht mehr herauskommt. Die Zügel des Stierkämpfers werden immer in der linken Hand gehalten, die Lanzen mit der rechten gesetzt. In der ersten Phase verwendet der *Rejoneador* drei Handspieße, den *Rejón de apron*, eine hölzerne Lanzenart, die etwa 1,60 Meter lang ist und eine eingekerbte Eisenspitze besitzt. Sobald die Lanze im Nackenmuskel des Stieres sitzt, bricht sie ab, woraufhin ein buntes Fähnchen erscheint. Dieser erste Teil des *Rejoneo* dauert ungefähr fünf Minuten.

Rejoneo – der berittene Stierkampf

Der Cuadrilla, der Helfer zu Fuß in der Arena, testet mit großer Eleganz und ausgefeilter Technik die Aggression des Stieres oder lenkt ihn gegebenenfalls ab.

Zweite Phase:
Tercio de Banderillas

Der zweite *Tercio* ist meistens der glamouröseste, in dem der Stierkämpfer mit möglichst hoch ausgebildeten Pferden seine spektakulären Lektionen vorführen kann, um den Stier in äußerst heiklen und gefährlichen Manövern zu reizen. Denn der darf nur angegriffen werden, wenn er selbst zuerst angreift. Solange der Stier ruhig in der Mitte der Arena steht und sich nur umsieht, muss der *Rejoneador* durch Piaffe, Passage, atemberaubend schnelles Rückwärtsrichten, Paso Español oder eine Levade dafür sorgen, dass der Stier sich über dieses vermeintliche Angriffsgebaren des Pferdes genügend ärgert, um seinerseits anzugreifen. Unter keinen Umständen darf ein stehender Stier angegriffen oder gar verletzt werden. Rührt der Stier sich nicht, ruft der *Rejoneador* ihn mit lautem »Hehehe, hohoho, hehehe« an, was den Stier meistens dazu bringt, dem Störenfried immerhin den Kopf zuzudrehen und sich auf die Geräusche zuzubewegen.

Mit eleganten Lektionen, kurzen Galoppaden und kleinen Spurts reguliert der Stierkämpfer die Angriffe des Stieres, um im richtigen Augenblick in exakten Manövern die Lanzen in den Nacken des Stieres zu stechen. Auch für das Setzen der *Banderillas*, die in dieser Kampfphase vorkommen, gibt es strenge Regeln, nach denen der Reiter agieren muss. Wer einfach planlos zusticht, kann seine Karriere umgehend beenden. Die *Banderillas* werden in die seitliche Nackenmuskulatur gesetzt und verletzen dort Nervenenden. Dadurch senkt der Stier den Kopf und kämpft ab jetzt aus dieser Position heraus. Der gesenkte Kopf spielt später eine wichtige Rolle, denn nur so bietet der Stier dem *Rejoneador* seinen Nacken schutzlos dar und kann mit einem Degenstich schnell getötet werden.

Pablo Hermoso de Mendoza fordert den Stier mit einer steilen Pesade und lauten Rufen zum Angriff auf.

Der junge Rejoneador Diego Ventura beim Frontalmanöver

Die *Banderillas* können gerade gesetzt werden oder *al quiebro*, also schräg, und dabei *a grupa* – über der Kruppe –, wobei der *Rejoneador* sich weit nach hinten aus den Sattel beugen muss oder hinter den Sattel und die Hörner des Stieres dann auf die Flanke des Pferdes zielen. Manchmal kann man beobachten, wie der *Rejoneador* die Zügel an seinen Jackenknöpfen befestigt, um die *Banderillas* mit beiden Händen gleichzeitig zu setzen, wobei er sein Pferd in den Traversalen, dem Rückwärtsrichten, und allen anderen Lektionen allein mit seinem Körpergewicht kontrolliert. Das beidhändige Setzen der *Banderillas* ist sehr schwierig, weil der Stierkämpfer direkt und sehr nah an den Stier heranreiten, die *Banderillas* setzen und blitzschnell abdrehen und wegreiten muss. Allerdings tritt das Pferd den Rückzug dabei meist aus ganz eigenem Antrieb an. Die Schwierigkeit liegt eher darin, das Pferd, ein Fluchttier, per Gewichts- und Schenkelhilfen auf den Stier zuzutreiben.

Diese zweite Phase dauert gewöhnlich etwa sechs Minuten, wobei durchaus nach der Hälfte dieser Zeit das Pferd ausgetauscht werden kann. In jedem Moment des Kampfes muss übrigens erkennbar bleiben, dass der Stierkämpfer den Kampf dominiert und nicht der Stier, das heißt es muss deutlich bleiben, dass strategische Fluchtmanöver sich nicht in hasenfüßiges Entkommen vor dem Stier verwandeln.

Dritte Phase: Tercio de Muerte

Dieser Teil ist die abschließende Phase der *Corrida*, wobei der *Rejón de muerte*, die »Todeslanze«, zum Einsatz kommt: Dieser *Hejó* ist 1,60 Meter lang, besitzt eine degenähnliche Klinge, die allein schon eine Länge von 60 Zentimetern misst, und wird vom *Rejoneador* dazu benutzt, den Stier zu töten. Diese letzte Kampf-

Fermín Bohorquez hat die Kandarenzügel an seiner Jacke befestigt und reitet seinen Hengst allein durch Gewichts- und Schenkelhilfen auf den Stier zu.

Die verschiedenen Reitweisen

Mit einem Gespann aus drei oder vier Mauleseln wird der getötete Stier aus der Arena gezogen.

phase und die Benutzung des *Hejó de muerte* müssen vom Präsidenten genehmigt werden; er entscheidet, ob der bisherige Kampf so verlaufen ist, dass dem Stierkämpfer die Ehre des Tötens zuteil werden darf. Für diesen Teil des Kampfes wird ein mutiges, erfahrenes und kräftiges Pferd verwendet, das dem Reiter erlaubt, möglichst nahe an den Stier heranzukommen, um die tödliche Lanze exakt setzen zu können. Die Stelle, die er treffen muss, liegt genau zwischen Schulterblatt und Wirbelsäule und ist etwa doppelt so groß wie eine Zweieuromünze. Sitzt die Lanze richtig, bricht der Stier auf der Stelle tot zusammen, und der Jubel des

Publikums und die Ehre des *Rejoneadors* sind gewaltig. Für besondere Leistungen bekommt der *Rejoneador* ein oder gar beide Ohren des Stieres als Trophäen verliehen, die er stolz hochhält und in ein- oder zwei Ehrenrunden im Galopp dem tobenden Publikum zeigt. Schafft der *Rejoneador* es nicht, bekommt er genau zwei Chancen und fünf Minuten, den Stier aus dem Sattel zu töten. Der Reiter muss jedoch mindestens einen *Rejón de muerte* platzieren, bevor er versuchen darf, den Stier vom Boden aus zu töten. Sobald fünf Minuten nach dem ersten Signal verstrichen sind, wird der Stierkämpfer ermahnt. Ist der Stier nach weiteren zwei Minuten nicht getötet, folgt eine zweite Ermahnung, wonach der *Rejoneador* vom Pferd steigen und den Stier zu Fuß mit dem Degen töten muss. Er kann allerdings auch einen Vertreter, einen Stierkämpfer zu Fuß beauftragen, diese Aufgabe für ihn zu übernehmen. Das ließe ihn allerdings in einem sehr schlechten Licht dastehen. Wenn weitere fünf Minuten verstrichen sind, die der Stier lebend verbracht hat, ertönt ein Signal, und der Stier wird – lebend – in den *Corral* zurückgebracht. Nach Ausheilung seiner Wunden wird dieser Stier dann ehrenvoll als Zuchtstier in die freiheitlichen Weidegründe seines Züchters entlassen und kann sich bis ans Ende seiner Tage des unerschütterlichen Respekts seiner menschlichen Bewunderer sicher sein.

Rejoneo-Wörterbuch

Aires Elevados: Figuren oder Manöver, bei denen sich das Pferd zu einem oder zwei Drittel auf den Hinterbeinen erhebt.

Banderilla: Ein sehr kurzer Spieß mit Widerhaken, der in der zweiten Kampfphase benutzt wird.

Corrida: Eigentlich der Stierkampf zu Fuß; auch allgemein für Stierkampf

La Farpa: Die Farpa – Spitze – ist ein portugiesisches Instrument. Es handelt sich dabei um eine Banderilla, die genauso lang ist wie der Reconcillo. Sie wird allerdings von keinem spanischen Rejoneador benutzt.

Galope de Costado: Dieser Galopp wird in Seitenbewegung ausgeführt und dient häufig dazu, die Bewegungen des Stieres zu verlangsamen, zu harmonisieren und zu dominieren.

Humillar: Das Pferd knickt in einer Art Verbeugung die Vorderbeine nach hinten ab. Diese Übung wird allerdings mehr bei Schauvorführungen gezeigt als in Anwesenheit eines Stieres.

La Rosa: Die Rosa ist eine Stahlspitze, die sich an einer Nelke oder Rose aus Kunststoff oder Seide befindet und häufig von den Rejoneadores benutzt wird.

Pasage: Ein stark versammelter Trab in Zeitlupentempo, wobei es so wirkt, als verharre das jeweilig angehobene Bein des Pferdes eine Sekunde in der Luft, bevor es wieder zu Boden kommt.

Paso Español: Spanischer Schritt. Das Pferd geht im gestreckten Schritt, d.h. es hebt und streckt die Vorderläufe, ohne sie anzuwinkeln.

Piaffe: Die Piaffe ist ein kadenzierter Trab auf der Stelle. Die Fußfolge entspricht dem verkürzten Trab ohne Raumgewinn. Im Idealfall sollen die Vorderbeine jeweils so hoch gehoben werden, dass die Oberschenkel eine Parallele zum Boden bilden.

Pica: Eine Lanze von 2,60 Meter Länge mit einer umwickelten Stahlspitze, die wiederum etwa 10 Zentimeter lang ist.

Pirueta Inversa Sobre Tres Remos: Das Pferd vollführt eine Drehung, wobei ein Vorderbein wie beim Spanischen Schritt waagerecht gestreckt bleibt, während das andere als Drehachse dient.

Piruetas al Galope: Die Galopppirouette ist eine Hinterhandwendung fast auf der Stelle, wobei der innere Hinterhuf niemals auf der Stelle dreht, sondern einen kleinen Kreis beschreiben soll. Die Galopppirouette gehört zu den schwierigsten Galopplektionen.

Reconcillo: Lanze, die im ersten Teil des Kampfes benutzt wird und insgesamt 1,60 Meter lang ist. Laut Reglement dürfen maximal drei Reconcillos platziert werden.

Rejón: Kurzer Handspieß des Rejoneadors.

El Rejón de Muerte: Dieses Instrument wird vom Rejoneador in der letzten Phase der Corrida eingesetzt, um damit den Stier zu töten. Es ist 1,60 Meter lang und besitzt eine degenähnliche Klinge.

Rejoneador: Der Stierkämpfer zu Pferd.

Rejoneo: Der Stierkampf zu Pferd, auch »Corrida de Rejoneo« genannt.

Rejoneo en España: Der spanische Rejoneo besteht darin, dem Stier zu Pferd gegenüberzutreten und durch das Platzieren von Reconcillos – langen, ein- und beidhändig gesetzten Banderillas, kurzen Banderillas und Rosas – zu schwächen. Schließlich wird der Stier mit dem Rejón de muerte getötet.

Sentar al Caballo: Das Pferd setzt sich auf die Hinterbeine und hält die Vorderhand aufrecht gestreckt, so dass es aussieht, als säße es. Diese Einlage ist nur selten während des Kampfes zu sehen, dient aber außer dem Vergnügen des Publikums der Reizung des Stiers und ist außerordentlich gefährlich.

Die verschiedenen Reitweisen

Die Pferdetypen

Die für den Stierkampf eingesetzten Pferde müssen besondere Eigenschaften aufweisen. Sie sollen Mut und Kampfbereitschaft besitzen, sie müssen sehr schnell sein und über ein enormes Reaktionsvermögen und hervorragende Reflexe verfügen. Die Größe spielt keine Rolle, solange das Pferd wendig genug bleibt, dem Stier auszuweichen, was einem großen Pferd naturgemäß meist schwerer fällt als einem kleineren. Wichtig ist vor allem ein kurzer Rücken, um das Untertreten der Hinterhand zu erleichtern.

Diego Ventura in der freihändigen Pirouette auf einem P.R.E.

Luis Domecq Domecq auf einem Lusitanohengst

Es werden Pferde unterschiedlicher Rassen verwendet: Pferde Reiner Spanischer Rasse, Lusitanos, Araber, *Cruzados* aus allen drei Rassen oder Hispano-Araber. Tatsächlich sieht man gegenwärtig nicht sehr viele P.R.E.s im Stierkampf, sondern vor allem Lusitanos. Der Grund hierfür ist zum einen der Preis – Pferde Reiner Spanischer Rasse sind vielen *Rejoneadores* schlicht zu teuer. Zum anderen liegt es daran, dass nach dem Verbot des berittenen Stierkampfes in Spanien durch König Philipp von Anjou kaum eine »Stierkampflinie« mehr existiert, während in Portugal, wo der *Rejoneo* ununterbrochen weitergeführt wurde, durchgehend sehr gezielt Lusitanos für den Stierkampf weitergezüchtet wurden. Dementsprechend sind vielleicht manche Spanischen Pferde zu weich für den Stierkampf, während der Stierkampfgeist vieler Lusitanos so dezidiert ist, dass sie als reine Reitpferde oft zu schwierig wären. Bei einem guten Stierkampfpferd spielt die Abstammung insoweit eine Rolle, dass sich eine Stierkämpfer-Blutlinie gewöhnlich im Verhalten und der Ausbildungsfähigkeit bemerkbar macht. Besonders wichtig ist ein harmonisches Exterieur mit starker Hinterhand, kräftigem Rücken und gutem Gleichgewicht. Die Hinterbeine sollen möglichst kurz und stark und mit kraftvollen Sprunggelenken versehen sein, die geraden Vorderbeine sollen kräftige Gelenke, starke Bänder und Sehnen besitzen.

Ein Stierkampfpferd braucht ein *Corazón de corrida* – ein Herz für den Kampf –, Nerven wie Drahtseile und einen großen Arbeitswillen. Es soll sensibel, aber niemals nervös oder ängstlich sein. Meistens werden Hengste geritten, vereinzelt aber auch Stuten.
Gewöhnlich spezialisiert man die einzelnen Pferde auf bestimmte Manöver. So werden die Pferde besonders für jene Lektionen herangenommen, für die sie eine hervorstechende Stärke beweisen. Dementsprechend wird ein besonders schnelles Pferd gewöhnlich immer im ersten *Tercio* eingesetzt; ein sehr erfahrenes, besonders geschicktes, zuverlässiges und präzises Pferd kommt in der letzten Kampfphase zum Einsatz, um etwa von vorn in direkter Linie im rasenden

Die Tracht der spanischen Rejoneadores ist die schlichte »traje corto« der Vaqueros.

Die verschiedenen Reitweisen

Galopp den Stier anzureiten und dann im letzten Moment in waghalsigen, hakenartigen Traversalen vor den gesenkten Hörnern des Stieres auszuweichen.

Die hochgradige Versammlung und Durchlässigkeit der Stierkampfpferde bekommt man im gewöhnlichen Dressursport wohl niemals zu sehen. Nur eine so weit untergesetzte Hinterhand erlaubt derartig schnelle, geschmeidige Reaktionen, wie man sie im Stierkampf erlebt, und das alles mit tänzerischer Eleganz und feinsten Gewichts- und Zügelhilfen.

Wer die Pferde der *Rejoneadores* vor oder nach dem Kampf hinter der Arena besucht, wo sie an den großen Pferdetransporter angebunden geduldig warten, ist manchmal enttäuscht, wie wenig sie mit den Bilderbuchpferden gemein haben, als die man sie in der Arena sieht. Ihre immense Ausstrahlung hängt dabei mit ihrem ungeheuren Willen zusammen, der niemals gebrochen wird, und dem großen Selbstbewusstsein und Vertrauen, mit dem sie sich unter ihrem Reiter und Ausbilder in den Kampf begeben. Ein Pferd, das seinem Reiter in dieser Gefahrensituation nicht vertraut, wird nicht lange als Stierkampfpferd überleben. Tatsächlich werden die Pferde, die dem Stier einmal zu nahe gekommen und verletzt worden sind, nie wieder im Stierkampf eingesetzt. Danach nämlich ist ihr Vertrauen gebrochen, und Angst statt Kampfgeist bestimmt von nun an ihren Charakter.

Licor II der Escuela de Equitacíon in Ronda (Ganadería Mont – Rubi)

Die Ausrüstung des Rejoneadors

Im Gegensatz zur *Corrida* zu Fuß, bei der der Matador äußerst kompliziert und mithilfe mehrerer Ankleider in die faltenlose, hauteng Seidenmontur gezwängt wird, die ausschließlich eine hervorragend kerzengerade, straffe Körperhaltung erlaubt, ist der *Rejoneador* vergleichsweise lässig und bequem gekleidet. Zum Stierkampf tragen die *Rejoneadores* die traditionelle Festtagstracht der Vaquero-Reiter: eine schmale, hochbündig geschnittene Besatzhose in Schwarz oder Grau mit schmalen Streifen, ohne Taschen und Bügelfalte, und dazu halbhohe Stiefel mit Rädchensporen, die etwa in Absatzhöhe getragen werden. Über der Hose tragen die *Rejoneadores* gewöhnlich den üppig verzierten Lederschurz, die *Zahones*, der dem *Rejoneador* dabei wenigstens einen gewissen Schutz gegen die spitzen Hörner des Stieres bietet. Die kurze Jacke nennt sich *Chaquetilla* und besitzt einen kleinen Stehkragen sowie fünf Knöpfe, von denen nur der oberste geschlossen werden soll. Muss sie für die *Doma Vaquera* ganz und gar schlicht sein, darf sie im *Rejoneo* auch mit schöner Stickerei auf dem Rücken getragen werden. Das Hemd darunter soll schlicht und weiß sein. Dazu wird der Cordobeser Hut in Schwarz, Beige oder Grau getragen, relativ tief ins Gesicht gezogen und mit einem Kinnband fixiert, damit er bei schnellen Wendungen oder »Fahrtwind« nicht vom Kopf fällt.

Die Zahones – Lederschurze – schützen vor Schmutz und kleinen Verletzungen.

Die Ausrüstung der Stierkampfpferde

Die Mähnen der Pferde werden für den *Rejoneo* beidseitig wie ein Mozartzopf eingeflochten und schließlich mit Nadel und Zwirn fest zusammengenäht. Zusätzlich wird ein buntes Band durch die Flechtschlaufen gezogen. Sinn dieser Verzierung ist nicht nur die Schönheit des Pferdes; vor allem wird durch dieses Bändigen der Mähne verhindert, dass der *Rejoneador* im Kampf plötzlich – statt des Zügels – die Haarpracht seines Pferdes in der Hand hält. Um die Beine werden zum Schutz der Sehnen und des Griffelbeins meistens Gamaschen oder Bandagen gewickelt.

Ein Stierkampfpferd in voller Montur wartet auf seinen Einsatz.

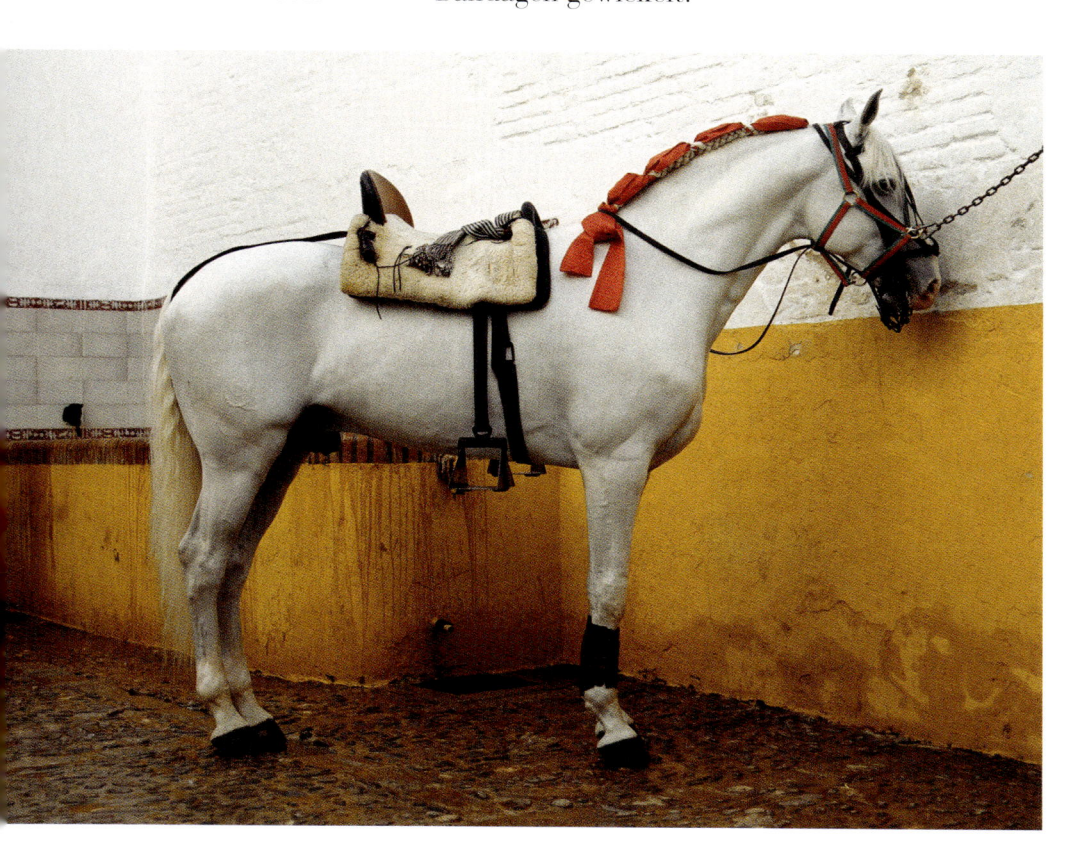

Zäumung

Die Vaquero-Zäumung *(Cabezada)* besteht gewöhnlich aus einem Kopfstück *(Jerezana* oder *Sevillana)* mit blanker Kandare, ganz selten auch aus Kandare mit Unterlegtrense. Der Sevillana-Zaum besteht aus Stirnriemen, beidseitig verschnalltem Backenstück, Kehlriemen und Nasenriemen, der Jerezana aus Stirnriemen, links verschnalltem Backenstück und wiederum einem Nasenriemen. An beiden Zäumungen ist am Stirnriemen der so genannte *Mosquero* befestigt, der den Pferdekopf vor Fliegen schützen soll. Er besteht entweder aus Lederfransen, die in den Stirnriemen eingearbeitet sind und über das Gesicht des Pferdes bis kurz über den Nasenriemen herabhängen, oder aber aus kunstvoll verarbeitetem Pferdehaar oder Seidenfäden.

Sattel

Zur Ausbildung wird normalerweise ein englischer Dressursattel verwendet. Erst beim Spezialtraining und unbedingt im *Rejoneo* kommt der hochzwieselige *Silla Vaquera* zum Einsatz, der auch *Albardón Jerezano* genannt wird und dem Reiter gerade bei schwierigen Lanzenmanövern sehr guten Halt gibt. Der Sattel ist mit einem Sattelgurt, einem ledernen Schweifriemen und zusätzlich mit Vorderzeug befestigt, das ein Verrutschen während der *Corrida* ausschließt. Die Kastenbügel aus patiniertem Eisen wiegen je zwei Kilogramm und sind dreieckig. Sie bedecken den ganzen Reiterfuß einschließlich des Absatzes und schützen den Fuß auf diese Weise fabelhaft vor den Rinderhörnern. Der Vaquero-Sattel ist vollständig mit einem Lammfell, der *Zalea*, überzogen, das den häufig aufwändig verzierten, ledernen Hinterzwiesel frei lässt.

Manchmal – allerdings hauptsächlich während des Trainings – wird in Spanien auch ein portugiesischer Sattel verwendet, die Silla Portuguesa. Die Portuguesa ist der traditionelle Sattel der portugiesischen Stierkämpfer und Schulreiter und gibt durch ihre relativ hohen Hinter- und Vorderzwiesel ein sehr sicheres Sitzgefühl. Sie hat – wie die Silla Vaquera – eine breite Auflagefläche und ist dementsprechend schonend für den Pferderücken. Anders als die Unterseite der Silla Vaquera, die gewöhnlich aus sehr festem Sackleinen besteht, ist die Auflagefläche der Portuguesa gewöhnlich aus glattem Leder, die Sitzfläche aus Wildleder, das in verschiedenen Farben gewählt werden kann. Am Hinter- wie am Vorderzwiesel findet man normalerweise ein Muster aus silbernen oder goldfarbenen Nieten.

Die Sattelkammer der Domecqs auf der Finca Los Alburejos

Antonio Domecq – Erbe der Legende

Antonio Domecq Domecq ist ein Neffe von Alvaro Domecq Romero und zählt zu den erfolgreichsten modernen Rejoneadores Spaniens. Antonio Domecq ist ein sehr eleganter, gefühlvoller Reiter und gleichzeitig ein temperamentvoller, waghalsiger Rejoneador, der seine Kämpfe für das Publikum außerordentlich spannend gestaltet. Er lebt mit seiner Familie auf der Finca der Domecqs, »Los Alburejos«, bei Medina Sidonia und züchtet Pferde und Rinder.

Unter welchen Gesichtspunkten suchen Sie ein Pferd für den Stierkampf aus?
Ich achte auf die Abstammung, die Bewegung, die Kraft und darauf, ob es ein weiches Maul hat.

Wie wichtig ist dabei die Abstammung?
Die Abstammung ist wichtig. Es gibt trotzdem immer mal Pferde mit guter Stierkampf-Abstammung, die nicht so gut sind, aber normalerweise kann man sich auf das Blut verlassen. Wenn die Abstammung gut ist, kann man das Pferd außerdem besser verkaufen, falls sich herausstellt, dass es für den Stierkampf nicht hart genug ist.

Wie tapfer muss ein gutes Stierkampfpferd sein?
Im Temperament darf es eigentlich nicht zu tapfer sein – das kann gefährlich werden: Zu mutige Pferde riskieren zu viel und werden dann leicht sehr ängstlich, wenn etwas passiert.

Man hört immer wieder, dass Stierkampfpferde möglichst zusammen mit Stieren oder Rindern auf der Weide aufwachsen sollen. Ist das bei Domecqs auch so?
Ich glaube nicht, dass das Zusammenleben von Stier und Pferd eine Rolle spielt. Sie trennen sich auf der Weide vollkommen, und mit späteren Kampfsituationen hat das Weideleben auch nichts zu tun.

In welchem Alter beginnen Sie mit der Ausbildung eines Stierkampfpferdes?
Mit dreieinhalb Jahren. Zuerst bekommt das Pferd die ganz klassische Dressurausbildung. Zwischen fünf und sieben Jahren beginnen wir mit der Stierattrappe, dem Carretón, und dann mit der Kuh. Die Ausbildung braucht Zeit und Gefühl für das Pferd. Manche Pferde haben beispielsweise Angst vor dem Carretón, aber nicht vor dem Stier, und umgekehrt. Es gibt manchmal Pferde, die sind mit fünf schon fertig für den Stierkampf, aber normalerweise ist ein Pferd erst mit acht Jahren soweit. Unsere Pferde sehen keinen Stier, bevor sie nicht das erste Mal in der Arena stehen.

Rejoneo – der berittene Stierkampf

Innenhof von Los Alburejos

Nächste Doppelseite: bei Ronda

Benutzen Sie ausschließlich Hengste?
Gar nicht. Mein bestes Stierkampfpferd ist eine Stute. Wir haben hier vier Stuten für den Stierkampf. Stuten können sehr gut sein, nur ist der Umgang mit ihnen manchmal schwieriger, sie sind sensibler und manchmal nervöser. Wie Frauen auch.

Wie lange »hält« ein Stierkampfpferd?
Ein gutes Pferd hält leider nicht lange, nach etwa zwei Jahren will das Publikum es nicht mehr sehen. Außerdem werden die Pferdebeine bei dieser Reitweise unglaublich strapaziert.

Wie viele Stierkampfpferde haben und brauchen Sie?
Zwischen acht und zehn.

Wie oft und wie lange trainieren Sie Ihre Pferde?
Ich reite jedes Pferd jeden Tag mindestens 45 Minuten lang.

Wie alt waren Sie, als Sie das erste Mal in die Arena ritten?
Fünf Jahre alt. Ich saß vorn auf dem Sattel meines Onkels. Mit zehn Jahren habe ich dann mit dem Rejoneo angefangen. Ich hatte immer Stiere und Pferde um mich herum, ich bin da hineingewachsen.

Luis Domecq
in der Levade

Die Ausbildung des Stierkampfpferdes

Die Ausbildung eines Stierkampfpferdes dauert mehrere Jahre. Sie beginnt im Alter von drei bis dreieinhalb Jahren mit der klassischen Dressurausbildung des Pferdes. Dabei muss es anfangs mit Wassertrense und englischem Dressursattel die korrekten drei Grundgangarten unter dem Sattel erlernen: es muss lernen, sich in Selbsthaltung zu tragen und losgelassen und durchlässig zu sein. Ausbildungsziel ist zuerst einmal ein absolut leichttrittiges und gut gymnastiziertes Pferd. Sobald es sich leicht führen lässt, muss es lernen, sich mühelos rückwärts richten zu lassen und sofort wieder vorwärts zu gehen. Daraufhin werden die Seitengänge ausgebaut, die später im *Rejoneo* eine so große Rolle spielen, denn schließlich werden Schenkelweichen, Traversalen und Pirouetten eingesetzt, um dem Stier auszuweichen.

Schulterherein, Travers und Renvers wird in allen drei Gangarten geritten. Mit dem Einsatz der blanken Kandare oder Kandare mit Unterlegtrense folgen Piaffe und Passage, Spanischer Schritt und häufig auch das Kompliment – nicht, weil dies bei der Arbeit mit dem Stier eingesetzt würde, sondern als hübsche Showeinlage für das Publikum. Die Galopparbeit ist von besonderer Bedeutung: Das Pferd muss auf beiden Händen gleichermaßen mühelos angaloppieren sowie Tempounterschiede und fliegen-

Fermín Bohorquez beim Wiederholen der Stierkampflektionen auf dem freien Feld. Das Pferd muss völlig durchlässig – an den Hilfen stehend – und ganz ruhig sein, um später im Kampf bestehen zu können.

Rejoneo – der berittene Stierkampf

de Wechsel beherrschen. Schließlich wird daraus ein spektakulärer Galopp auf der Stelle entwickelt, das »Terre à Terre«, mit dem sich der Stier in der Arena besonders gut reizen lässt. Bei der Ausbildung zum Stierkampfpferd spielt es keine besondere Rolle, in welcher Reihenfolge das Pferd bestimmte Lektionen erlernt. Die Übungen, die es am leichtesten selber anbietet, werden abgefragt und weiterentwickelt. Anders als in der klassischen Dressur wird bei dieser Ausbildung nicht in der Reithalle in vorgeschriebenen Bahnen geritten, denn das Ziel ist nicht das Dressurturnier. Das Ziel sind das Spektakel, die Arena und die Begegnung mit dem Stier. Die Lektionen mögen dabei weniger präzise ausfallen, als die Internationale Turnierverordnung sie vorsehen, die Kunst ist dafür jedoch umso größer.

Rejoneadores stellen hohe Ansprüche an sich. Wichtigste Eigenschaften eines Rejoneadors sind

Don Luis Domecq Domecq setzt zusammen mit seinem Bruder Antonio heute die legendäre Stierkämpfer-Tradition des Hauses Domecq fort.

Die verschiedenen Reitweisen

Ruhe und Disziplin im Sattel, ein aufrechter, sicherer Sitz, gute Schenkellage, leichte Hilfengebung und eine weiche Hand. Erfolgreiche Stierkämpfer müssen hervorragend reiten können, die Technik für das Setzen der Lanzen beherrschen und ein gutes Gefühl für den Stier und seine Reaktionen besitzen. Gute Nerven sind die Grundvoraussetzung. Ein Ausbilder darf niemals überreagieren oder wütend auf sein Pferd werden, weil jede Ungerechtigkeit das Vertrauen des Pferdes in seinen Reiter schwächt. Und vom gegenseitigen Vertrauen hängt im Stierkampf immerhin das Leben von Pferd und Reiter ab. »*El hombre no puede dominar al caballo, si no se domina a si mismo*«, steht denn auch auf der Finca »Los Alburejos« der Domecqs in eine Wand eingelassen: »Ein Mann kann sein Pferd nicht beherrschen, wenn er sich selbst nicht genauso beherrscht.«

Während der klassischen Ausbildung des Stierkampfpferdes beginnt etwa vier- bis fünfjährig das Training mit der Stierattrappe, dem *Carretón*: einer Art Schubkarre mit Stierhörnern, etwa so hoch wie ein echter Stier. Während das Pferd geritten wird, rennt ein Helfer nach Art eines Stiers hinter Pferd und Reiter her und simuliert einen Angriff, ohne dabei aber jemals das Pferd zu berühren und damit zu erschrecken. Bei diesem Training wird nun beobachtet, wie das Pferd sich verhält, ob es mutig oder eher furchtsam reagiert oder gar zu große Risiken eingeht. Langsam wird der Schwierigkeitsgrad der Lektionen erhöht. Der Reiter reitet direkt auf das Carretón zu, um ihm im letzten Moment sehr schnell traversalenartig auszuweichen, er reitet einhändig und beginnt, *Picas* oder *Rejóns* in den Holzrücken (meist aus Korkeiche) des »falschen Stiers« zu setzen, wobei das Pferd mit den Bewegungen vertraut werden muss, die der *Rejoneador* dabei macht: sich weit aus dem Sattel beugen, während er die *Pica* setzt, oder mit gezogenem Sombrero vor dem Stier hergaloppieren. Es muss sich auch daran gewöhnen, ohne Zügel und lediglich mit dem Reitergewicht dirigiert zu werden, wenn der Reiter die *Banderillas* in beiden Händen hält.

Hat das junge Pferd bis hierhin Mut, guten Instinkt und Ausdauer bewiesen, wird es in fortgeschrittener Ausbildung mit einer jungen, meist zweijährigen Kuh in einer Arena konfrontiert.

Die Stierattrappe, das Carretón

Rejoneo – der berittene Stierkampf

Dabei wird die Kuh getestet, ob sie mutig und hart genug ist, um möglichst aggressive Kampfstiere auf die Welt zu bringen, während das Pferd geprüft wird, ob es ihm beim Anblick eines schnellen schwarzen Tieres nicht angst und bange wird. Anders als die Stierattrappe sind diese jungen Kühe oft ziemlich aggressiv, greifen an und sind sehr schnell. Das Pferd muss beweisen, dass es auch bei unvorhergesehenen Bewegungen seinem Reiter absolut gehorcht, es muss seinen Kampfgeist unter Beweis stellen und dabei auch noch Schnelligkeit und Reaktionsvermögen zeigen. Verliert es die Nerven, scheidet es als Rejoneo-Pferd unweigerlich aus. Die Pferde, die sich hier allerdings als gute Kämpfer herausstellen, wird man später in der Stierkampfarena sehen. Dabei werden sie recht schonend an das Getöse einer Arena gewöhnt; sie werden ein paar Mal mitgenommen und zuerst bei der Eröffnung eines Stierkampfes ein-

Ein gut eingearbeiteter Helfer bewegt das Carretón mit möglichst hohem Tempo in einer Weise, dass es dem Angriff eines Stiers nahekommt. Das junge Pferd lernt, sich gegen den Stier »hohl« zu machen, um besser ausweichen zu können.

Die verschiedenen Reitweisen

geführt, bevor sie gezielt und ihren Fähigkeiten entsprechend in bestimmten Kampfphasen eingesetzt werden.

Je erfolgreicher das Stierkampfpferd, desto höher sein Ansehen und dementsprechend sein Wert, obwohl gute Stierkampfpferde gewöhnlich nicht zu verkaufen sind – sie wären unbezahlbar. Pferde wie *Rejoneadores* können eine Art Popstar-Status erreichen, der sich umgehend auf Selbstbewusstsein und Preisgeld auszuwirken scheint. Der jeweilige Star wird beim Einreiten in die Manege tosend beim Namen gerufen, was das Pferd nicht daran hindert, ruhig und lässig

»Vaca aquí!« – »Kuh, hierher!«: Fermín Bohorquez übt mit einer jungen Kuh.

am langen Zügel auf den bebenden Stier zuzuschreiten – um dann im gegebenen Moment blitzschnell zu reagieren. Derzeit bringt der dunkelbraune Lusitanohengst Cagancho des hervorragenden portugiesischen Rejoneadors Pablo Hermoso de Mendoza das Publikum bei seinem Erscheinen zu ungeheuren Jubelausbrüchen. Der berühmte Lusitanohengst Opus von Alvarito Domecq Romero war ein Superstar seiner Spezies, bis er schließlich nach Domecqs letztem Stierkampf am 12. Oktober 1985 mit einer bewegenden Geste in den Ruhestand geschickt wurde: Domecq »verabschiedete« sich in der Arena offiziell von allen seinen Stierkampfpferden, bis er in der Reihe bei Opus ankam. Er ließ den Hengst absatteln, nahm ihm die Kandare ab und entließ ihn mit dieser Gebärde von seiner Arbeit als Stierkampfpferd. Opus zögerte kurz, bis Alvaro Domecq ihm einen Wink gab, und galoppierte artig eine Runde um die Arena von Jerez, um dann gleich wieder zu seinem Herrn zurückzukehren. Kein Auge blieb trocken, als sich das Publikum jubelnd von seinen Sitzplätzen erhob – eine stehende Ovation an dieses sensationelle Pferd.

Die verschiedenen Reitweisen

Die Doma Vaquera
ist in erster Linie
eine Arbeitsreitweise.

Die Doma Vaquera – einst und jetzt

Die *Doma Vaquera* ist die traditionelle Arbeitsreitweise der spanischen Hirten, die etwa gegen Ende des 17. Jahrhunderts entstand. Es handelt sich also um eine Gebrauchsreiterei, bei der es ursprünglich darum ging, die frei lebenden Rinderherden in den *Marismas*, den Sumpfgebieten von Andalusien, zu hüten. Das Wort *Doma* bedeutet Zähmung, der *Vaquero* ist der berittene Rinderhirte. Die wilden andalusischen Rinder sind mit unseren freundlichen Milchkühen nicht zu vergleichen – sie haben wenig Sinn für Humor, sind schnell und durchaus angriffslustig, weshalb Reiter wie Pferde mutig, geschickt und wendig sein mussten, um diese Arbeit möglichst schadlos zu überstehen. Seit Jahrhunderten werden Doma-Vaquera-Pferde speziell für diese Aufgabe gezüchtet und führen die plötzlichen Stopps, die schnellen Wendungen und die wunderbar ruhigen Galoppwechsel mit leichtester Perfektion aus. Dabei sind die *Vaqueros* keine »Reiter« im eigentlichen Sinne. Es ging ja nicht um das Erlernen von Reitkunst oder Dressur, und mit Lektionen oder gar Zirkuskunststücken hatte diese Reitweise überhaupt nichts zu tun: *Vaqueros* sind Arbeiter in Hose und Pullover, für die das Pferd Werkzeug und Transportmittel bei der Arbeit ist.

Die willigen, freundlichen und ausgesprochen toleranten Spanischen Pferde, die für diese harte Feldarbeit verwendet wurden, ließen sich auch von wenig einfühlsamen Reitern leicht reiten, über harten, steinigen Boden, durch stacheliges Gebüsch oder hinter aufgebrachten Stieren her, die sich auch durchaus aggressiv gegen das Pferd stellten – schwere Verletzungen durch die spitzen Hörner der Stiere waren deshalb keine Seltenheit.

Heutzutage sind die wilden Rinderherden selten. Nur in sehr großen Glücksfällen hört man ganz zufällig irgendwo hinter der golden schimmernden Ebene die Glocken der Ochsen läuten, die die Herde anführen, und immer mal wieder das Gerassel einer Kandare oder ein helles Wiehern. Wer echte *Vaqueros* sucht, wird sie meist auf den großen Gütern der Kampfstierzüchter finden, wo man vielleicht ein paar Reiter trifft, die eine Herde schläfriger Rinder vor sich hertreiben – die Gesichter so ledern wie die staubigen Stiefel, kerzengerade auf ihren lammfellbezogenen Sätteln sitzend, die eine Hand in die Hüfte gestemmt, die andere hält locker die Zügel. Manchmal begegnet man ihnen plötzlich auch auf einem sandigen Parkplatz hinter irgendeiner gottverlassenen Raststätte, wo sie ungerührt von Verkehr oder sprachlosen

Die verschiedenen Reitweisen

In der Doma Vaquera ging es ursprünglich darum, die großen Rinderherden in den Weiten Andalusiens zu hüten und zu lenken.

Heutzutage findet die Doma Vaquera als Gebrauchsreiterei vor allem noch Verwendung beim *Acoso y derribo*.

Touristen fliegende Galoppwechsel mit einer Lässigkeit üben, als spielten sie mit ihrem Hund. Aus der reinen Gebrauchsreiterei der *Doma Vaquera* ist heute vor allem eine Turnierreitweise geworden. Viele der Vaqueroreiter und -pferde bekommen ihr Lebtag keine Kuh aus der Nähe zu sehen. Aber erst, wer einmal die Möglichkeit hatte, *Vaqueros* bei der Arbeit zuzusehen, wird Doma-Vaquera-Turniere richtig verstehen, begreift, worum es wirklich geht, weshalb die Pferde auf die leichtesten Hilfen prompt reagieren müssen und warum Trab als gerittene Gangart kaum vorkommt – weil nämlich ein so großer Kraftaufwand über den ganzen Tag zu viel Energie kostet, und darum müssen auch die Sättel so sicher und gemütlich sein.

Arbeit und Sport – Acoso y derribo

Das traditionelle *Acoso y derribo* – das »Verfolgen und Umwerfen« des Rindes – ist eine Mischung aus Auswahlverfahren und Reiterspiel, das mittlerweile zu einer reglementierten Disziplin durch die *Federación Hípica Española* geworden ist. Gleichzeitig gehört es auch heute noch zur Arbeit der Kampfstierzüchter und ist dabei gleichzeitig ein ländliches gesellschaftliches Ereignis – eine *Tienda* –, bei dem sich die Familien, Freunde und Angestellten der Reiter und Züchter zum Zuschauen und Picknick treffen. Jeweils zwei Reiter (die *Collera*) arbeiten in einem Team zusammen. Sie führen beide eine Garrocha, eine vier Meter

Die Doma Vaquera

lange Holzstange, mit sich, welche immer in der rechten Hand getragen wird.

Das *Acoso y derribo* beginnt damit, dass die Reiter zuerst die zweijährigen Rinder – die *Erales* – von der Jugendherde trennen müssen. Schon dieser Arbeitsgang erfordert ungeheure reiterliche Fähigkeiten, denn die Jungrinder setzen im Allgemeinen alle verfügbare Kraft ein, um zu ihrer Herde zurückzukommen. Aus dieser Gruppe wählt der *Garrochista* ein Rind aus, das er verfolgen wird. Der *Amparador*, sein Helfer, ist nun bemüht, das Rind während dieser Verfolgungsjagd in die richtige Richtung zu lenken, damit der *Garrochista* es mit der *Garrocha* umwerfen kann. Das *Acoso y derribo* ist ein erstes Auswahlverfahren für Zucht- oder Kampfstiere, eine Art Vordiplom: Die Tiere, egal, ob männlich oder weiblich, die nach diesem Angriff die Flucht ergreifen oder nur empört den Kopf schütteln, qualifizieren sich damit nur als Schlachtvieh und scheiden als Zuchttiere aus. In die engere Zuchtauswahl kommen nur diejenigen Tiere, die sofort versuchen, den Aggressor auf die Hörner zu nehmen.

Beim Acoso y derribo wird am Ende eines großen Feldes ein Rind losgelassen und im Acoso von zwei Reitern mit der Garrocha verfolgt. Der Helfer hält es in der Bahn, der Garrochista versucht es umzuwerfen. Beim Derribo wird die Spitze der Garrocha am Schwanzansatz des Jungbullen angesetzt. Das Rind wird während der Schwebephase des Galopps, wenn es also kein Bein am Boden hat, vom Garrochista umgeworfen.

Das Doma-Vaquera-Pferd
Pferdetypen

Die Lektionen der modernen *Doma Vaquera* erfordern kraftvolle, leichte und wendige Pferde. Heutzutage werden nur noch wenige Pferde Reiner Spanischer Rasse in der *Doma Vaquera* verwendet. Wer nach den Gründen fragt, bekommt verschiedene Antworten: Mit dem Aufkommen des Autos wurde aus dem Spanischen Pferd, einst König der Vielseitigkeit, ein Luxuspferd, das vor allem aus Gründen der Schönheit gezüchtet wurde und nur noch wenig Sinn für sportliche Unternehmungen mit Rindern hatte. Mit anderen Worten: Das Spanische Pferd war – zumindest eine Zeit lang – nicht hart und agil genug für die Arbeit mit dem Rind. Inzwischen allerdings wird in der Zucht wieder stark auf Funktionalität geachtet. Ein weiterer Grund, weshalb das durchaus wieder kämpferische und harte P.R.E. noch immer kaum verwendet wird, ist wohl schlicht und ergreifend sein Preis. Stattdessen werden vorzugsweise Anglo-Araber, Hispano-Araber oder *Cruzados* (Kreuzungen) aus Hispano-Araber und Englischem Vollblut eingesetzt, die so genannten *Tressangres* (Dreiblut). Die spanischen *Tressangres* entstanden wie die Hispano-Araber etwa in der zweiten Hälfte des 19. Jahrhunderts, als einige Züchter für den Bedarf der Kavallerie Spanische Stuten mit Arabern beziehungsweise Vollblütern kreuzten, um schnelle, leichte und wendige Kavallerie-Remonten zu bekommen. Der Hispano-Araber hat heute in Spanien ein eigenes Stutbuch. Die Zucht der spanischen Anglo-Araber entwickelte sich etwa zur gleichen Zeit. Sie sind dabei dem Vollblut ähnlicher als dem Araber und stellen relativ hochbeinige, elegante Sportpferde mit eleganten Gangbewegungen dar.

Für ein gutes Doma-Vaquera-Pferd spielt die morphologische Abstammung nur insoweit eine Rolle, als sich die Abstammung von fähigen Arbeitspferden gewöhnlich bemerkbar macht: Arbeitswille kann durch gezielte Zucht zur Erbanlage werden. Wichtiger sind ein harmonischer Körperbau mit einem guten Gleichgewicht. Darüber hinaus soll das Pferd möglichst fein und edel wirken.

Das Doma-Vaquera-Pferd soll ein Stockmaß um 1,60 Meter haben. Der ausdrucksvolle Kopf soll eine breite Stirn, große Augen, kleine Ohren und ein möglichst feines und sensibles Maul aufweisen. Der Brustkorb ist weit und rund, der Hals hoch angesetzt und nicht zu breit oder massig, der Widerrist hoch und ausgeprägt, der Rücken breit und kräftig. Eine runde, kurze, eventuell leicht abschüssige Kruppe ist wichtig, um ein Untersetzen der Hinterhand unter den Schwerpunkt zu erleichtern.

Die meisten Lektionen der *Doma Vaquera* verlangen ein versammeltes, extrem »gesetztes«

Tormenta – eine
Trés-sangre-Stute

Die Doma Vaquera

Pferd: daher sollen die Hinterbeine möglichst kurz und stark sein sowie kraftvolle Sprunggelenke haben. Raumgriff spielt beim Gangreiten des Doma-Vaquera-Pferdes keine Rolle. Wichtiger ist stattdessen Taktreinheit und die Fähigkeit, scharfe Wendungen durch höchste Versammlung auf kleinstem Raum ausführen zu können. Die geraden Vorderbeine sollen ebenfalls kräftige Gelenke, starke Bänder und Sehnen besitzen, die Hufe müssen groß und rund sein.

Neben einem möglichst idealen Körperbau spielt das Interieur eines Vaqueropferdes eine große Rolle: Es muss mutig sein, ein *gran corazón* – ein großes Herz – haben, dazu möglichst Nerven wie Drahtseile und einen ausgeprägten Arbeitswillen zeigen. Trotz hoher Sensibilität darf es niemals nervös oder ängstlich sein. Es muss ein gutes – nämlich lebensrettendes – Reaktionsvermögen haben und über ausgezeichnete Reflexe verfügen. Das »innere Gleichgewicht« ist vermutlich einer der Gründe, weshalb in der *Doma Vaquera* wenige Hengste, dafür umso mehr Stuten und Wallache eingesetzt werden: Hengste verfolgen zu oft noch ihre eigenen, hormongesteuerten Ziele, um wirklich völlig konzentriert zu arbeiten und hundertprozentig zuverlässig zu sein. Dementsprechend sind Hengste als »Arbeitspferde«, was Vaqueropferde immerhin sind, schwierig zu gebrauchen.

Schweifflechten

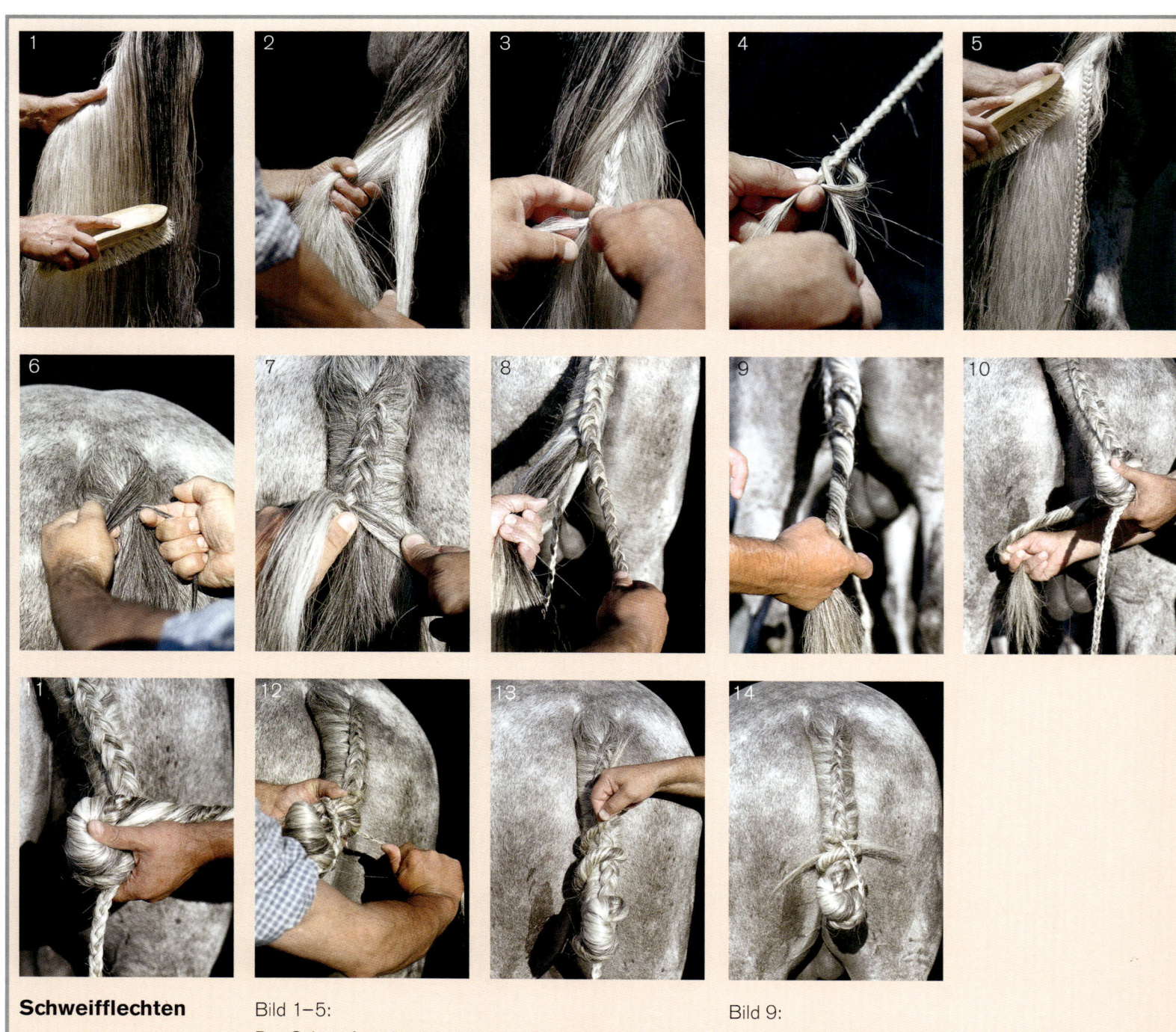

Bild 1–5:
Der Schweif wird gebürstet, eine dünne Strähne aus der Mitte des Schweifs abgeteilt und eingeflochten.

Bild 6–8:
Anschließend von oben einen Mozartzopf flechten und gleichmäßig Strähnen hinzunehmen.

Bild 9:
Das Ende des Zopfs fest mit dem dünnen Flechtzopf umwickeln.

Bild 10–14:
Anschließend den gesamten Schweif um sich selbst drehen, festknoten und mit der dünnen Strähne fixieren.

Schweif und Mähne des Vaqueropferdes

Auf dem Turnier sind Schweif- und Mähnentracht des Vaqueropferdes streng reglementiert. Die Vorschriften hierzu sind aus der täglichen Feldarbeit abgeleitet.

Der Schweif des Doma-Vaquera-Pferdes ist entweder kunstvoll hochgebunden oder kupiert. Das hat zum einen traditionelle und zum anderen praktische Gründe: Ein langer Schweif würde sich leicht im Gestrüpp verfangen; außerdem könnte ein frei flatternder Schweif vom Rind als Affront aufgefasst werden. Bis etwa zum Ende des 19. Jahrhunderts wurden die Schweife bei der Arbeit im so genannten Vaqueroknoten hochgebunden, wobei das Schweifhaar durch eine komplizierte Technik sehr fest gedreht und gewickelt wird, ohne dass ein Haarband oder Haargummi zum Einsatz käme. Erst zu Beginn des letzten Jahrhunderts begann man, Arbeitspferden die Schweifrübe zu kupieren. Die kupierten Vaqueropferde bezeichnet man als *Jacas*. Auf dem Turnier darf der Schweif auf keinen Fall geflochten oder gar verziert werden, weil es hier schließlich um nüchterne Arbeitstracht geht.

Die Mähne des Vaqueropferdes wird ähnlich wie bei Warmblutrassen verzogen, das heißt, sie wird auf etwa eineinhalb Handbreit Länge gekürzt und wie bei internationalen Turnieren üblich zu kleinen Zöpfen oder Knoten geflochten, in diesem Fall grundsätzlich mit schwarzen Gummis oder Bändchen. Eine Ausnahme bilden die Hengste Reiner Spanischer Rasse, deren Mähne offen getragen werden darf.

Der kurze Schweif einer Vaquera-Sute (Tormenta)

Die Ausrüstung des Vaqueros und des Vaqueropferdes

Die Ausrüstung des Reiters und seines Doma-Vaquera-Pferdes ist vor allem stabil und funktionell. Das Pferd trägt eine unauffällige, traditionelle Zäumung und den Hirtensattel. Während die *Vaqueros* bei der tatsächlichen täglichen Arbeit lediglich praktisch angezogen sind, spielt eine absolut korrekte, traditionelle Kleidung bei offiziellen Anlässen oder Turnieren eine große Rolle. Bei Turnieren kostet es schon einen Punktabzug, wenn der falsche Knopf offen bleibt, von auffälligen und somit verkehrten Farben gar nicht zu reden. Der Grund für das sehr strenge Bekleidungsreglement ist das Bestreben, die Tradition der *Doma Vaquera* zu wahren, die eine gewisse schlichte Eleganz beinhaltet, und eine Doma-Vaquera-Prüfung nicht zu einem farbenprächtigen Spektakel ausarten zu lassen, welches von der reinen Reiterei ablenken würde.

Ausrüstung des Reiters

Grundsätzlich dürfen für die Bekleidung des *Vaqueros* nur gedeckte Farben verwendet werden, und zwar Grau, Schwarz und Braun, in den Sommermonaten auch Beige oder Eierschalenfarben. Als Muster sind einzig Hahnentritt oder schmale Streifen erlaubt. Die im Turnier zugelassene Tracht bezeichnet man als *Traje corto*.

Hose

Auf Turnieren sind zwei Arten von Hosen zugelassen: eine Aufschlaghose, die etwa bis zur Wadenmitte reicht, und eine Besatzhose, die ebenso lang ist. Beide sind schmal und hochbündig geschnitten, haben keine Taschen und werden ohne Bügelfalte getragen. An der Innenseite befinden sich Knöpfe zum Befestigen der ledernen Hosenträger. Die Aufschlaghose wird doppelt umgeschlagen und zeigt dann das weiße Innenfutter. Auf Turnieren sieht man allerdings meistens die elegantere Besatzhose, deren Besatz drei oder fünf Knopflöcher aufweist, in die – ähnlich wie Manschettenknöpfe – Nieten aus Silber oder Horn eingeknöpft werden. Bei fünf Knopflöchern bleiben die drei unteren Nieten offen, bei nur dreien werden alle geschlossen.

Zu beiden Hosen wird als Gürtel ein Tuch oder eine schwarze Schärpe getragen. Die Schärpe schützte ursprünglich bei der Arbeit auf dem Feld die Nierenpartie; das bunte Tuch wurde früher nur von *Garrochistas* verwendet und durch das mittlere Knopfloch gezogen, um auf diese Weise die Jackenschöße festzubinden, damit sie nicht flatterten.

Hemd

Das Hemd muss schlicht und weiß sein, es sind keinerlei Rüschen oder Spitzen gestattet. Die Manschetten sollen aus dem Jackenärmel hervorsehen, der Kragenknopf wird geschlossen getragen.

Gilet

Die Weste oder das Gilet gehört unbedingt zur Jacke und muss in gleicher Farbe und möglichst auch aus dem gleichen Material sein wie die Jacke. Sie wird mit vier oder fünf Knöpfen ganz geschlossen.

Jacken

Es existieren drei verschiedene kurze Jackentypen in der *Doma Vaquera*: die *Guayabera* mit Stehkragen, die üblicherweise auf Turnieren zu sehen ist und fünf Knöpfe hat, und die *Chaquetilla*, die einen gewöhnlichen Kragen und ebenfalls fünf Knöpfe besitzt und eher bei festlichen Anlässen getragen wird. Bei beiden Jacken wird auf Turnieren üblicherweise nur der oberste Knopf geschlossen. Außerdem gibt es eine gefütterte Winterjacke, das *Marselles*, mit Aufschlägen und einem spitzen Kragen. Diese Jacke wird allerdings selten bei Turnieren getragen.

Zahones

Dies sind verzierte Lederschürzen, ähnlich den amerikanischen Voll-Chaps, einer Art halber Lederhose, die die Vorderseite der Beine bedeckt und die sich der Cowboy von vorn um die Hüften schnallt. *Zahones* werden häufig von *Garrochistas* getragen, um sich bei der Arbeit vor den Hörnern der Stiere, vor Dornen, Zweigen und Schmutz zu schützen. Auf Doma Vaquera-Turnieren werden sie nicht gern gesehen, weil sie die Beurteilung der korrekten Bein- und Schenkelhilfen erschweren. Da sie aber ausgesprochen attraktiv wirken, sieht man sie häufig auf Ferias.

Schuhe und Stiefel

Es gibt verschiedene Schuhe und Stiefel, die der *Vaquero* auf dem Turnier tragen darf: den Schaftstiefel, den Vaqueroschuh und einen Kurzstiefel oder eine Stiefelette. Zu Schuh und Stiefel werden immer kunstvoll verzierte Gamaschen getragen, die vom Absatz bis zur Kniekehle reichen.

Sporen

Traditionell tragen die *Vaqueros* Rädchensporen, die relativ tief, nämlich in Absatzhöhe getragen werden. Die Sporen werden mit weißen oder hellbraunen Lederriemen befestigt, die am Rist überkreuzt und an der Innenseite des Stiefels verschnallt werden.

Sombrero

Der *Sombrero* wird passend zur Kleidung in Schwarz, Grau oder Beige gewählt. Die Krempe ist breit und flach und dient dazu, das Gesicht des Reiters vor der Sonne zu schützen, weshalb der *Sombrero* relativ tief ins Gesicht gezogen wird. Gewöhnlich wird er durch ein Kinnband fixiert, um bei Wendungen oder im Wind nicht vom Kopf zu fallen.

Kleidung der Reiterinnen

Die Damen in der *Doma Vaquera* tragen die gleiche Kleidung wie die Männer, solange sie im Herrensitz reiten. Reiten sie allerdings im Damensattel (*la Amazona*), tragen sie ebenfalls das *Traje corto*, und zwar mit Rock statt einer Hose. Die Farben sind dieselben.

Hengst Hilandero XI der Yeguada de la Cartuja mit Sevillane-Zaum mit Mosquero und Serreta

Ausrüstung des Pferdes
Zäumung

Das Doma-Vaquero-Pferd wird mit zwei unterschiedlichen Zäumungen (*Cabezadas*) geritten: dem Sevillana-Zaum, der aus Stirnriemen, beidseitig verschnalltem Backenstück, Kehlriemen und Nasenriemen besteht, oder dem *Jerezana*-Zaum, der aus Stirnriemen, links verschnalltem Backenstück und einem Nasenriemen besteht. An beiden Zäumungen ist am Stirnriemen das so genannte *Mosquero* befestigt; das sind etwa 15 Lederfransen, die in den Stirnriemen einge-

Ramon Postigo und Tormenta

arbeitet sind und über das Gesicht des Pferdes bis kurz über den Nasenriemen herabhängen. Sinn des *Mosquero* ist es, das Vaquero-Pferd, dessen Schopf entweder kurzrasiert oder eingeflochten ist, vor lästigen Fliegen am Kopf zu schützen. Auf Turnieren bietet es den Richtern zusätzlich die Möglichkeit, an seiner Schwingung die Taktreinheit des Schritts zu erkennen.

Bei Fiestas oder Turnieren sind die wundervoll gestalteten *Mosqueros* meistens aus kunstvoll verarbeitetem Pferdehaar oder Seidenfäden hergestellt. Beide Zäumungen können mit der so genannten *Serreta* kombiniert werden, auf jeden Fall aber mit einer blanken Kandare oder – in der *Doma Vaquera* allerdings eher ungewöhnlich – mit einer Kandare mit Unterlegtrense. Beides wird mit Kinnkette oder einem Kinnreif geritten, einem glatten Metallbügel, der in die Haken für die Kinnkette eingehakt wird. Die Vaquero-Kandare soll möglichst aus Eisen, rostend oder wenigstens patiniert sein; unerwünscht sind blitzende, nichtoxidierende Metalle.

Junge Pferde werden mit vier Zügeln geritten, die beidhändig geführt werden. Die Hauptzügel werden in das untere Ende der Kandare geschnallt, die beiden weiteren Zügel werden entweder in die Serreta geschnallt, um direkte Einwirkung auf die Pferdenase zu haben, oder in das Kandarenauge, um somit eine weitere Einwirkung auf das Pferdemaul zu erreichen.

Serreta

Dies ist eine äußerst diffizile Hilfszäumung, die außerhalb Spaniens häufig die Gemüter zum Kochen bringt und deshalb näherer Erklärung bedarf. Traditionell besteht die *Serreta* aus einem halbrunden Metallbügel, der an der Innenseite mit kleinen Zacken versehen ist und auf dem Nasenrücken aufliegt. Gewöhnlich wird sie mit zwei Zügeln geritten. Die eigentliche Idee ist, beim Annehmen der Serreta-Zügel und dem so entstehenden Druck auf den Nasenrücken dem Pferd deutlich zu machen, dass es seinen Kopf tief beziehungsweise in einer späteren Ausbildungsphase in der Senkrechten halten soll, ohne dass der Reiter ihm dabei im Maul herumzieht. Sowie das Pferd diese Haltung einnimmt, lässt der Druck auf die Nase nach. Wird das Pferd von einem einfühlsamen Reiter mit weicher Hand geritten, ist gegen die *Serreta* fast so wenig einzuwenden wie gegen andere klug eingesetzte Hilfszügel in anderen Reitweisen. Tatsächlich wird auf diese Weise das Maul geschont und bleibt extrem sensibel. Wer allerdings die vielen vernarbten, blutigen und verschrammten Pferdenasen in Spanien sieht, wird erkennen, dass ganz offensichtlich nur sehr wenige Reiter in der Lage sind, die *Serreta* mit dem nötigen Feingefühl zu benutzen. Falsch eingesetzt kann sie – wie jede Hilfszäumung – tatsächlich zum Höllenninstrument werden.

Eine Serreta

Die verschiedenen Reitweisen

Die Silla Vaquera

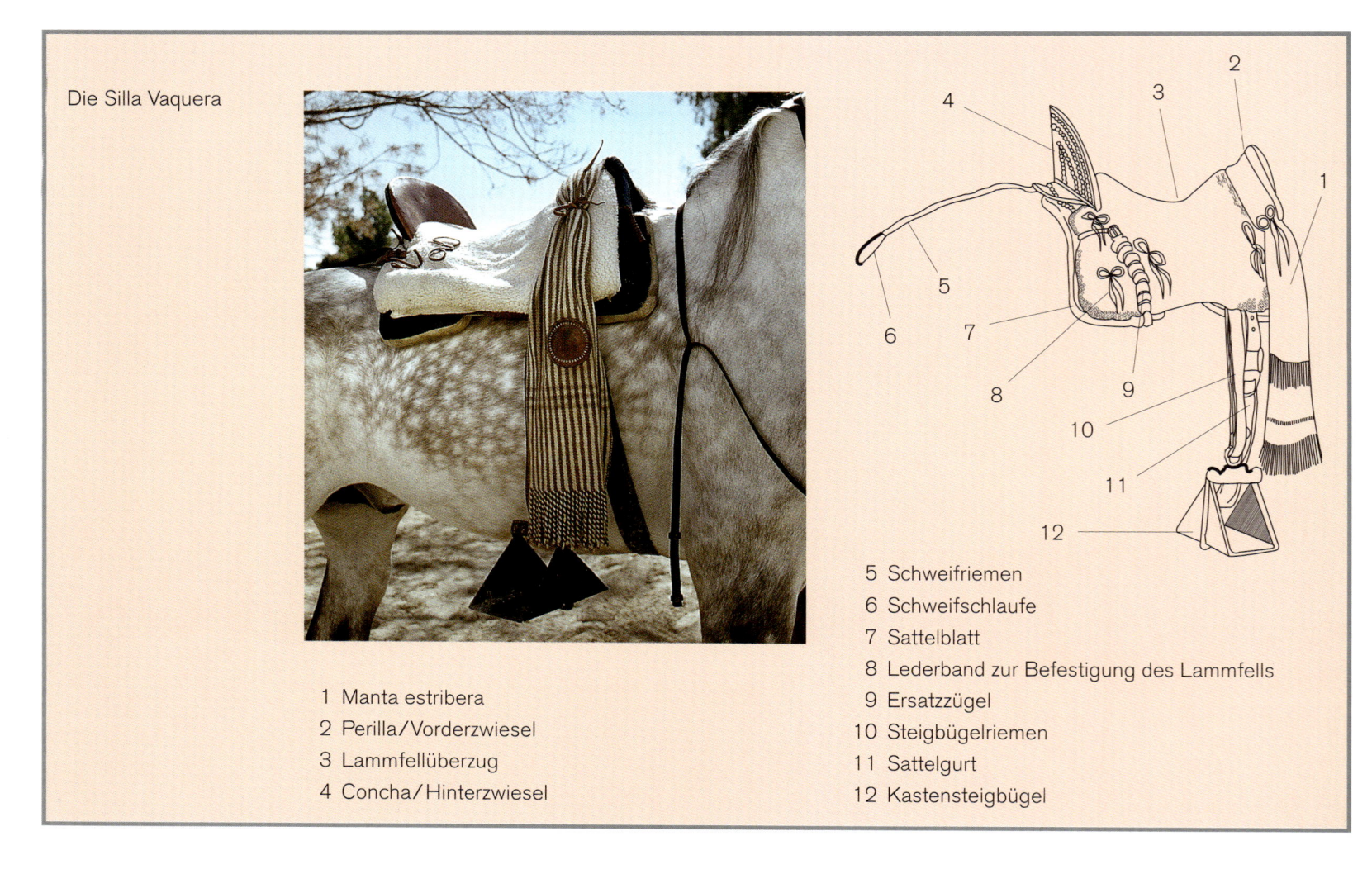

1 Manta estribera
2 Perilla/Vorderzwiesel
3 Lammfellüberzug
4 Concha/Hinterzwiesel
5 Schweifriemen
6 Schweifschlaufe
7 Sattelblatt
8 Lederband zur Befestigung des Lammfells
9 Ersatzzügel
10 Steigbügelriemen
11 Sattelgurt
12 Kastensteigbügel

Sattel

Der Sattel, die *Silla Vaquera* oder *Albardón Jerezano*, ist arabischen Ursprungs und ein Überbleibsel der achthundertjährigen Herrschaft der Mauren. Er kann bis zu 22 Kilogramm schwer sein, besitzt allerdings eine große Auflagefläche und ist daher sehr schonend für den Pferderücken, weil sich das Gewicht großzügiger verteilen kann als bei anderen Sätteln. An der Gabel vorn am Sattel liegt das Campotuch, die *Manta Estribera*, die häufig die Initialen des Reiters oder des Züchters trägt. Das Campotuch ist aus Baumwolle und schützt den Reiter vor Kälte, Regen oder Pferdeschweiß. Die Kastensteigbügel aus patiniertem Eisen wiegen je zwei Kilogramm und sind dreieckig. Sie bedecken den ganzen Reiterfuß einschließlich des Absatzes und schützen den Fuß auf diese Weise vor den Hörnern der Stiere. Die *Silla Vaquera* ist der am häufigsten gebrauchte Sattel in Spanien. Gewöhnlich ist er für den Reiter maßgeschneidert. Er hat keinen

Sattelbaum, vielmehr ist die Auflagefläche flexibel und passt sich auf Dauer dem Pferderücken optimal an.

Traditionell wird die *Silla Vaquera* aus gepresstem Stroh gearbeitet, das zwischen Leder und Sackleinen in mehreren Rippen eingenäht wird. Der Sattel ist vollständig mit einem Lammfell, der *Zalea*, überzogen, das nur die *Concha*, die Muschel des Hinterzwiesels, frei lässt. Unter dem Fellüberzug ist an einem Ring ein 1,70 Meter langer Sattelgurt befestigt, der um den Pferdebauch geschnallt und auf der anderen Seite von Pferd und Sattel wiederum unterhalb des Fellbezugs an einem kürzeren Gurtstück mit einer Schnalle festgehalten wird. Zum Vaquero-Sattel gehört ein lederner Schweifriemen. Für junge Pferde in der jeweiligen Kategorie ist auch die *Silla Española* zugelassen. In der Form des runden, ledernen Sattelblattes ähnelt die *Española* dem englischen Dressursattel, obwohl der Vorder- und Hinterzwiesel hochgezogen sind. Sattelgurt und Steigbügelschnallen liegen unter dem Sattelblatt. Auch zur *Española* gehört ein Überzug aus Lammfell, der den Sattel ganzjährig schützt und für den Reiter sehr bequem ist. Um den Verschleiß des Überzugs durch das Reiterbein in der Schenkellage zu verhindern, ist an dieser Stelle ein Lederstreifen eingearbeitet. Zur *Silla Española* werden eigene, relativ schwere und rundliche Steigbügel mit einer großen Auflagefläche für den Reiterfuß verwendet.

128
Die verschiedenen Reitweisen

Vaquero-Reiter
vor dem Wettkampf

Die Lektionen der Doma Vaquera

Die *Doma Vaquera* wird nur im Schritt und Galopp geritten. Dies ist traditionell bedingt: Die meiste Zeit des Arbeitstages auf der Weide bewegen sich die Pferde im kräfteschonenden Schritt vorwärts. Lediglich wenn versprengte Rinder einzufangen oder Rinder auszusondern sind, wird in verschiedenen Galopp-Tempi gearbeitet. Allerdings wird der Trab in der Ausbildung geritten und ist auf Turnieren auch in der Klasse für ganz junge Pferde zugelassen. In den beiden höheren Klassen kommt er aber nicht mehr vor.

Die Hauptgangart der *Doma Vaquera* ist der Galopp. Es gibt den versammelten Galopp, den Mittelgalopp und den *Arreon*, den so genannten Sprintgalopp, der in sehr hohem Tempo aus dem Stand oder dem Schritt gestartet wird. Die Gangart Schritt unterteilt man in Arbeitsschritt und versammelten Schritt; wichtig ist, dass die Pferde auch nach plötzlichen Tempowechseln einen ruhigen Schritt gehen. Der Sitz des Reiters muss aufrecht und gerade sein. Die Zügel liegen in der linken Hand und werden nur für Stellung und Paraden eingesetzt.

Das Doma-Vaquera-Pferd wird hauptsächlich mit Gewichtshilfen und sehr wenig mit Schenkel geritten, was schon die Bauart des Vaquero-Sattels bedingt. Statt Schenkelhilfen kommt es in der *Doma Vaquera* gewöhnlich zum wohl dosierten Sporeneinsatz. Die Lektionen beinhalten Seitengänge, Tempiwechsel, halbe und ganze Pirouetten, sehr zügiges Rückwärtsrichten und Übergänge von Galopp in Schritt und umgekehrt. Bei allen Lektionen geht es grundsätzlich um die Durchlässigkeit und Balance des Pferdes. Die Reihenfolge der einzelnen Lektionen ist nicht festgelegt.

Arbeitsschritt

Der Schritt ist eine schreitende Bewegung im Viertakt. Im Arbeitsschritt soll das Pferd fleißig und taktmäßig vorwärts gehen und dabei etwa zwei Hufbreit über die Spur der Vorderhufe treten. Raumgriff spielt hier keine Rolle.

Arbeitsschritt

Versammelter Schritt

Der versammelte Schritt ist weniger raumgreifend als der Arbeitsschritt. Die Hinterhufe dürfen nicht über die Spur der Vorderhufe hinausfußen, sondern höchstens in die Spur der Vorderhufe hinein. Bei gesenkter Hinterhand und vermehrter Aufrichtung des Pferdes soll der versammelte Schritt erhaben wirken.

Arbeitstrab

Im Arbeitstrab, der nur in der leichten Turnierklasse gefragt ist, geht das Pferd deutlich und fleißig vorwärts, darf aber dabei nicht eilig werden. Die Hankenbeugung und die Aufrichtung sind geringer als beim versammelten Trab.

Versammelter Trab

Im versammelten Trab sind die Tritte weniger raumgreifend, dafür erhaben und kadenziert. Das Pferd ist in den Hanken gebeugt, wobei die Hinterhand vermehrt Last übernimmt. Der Schwung ist eher aufwärts als vorwärts gerichtet. Trab wird in der *Doma Vaquera* nur zur Ausbildung geritten.

Rückwärtsrichten mit Übergang zum Schritt oder Trab

Das Rückwärtsrichten – wobei die Beine jeweils paarweise diagonal nach hinten treten – dient der Durchlässigkeit, der Versammlung und der vermehrten Gewichtsaufnahme durch die

Die Doma Vaquera

Hinterhand. Der anschließende Übergang zum Schritt oder Trab muss fließend und ohne weitere halbe Parade erfolgen.

Außengalopp auf gerader Linie und auf dem Zirkel

Der Außengalopp zeigt die Durchlässigkeit und den Grad des Gleichgewichts beim Pferd. Auf dem Zirkel muss das Pferd das innere Hinterbein verstärkt unter den Körper setzen und sich mehr versammeln, um die Balance halten zu können.

Traversale in beide Richtungen in Schritt und Galopp

Die Traversale ist eine Vorwärts-Seitwärts-Verschiebung, die das Pferd diagonal von der langen Seite zur gegenüberliegenden langen Seite ausführt, wobei es die äußeren Vorder- und Hinterbeine weit vor die inneren Beine bringen muss. Die Vorhand geht leicht vor der Hinterhand. Das Pferd ist in Bewegungsrichtung gestellt und gebogen.

Ganzer Travers *(paso de costado)* in beide Richtungen

Der Ganze Travers gehört zu den wichtigsten Aufgaben der *Doma Vaquera*. Im Gegensatz zur klassischen Traversale wird er nur im Schritt geritten und beschreibt eine fast vollständige Seitwärtsbewegung, bei der das Pferd die Vorder- und Hinterbeine ganz überkreuzen muss.

Rückwärtsrichten (oben)
Traversale (links)

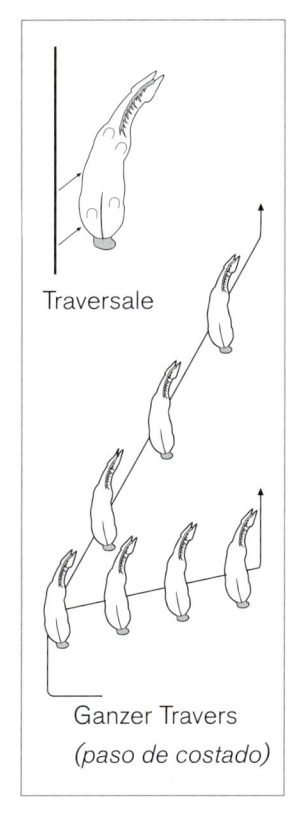

Traversale

Ganzer Travers *(paso de costado)*

Die verschiedenen Reitweisen

Versammelter Galopp, Arbeitsgalopp und starker Galopp

Der versammelte Galopp setzt das Pferd verstärkt auf die Hinterhand, wobei sich für den Reiter das Gefühl eines »Aufwärtsgalopps« ergeben soll. Die Tritte des Pferdes werden durch halbe Paraden verkürzt. Im versammelten Galopp wird sehr deutlich, ob das Pferd tatsächlich gerade gerichtet ist.

Im Arbeitsgalopp dehnt sich das Pferd etwas im Hals und die Galoppsprünge werden weiter. Im starken Galopp soll das Pferd sein gesamtes Galoppvermögen mit großem Raumgriff zeigen, ohne dabei eilig oder hektisch zu werden. Zwischen Arbeitsgalopp und starkem Galopp muss eine deutliche Steigerung zu erkennen sein.

Pirouette um die Vorhand im Schritt

Pirouetten drücken das Höchstmaß an Versammlung im Schritt aus. In der Pirouette auf der Vorhand wird das Pferd entgegen der Bewegungsrichtung gestellt, während die Hinterhand des Pferdes um die Vorhand einen Zirkel von 360° beschreibt.

Pirouette um die Vorhand

Pirouette um die Hinterhand im Schritt

In der *Doma Vaquera* wird die »klassische« Hinterhand-Pirouette nur im Schritt geritten. Das Pferd ist in Bewegungsrichtung gestellt, während es einen Kreis von 360° um die Hinterhand beschreibt. Bei der Doma-Vaquera-Pirouette tritt der innere Hinterhuf auf der Stelle, während der äußere einen Kreis beschreibt.

Pirouette um die Vorhand

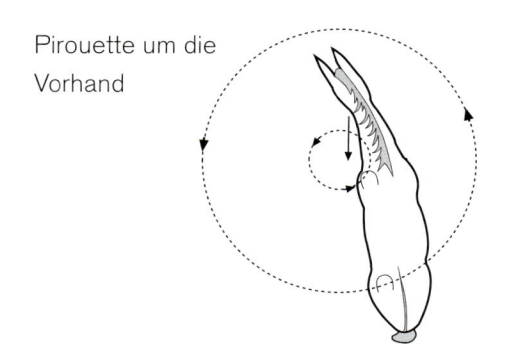

Pirouette um die Hinterhand

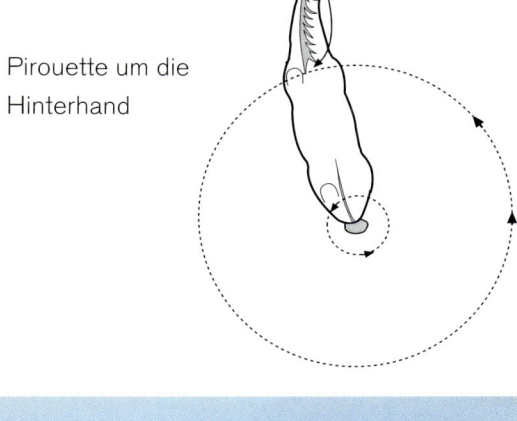

Pirouette um die Hinterhand

Fliegende Wechsel von Sprung zu Sprung (Einerwechsel)

An den fliegenden Wechseln lässt sich leicht der Grad der Durchlässigkeit und die Qualität der Galoppade des Pferdes erkennen. Sie werden aus dem versammelten Galopp heraus entwickelt. Galoppwechsel sollen immer ruhig, aber mit deutlichem Vorwärtsdrang auf gerader Linie gesprungen werden. Das Umspringen erfolgt im Moment der freien Schwebe, wobei das Pferd den jeweils inneren Hinterfuß und äußeren Vorderfuß wechselt.

Halbe und ganze Vaquerawendung in Schritt und Galopp auf beiden Händen

Die Vaquerawendung ist ebenfalls eine sehr wichtige Lektion der *Doma Vaquera*. Sie wird im Turnier gewöhnlich in Serien geritten und ist eine wichtige Prüfungsmöglichkeit für die Durchlässigkeit des Pferdes. Die halbe Vaquerawendung besteht aus einer gesprungenen Wendung um 180° um die Hinterhand. Das Pferd ist in Richtung der Wendung gebogen und setzt eine »freie« Vorhand und eine starke, balancierte Hinterhand unter seinem Schwerpunkt voraus.

In der ganzen Vaquerawendung wird eine 360°-Wendung herbeigeführt. Dabei spielt weniger die korrekte Sprungfolge oder gar Takt eine Rolle als das kraft- und schwungvolle Wenden des Pferdes, wobei es den Boden etwa drei- oder viermal berühren darf. Nach der Wendung muss das Pferd ruhig und gleichmäßig weitergaloppieren.

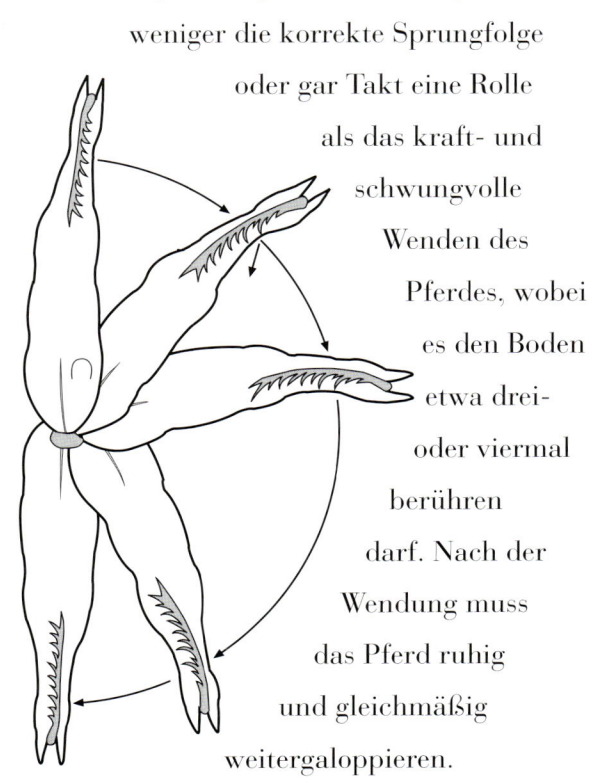

Beschleunigung, Verkürzung, Wendung und erneute Beschleunigung im Galopp

In dieser Lektion wird der eigentliche Charakter der Feldarbeit deutlich; gleichzeitig zeigt sich die Durchlässigkeit des Pferdes: Das Pferd schießt mit ungeheurem Tempo und großer Schubkraft nach vorn (*Arreon*), wobei es das Tempo entlang der langen Seite des 60 x 20 Meter messenden Vierecks weiter beschleunigt. Am Ende der langen Seite wird das Pferd durchpariert, um im versammelten Galopp eine halbe Vaquerawendung von 180° auszuführen und in einem erneuten *Arreon* stark zu beschleunigen.

Rückwärtsrichten mit Übergang zum Sprintgalopp (*Arreon*) auf beiden Händen

Das Rückwärtsrichten ist eine wichtige Lektion in der *Doma Vaquera*: Vaquera-Pferde müssen in der Lage sein, bei gesenkter Hinterhand und diagonal tretenden Beinpaaren relativ zügig bis zu sechzig Meter rückwärts zu gehen. Aus dem Rückwärtstreten heraus sollen sie im *Arreon* aus der Hinterhand im starken Tempo nach vorn schießen, wobei das Pferd einen Augenblick lang mit erhobener Vorhand zu verharren scheint.

Beschleunigung und plötzliche Parade (*Parada a raya*)

Ebenfalls »Vaquera-typisch« ist der *Arreon*, gefolgt von der *Parada a raya*, einer sehr plötzlichen ganzen Parade, die das Pferd aus dem gestreckten Galopp mit stark untersetzender Hinterhand zum Stillstand bringt. Das Pferd muss dabei mit geschlossenen Vorderbeinen und geschlossenem Maul zum Stehen kommen.

Für die *Parada a raya* muss das Pferd relativ weit ausgebildet und in der Lage sein, seine Hinterhand unter den eigenen Schwerpunkt zu setzen.

Das Pferd kommt fast abrupt zum Halten, als gäbe es ein unsichtbares Hindernis, das es bremsen würde.

Die Zügelführung

Das ausgebildete Pferd wird einhändig links mit zwei oder vier Zügeln und mit möglichst geringer Zügeleinwirkung geritten. In der Ausbildung beginnt man mit vier Zügeln und häufig mit einer Kombination aus *Serreta* und Trense, wobei zwei Zügel in die *Serreta* geschnallt werden, oder mit *Serreta* plus Vaquerokandare, wobei ebenfalls jeweils ein Zügel in einen Seitenring der *Serreta* geschnallt wird, die anderen beiden Zügel in die Hebel der Kandare. Auf diese Weise kann man mit der Einwirkung auf das Gebiss sehr schonend beginnen, ohne die Einwirkung auf den Nasenrücken des Pferdes aufzugeben. Die rechte Hand ruht im Schritt auf dem Oberschenkel des Reiters. Im Galopp wird sie aufrecht etwa in Rippenhöhe getragen, als hielte der Reiter eine imaginäre Gerte nach oben.

Beim ausgebildeten Pferd müssen bei der Arbeit und auf dem Turnier die beiden Kandarenzügel in der linken Hand des Reiters gehalten werden, wobei die Zügel von unten nach oben durch die lockere Faust laufen, vom Daumen festgehalten und getrennt durch den kleinen Finger. Die rechte Hand wird nur verwendet, um möglicherweise die Zügel zu verkürzen. Die Zügel müssen beide gleich lang sein. Zur Hilfengebung wird die Hand über dem Mähnenkamm hin- und herbewegt. Damit wird – anders als in der klassischen Dressur, in der das Pferd an dem Außenzügel geritten wird – durch Anlegen des Zügels an den Hals die Schulter zum Seitwärtstreten veranlasst.

Die Turnierordnung

Seit die *Doma Vaquera* 1978 in Spanien offiziell als Disziplin des Turniersports anerkannt wurde, ist von der F.H.E. (*Federación Hípica Española*) eine allgemein gültige Turnierordnung für die *Doma Vaquera* verfasst worden: die *Reglamento de Doma Vaquera*, die regelmäßig in allen Feinheiten überarbeitet wird. Sinn dieser Turnierordnung ist es, die Traditionen zu bewahren, die jahrhundertelang von Vaquero zu Vaquero mündlich weitergegeben wurden: Längst wurden der modernen Doma-Vaquera-Reiterei Elemente hinzugefügt, die in der Arbeitsreitweise keine oder nur eine untergeordnete Rolle spielten, wie etwa der Spanische Schritt. Um weitere Spielereien oder fantasievolle Eigenauslegungen zu verhindern, werden die Reglements sehr ernst genommen, insbesondere was die Ausrüstung von Pferd und Reiter betrifft.

Das Doma-Vaquera-Turnier wird gewöhnlich von drei Richtern gerichtet. Der Präsident des Richterkollegiums sitzt an der kurzen Seite direkt gegenüber vom Eingang des Vierecks, zwei weitere Richter sind jeweils in der Mitte der langen Seiten positioniert. Bei den Staatsmeisterschaften gibt es gewöhnlich fünf Richter, von denen der Präsident wiederum in der Mitte der kurzen Seite sitzt, während die vier weiteren Richter jeweils zu zweit in regelmäßigen Abständen entlang der beiden langen Seiten Patz nehmen.

Das Viereck für Doma-Vaquera-Turniere muss mindestens 18 x 20 Meter groß sein. Vierecke für nationale Championate müssen die Maße 60 x 20 Meter aufweisen. Die Eckpunkte werden mit Stangen von einem Meter Höhe gekennzeichnet. Das Publikum muss wenigstens zwei Meter hinter diesen Eckpunkten bleiben. Innerhalb des Vierecks existieren keine festen Punkte, an denen die Aufgaben begonnen oder beendet werden müssen. Der Eingang des Vierecks befindet sich in der Mitte einer der kurzen Seiten. Die zugelassene Ausrüstung des Pferdes ist einfach und praktisch und besteht aus dem kompletten *Silla Española* für junge Pferde der Klasse 1, oder der kompletten *Silla Vaquera*. An der Sattelgabel liegt das Campotuch. Als Zäumung ist der Jerezana- oder der Sevillana-Zaum zugelassen, jeweils inklusive Kandare mit oder ohne Unterlegtrense, *mosquero* und wahlweise der *serreta*. Beim Einsatz der *serreta* werden bei jungen Pferden der Klasse 1 vier Zügel, bei allen anderen Pferden zwei Zügel verwendet. Pferde der Klasse 1 können auch mit Gerte geritten werden, die aufrecht in der rechten Hand getragen wird. Für die Klassen 2 und 3 ist das Tragen der Gerte untersagt, außer für weibliche Teilnehmerinnen im Damensattel – sie tragen die Gerte in der rechten Hand mit der Spitze nach unten.

Die Kleidung des Reiters wird ausgesprochen ernst genommen und entspricht in allen Punkten der traditionellen Vaquerokleidung, wie sie in Andalusien für diese Art der Reiterei verwendet wurde.

Die Prüfungskategorien

Es existieren innerhalb des Reglements der *Asociación Nacional de la Doma Vaquera* drei Prüfungskategorien für die *Doma Vaquera*:

Klasse 1
Prüfung für junge Pferde zwischen fünf und sechs Jahren (in der die Pferde mit vier Zügeln vorgestellt werden).

Klasse 2
Prüfung für fortgeschrittene Pferde mit mittlerem Leistungsniveau.

Klasse 3
Prüfung für fortgeschrittene Pferde mit hohem Leistungsniveau.

Die Prüfungen dauern jeweils circa acht Minuten. In allen drei Klassen geht es um die Bewertung von Gehorsam, Schubkraft und Versammlungsfähigkeit des Pferdes; um Sitz, Haltung und Hilfegebung des Reiters sowie um den Gesamteindruck der Präsentation von Pferd und Reiter.
Die jungen Pferde der Klasse 1 müssen dabei folgende Lektionen zeigen:
- Arbeitsschritt und versammelten Schritt
- Gleichmäßig gebogene Zirkellinien in allen drei Grundgangarten
- Rückwärtsrichten mit fließendem Übergang zum Schritt, zum Trab und zum Galopp
- Arbeitstrab und starker Trab
- Galopp und starker Galopp
- Außengalopp auf dem Zirkel

Die Pferde der Klasse 2 werden nicht mehr im Trab vorgestellt, zeigen aber zusätzlich folgende Lektionen:
- Versammelten Galopp und Arbeitsgalopp
- Traversale im Schritt und Galopp auf beiden Händen
- Travers im Schritt und Galopp auf beiden Händen
- Pirouetten im Schritt um die Vor- und die Hinterhand
- Viertel- und halbe Vaquerawendungen im Galopp
- Fliegender Galoppwechsel
- Beschleunigung
- *Parada a raya*
- Rückwärtsrichten und Anreiten im *Arreon*

Die Prüfung für Pferde der Klasse 3 unterscheidet sich im Schwierigkeitsgrad zur Klasse 2 nur unwesentlich, zusätzlich werden jedoch noch folgende Lektionen bewertet:
- Einerwechsel
- Ganze Vaquerawendungen im Galopp auf beiden Händen

142
Die verschiedenen Reitweisen

Carlos Lopez Candel
mit Puntalete
in der Pesade

Die Hohe Schule – Alta Escuela

Der Ursprung der Hohen Schule

Als Hohe Schule bezeichnet man die klassische Reitkunst in ihrer höchsten Vollendung. Ihre Lektionen gehen auf die Kriegsreiterei zurück. Auf zahlreichen mittelalterlichen Gemälden von Kriegsdarstellungen kann man Reiter und Pferde in Kapriolen, Courbetten und Levaden erkennen – jeweils sehr effektive Möglichkeiten, seinem Feind zu entkommen, sich über ihn zu erheben und ihn zu verletzen: In der Courbette konnte man sich dem Feind nähern, ohne dass dieser seinerseits über das hoch erhobene Pferd an den Angreifer herankam. Ebenso konnte man sich in der Levade über den Feind erheben und gleichzeitig das Pferd wie ein Schutzschild vor sich halten. In der Pirouette galt es, im Nahkampf Angreifern zu Fuß auszuweichen und sie dabei in einem praktischen »Rundumschlag« mit Lanze oder Speer ernsthaft zu verletzen. Die Kapriole mit dem kraftvollen Ausstreichen der Hinterbeine war eine wirklich gefährliche Waffe, mit der man sich gegen Angreifer von hinten wehrte.

Wie keine andere Rasse ist das Spanische Pferd für die Lektionen der Hohen Schule hoch begabt, immerhin wurde es schon vor über zweitausend Jahren für Reiterduelle verwendet. Die Iberer waren als berittene Krieger immer gefürchtet und galten wegen ihrer überragenden reiterlichen Talente als nahezu unschlagbar.

Zu Kolumbus' Zeiten im 15. Jahrhundert besaß Spanien die stärkste Kavallerie der Welt. Keine andere Pferderasse wurde so gezielt über die Jahrhunderte hinweg für die Kriegsreiterei gezüchtet, was ihre außerordentliche Begabung für diese Lektionen bis in unsere Tage erklärt. Bis heute findet die Hohe Schule in Spanien ihre sozusagen beiläufige Anwendung im berittenen Stierkampf.

In ihrer reinen Form setzt die Ausübung der Hohen Schule ein großes hippologisches Wissen voraus. In den entsprechenden Lektionen verlangt der Mensch vom Pferd, dass es hochgradig schwierige, seiner natürlichen Mechanik entsprechende Übungen in vollkommenem Gleichgewicht ausführt. Dressurlektionen und die Aufgaben der Hohen Schule sind im Grunde nichts anderes als geschulte Varianten dessen, was Pferde ohne unser Zutun sowieso schon können – die natürlichen Bewegungen des Pferdes werden lediglich verfeinert und vervollkommnet. Wer Pferde auf der Weide oder in Freiheit beobachtet, wird feststellen, mit welcher Leichtigkeit sie fliegende Galoppwechsel ausführen, solange kein unbeholfener Reiter sie im Rückgrat und im Gleichgewicht stört.

Die verschiedenen Reitweisen

Philipp III.,
Diego Velázquez
(Museo del Prado)

> »*Was unter Zwang erreicht wurde, wurde ohne Verständnis erreicht.*«
> *Xenophon*

Er kann bei aufgeregten Pferden taktreine Piaffen beobachten und Passagen, bei deren Anblick jedem Turnierrichter das Herz aufginge. Ein Hengst, der ein fremdes Pferd beeindrucken möchte, steigt in steiler Levade oder sogar ansatzweise in der Courbette. Im Kampf zwischen zwei Pferden wird die gestandene Kapriole ohne großes Zögern angewendet, und der Spanische Schritt wird – weniger studiert und auch weniger hoch – als Imponiergehabe vom Hengst ausgeführt. In der Dressur werden diese Bewegungen schließlich auf Kommando abgefragt und verlangsamt und möglichst in ein perfektes Gleichgewicht gebracht.

Als kriegerische Verteidigungsmaßnahme war die Hohe Schule vor allem von praktischen Gesichtspunkten geprägt, wobei gutes Reiten sozusagen eine lebensnotwendige Voraussetzung war. Allerdings erkannte man die Reitkunst auch schon in der Antike als Mittel zum Zweck: Der griechische Schriftsteller und Schüler Sokrates', Xenophon (430–355 v. Chr.),

Die Hohe Schule

beschrieb als Erster den bis heute gültigen Dressursitz und die Kunst der Hohen Schule in seiner Reitlehre »Peri Hippikes« (»Über die Reitkunst«), die dann allerdings zusammen mit den Griechen unterging.

Eintausendachthundert Jahre später wurden etwa im 16. Jahrhundert Xenophons Schriften wieder entdeckt. Überall in Europa wurden Reitakademien gegründet, in denen die hohe Kunst der Dressur als Grundvoraussetzung für den Umgang mit Waffen gelehrt wurde. 1532 entstand in spanisch Neapel die erste Reitschule von Federigo Grisone, der allerdings fürchterliche Ausbildungsmethoden propagierte und mit Pferden nicht sehr freundlich umging. Etwas später während der Barockzeit erfand der herausragende Reitmeister Antoine de Pluvinel Anfang des 17. Jahrhunderts die Arbeit in den Pilaren – bis heute verwendete feste, etwa 2,50 Meter hohe Pfosten, zwischen denen das Pferd festgebunden die Grundbegriffe von Dressurfiguren wie beispielsweise der Piaffe ohne Reitergewicht lernt. Zu dieser Zeit entstand auch das Reiten als Freizeitvergnügen: die Landesherren zogen nur noch selten persönlich ins Feld und amüsierten sich zu Hause mit genüsslicher Kunstreiterei.

In Antwerpen gründete William Cavendish, Herzog von Newcastle, 1658 seine berühmte Schule, in der er die Pferde sogar rückwärts galoppieren ließ. In Frankreich erfand François Baucher 1842 neben seiner eigenen Reitlehre den fliegenden Galoppwechsel, in Berlin ritt 1886 Gustav Steinbrecht und schrieb eine weitere Reitlehre in einer Zeit, als viele wohlhabende Bürger sich aus Prestigegründen aufs Pferd schwangen, um sich einen militärisch-eleganten Anstrich zu geben.

Als der bedeutendste Lehrmeister der Hohen Schule gilt bis heute der Franzose François Robichon de la Guérinière, Leiter seiner Reitakademie in Paris und der Reitschule in den Tuilerien, in der einhundertfünfzig Jahre vorher Pluvinel gelehrt hatte. 1733 veröffentlichte Guérinière sein geniales Werk »École de la Cavalerie«, das alle wichtigen und bewährten Erkenntnisse seiner Vorgänger zusammenfasste und bahnbrechende neue Ideen enthielt. Er ging bei seiner Lehre – wie Xenophon und Pluvinel – von der Persönlichkeit des Pferdes aus: dass Pferde Wesen sind, die erst einmal verstanden haben müssen, was von ihnen verlangt wird, bevor sie es lernen und leisten können. Guérinière lehnte Zwangsmittel ab und führte den bis heute gebräuchlichen, losgelassenen Sitz mit leicht gewinkelten Knien ein. Bis in unsere Zeit beruhen auf seinen Schriften der internationale Dressursport und die moderne Hohe Schule, wie sie an der Königlich-Andalusischen Reitschule in Jerez de la Frontera, am Cadre Noir in Saumur und an der Spanischen Hofreitschule in Wien ausgeführt werden.

> *»Lasst uns die Anmut des Pferdes nicht verdrießen. Sie ist wie der Blütenstaub, der – einmal fortgeflogen – niemals wiederkehrt.«*
> **Pluvinel**

Die verschiedenen Reitweisen

Vandalo der
Yeguada Cardenas

Die Ausbildung zur Hohen Schule

Der Pferdetyp

Ein Pferd für die Hohe Schule braucht als erste Voraussetzung eine hohe Sensibilität und überdurchschnittliche Intelligenz, denn der Reiter ist auf eine sensible und selbstständige Mitarbeit seines Pferdes angewiesen. Außerdem muss es die körperlichen Voraussetzungen für äußerste Versammlung mitbringen. Für die Ausführung der Hohen Schule sollen die Pferde viel Fundament besitzen, hohe Aufrichtung neben einem ausgeprägten Balancevermögen in den verkürzten Gängen, einen relativ kurzen und kräftigen Rücken für die Lektionen, in denen sie sich auf die Hinterhand stellen müssen, eine starke Hinterhand mit gut ausgebildeter Hankenbiegefähigkeit und einen nicht zu langen, möglichst aufgesetzten Hals. Das besondere Talent eines Schulpferdes beschränkt sich meistens auf nur einen der Schulsprünge, den es an der Hand und meistens auch unter dem Reiter lernt. Die Ausbildung eines Schulpferdes für die Lektionen der Hohen Schule erfordert jahrelange systematische Gymnastizierung und einen begnadeten Reiter, der fast künstlerische Fähigkeiten haben muss.

Am Anfang jeder Erziehung – und das ist »Dressur« schließlich auch – steht der Gehorsam. Mit ungehorsamen, widersetzlichen Pferden lässt sich schwer arbeiten – abgesehen davon, dass Pferde zu groß und zu stark sind, um nicht absolut zuverlässig und gehorsam sein zu müssen. Ein Pferd muss ruhig und geduldig stehen können, ohne unwillig zu scharren, es muss neben einem anderen Pferd gehen und stehen können, ohne die Ohren anzulegen, scheel zu gucken oder gar auszukeilen oder zu beißen. Wer in Spanien die Pferde auf den Ferias beobachtet, ist beeindruckt, wie ruhig und gelassen selbst fremde Hengste ganz nah nebeneinander stehen, während ihre Reiter ohne Eile Sherry trinken oder sich unterhalten. In der Königlich-Andalusischen Reitschule in Jerez halten die Pferdepfleger die gesattelten und aufgetrensten Hengste am langen Zügel nebeneinander, während sie darauf warten, dass der Reiter mit dem vorigen Berittpferd fertig wird. Kein Vaquero, kein Cowboy lässt sich von einem ungezogenen Pferd tyrannisieren, kein Bauer kann sich ein undiszipliniertes Pflugpferd leisten. Ein unerzogenes Pferd respektiert den Menschen nicht, und das ist schlicht gefährlich. Die Grundlage und Voraussetzung der Hohen Schule ist die klassische Dressurausbildung, die sich über Takt, Losgelassenheit, Anlehnung, Schwung und Geraderichten aufbaut und deren Ziel schließlich höchste Versammlung ist. Im Laufe der Dressurausbildung beugen sich schließlich vermehrt die Hanken – die beiden großen Gelenke von Hüfte und Knie sowie das kleinere Sprunggelenk. Erst wenn die Hanken

Die verschiedenen Reitweisen

Die Grundlagen der Ausbildung
»Kunst und Handwerk werden in der Reiterei oft zu Unrecht als Gegensätze angesehen. In ihr treffen sich die Kunst, etwas zu tun im Sinne des Handwerkers, und die Kunst als Objekt der Ästhetik im Sinne des Künstlers. Aber nur in der Hohen Schule und manchmal im Sport kann die Reiterei den Eindruck des Schönen erwecken, wie er der Kunst zu eigen ist.«
Licart: »Équitation raisonnée«

Hengst Lobito der Yeguada Lovera

gut gebeugt sind, ist das Pferd in der Hinterhand beweglich und kann unter seinen Körperschwerpunkt treten, sodass sich das Pferd zusammen mit dem Reitergewicht vollkommen ausbalancieren kann. Grundsätzlich muss bei der gesamten Ausbildung in kleinen Schritten vorgegangen werden. Erwartungen an das Pferd müssen »pferdegerecht« bleiben und Ergebnisse dürfen nie zu früh erwartet werden, sonst können physische und psychische Probleme eintreten, die kaum wieder zu korrigieren sind. Die Lektionen über der Erde stehen dementsprechend ganz am Ende der Ausbildung, wenn das Pferd genügend versammelt und in der Lage ist, sich auf der Hinterhand zu tragen. Diese Schulen über der Erde bedeuten ungeheure Kraftakte für das Pferd und sind nicht nur weit ausgebildeten, sondern vor allem besonders talentierten und geschickten Pferden vorbehalten. Alle Lektionen der Hohen Schule werden gewöhnlich von speziell dafür begabten Pferden auch am langen Zügel vorgeführt, wobei die ausführenden Pferde dazu sehr gut durchgeritten und auf die feinsten Hilfen hervorragend abgestimmt sein müssen.

Ecuador-MAC der
Yeguada Cárdenas

Ausbildungsskala

Kurzdefinitionen der sechs Punkte der Ausbildungsskala nach den Richtlinien der Deutschen Reiterlichen Vereinigung

1. Takt: Er ist das räumliche und zeitliche Gleichmaß in den drei Grundgangarten.
2. Losgelassenheit: Darunter versteht man das zwanglose und unverkrampfte An- und Abspannen der Muskulatur des Pferdes. Die taktmäßigen Bewegungen müssen über den schwingenden Rücken gehen.
3. Anlehnung ist die stete, weich federnde Verbindung zwischen Reiterhand und Pferdemaul. Der Leitsatz lautet: »Die Anlehnung wird vom Pferd gesucht und vom Reiter gestattet.«
4. Schwung ist die Übertragung des energischen Impulses aus der Hinterhand über den schwingenden Rücken auf die Gesamtvorwärtsbewegung des Pferdes.
5. Geraderichten: Geradegerichtet ist ein Pferd, wenn die Vorhand auf die Hinterhand eingerichtet ist, also wenn es auf gerader und gebogener Linie mit seiner Längsachse der Hufschlaglinie angepasst ist.
6. Versammlung: Hierbei übernehmen die Hinterbeine bei stärker gebeugten Hanken vermehrt die Last und treten weiter in Richtung Schwerpunkt unter.

Rafael Lopez Candel mit Nadal, Centro Ecuestre de Cría y Doma de la Ganadería

> »*Nirgends wirkt sich ›Oberflächlichkeit‹ so negativ aus wie bei der Handarbeit. Sie erzieht daher nicht nur das Pferd, sondern auch den Lehrer.*«
>
> **Professor Kurt Albrecht**
> *(Brigadier i.R.)*

Die Handarbeit

Eine ausgesprochen wichtige Ausbildungshilfe auf dem Weg zur Hohen Schule ist die Arbeit an der Hand. Das bedeutet nicht, dass sie nicht in jeder Sparte der Reiterei außerordentlich nützlich ist, im Gegenteil: Durch die Handarbeit kann man bereits den Bänder- und Muskelapparat eines jungen Pferdes sehr gut dehnen und gymnastizieren, ohne dabei seinen Rücken zu frühzeitig zu belasten. Mit fortschreitender physischer und psychischer Reife des Pferdes sollen die vorbereitenden Übungen an der Hand der Ausführung der Lektionen unter dem Sattel dann immer näher kommen. Die Handarbeit dient nicht nur der Gymnastizierung und dem Erreichen der Hankenbiegefähigkeit des Pferdes, sondern ist vor allem auch ein hervorragendes Mittel zur Erziehung des Pferdes.

Das Pferd wird gezwungen, seinen Ausbilder ständig aufmerksam zu beachten, während der Ausbilder seinerseits die Möglichkeit hat, sofort und im richtigen Moment das Pferd zu korrigieren, was wiederum die Aufmerksamkeit innerhalb des Mensch-Pferd-Teams ausgesprochen fördert.

Die Arbeit an der Hand verlangt vom Ausbilder viel Geduld, Ruhe und Beobachtungsvermögen. Sein Pferd soll lernen, ihn, den Menschen, als Ranghöheren zu akzeptieren, was aber ohne Zwang, sondern mit Umsicht und Behutsamkeit geschehen soll.

Genio-MAC der
Yeguada Cárdenas

151

Die Hohe Schule

Die Lektionen der Hohen Schule

Piaffe

Die Piaffe ist eine trabartige, erhabene Bewegung fast oder ganz auf der Stelle, bei der das Pferd in den Hanken, den Sprung- und den Fesselgelenken stark gebeugt ist und die diagonalen Beinpaare taktmäßig hebt und senkt. Die Piaffe ist eine Übung in allerhöchster Versammlung, weshalb mit ihr keinesfalls zu früh begonnen werden darf. Bei gesenkter Kruppe sollen die Hinterbeine vermehrt die Last tragen, indem das Pferd mit den Hinterfüßen stärker in Richtung Schwerpunkt tritt. In der Piaffe wird die Tragkraft der Hinterhand im Höchstmaß beansprucht. Dies entlastet die Vorhand und begünstigt eine höhere Aktion der Vorderbeine. Das Pferd muss die Hinterbeine deutlich anheben, und zwar so hoch, dass der abfedernde Hinterfuß bis in die Höhe des Fesselkopfs des Standbeines – in diesem Fall also Vorderbein – gehoben wird. Normalerweise ist es am leichtesten, das Pferd an der Hand anzupiaffieren, um ihm ohne das Gewicht des Reiters die Hankenbiegung zu erleichtern. Allerdings verlangt sie ein hohes Maß an Können und Einfühlungsvermögen von Seiten des Ausbilders. Bei unkorrekter Vorgehensweise kann die Handarbeit sogar zu ausgesprochen problematischen Resultaten führen.

In der Natur kann man die Piaffe bei sehr aufgeregten Pferden beobachten. In der Dressur muss der Ausbilder die Piaffe entwickeln, ohne diese Aufregung aufkommen zu lassen, sonst sieht die Lektion nicht wie eine Piaffe aus, sondern wie »Angst auf der Stelle«. Bei besonders nervigen Pferden empfiehlt es sich, mit der Arbeit an der Piaffe erst anzufangen, wenn sich nach der Dressurarbeit beim Pferd eine gewisse Gelassenheit einstellt. Zur Arbeit an der Hand bindet man es so weit aus, dass der Kopf in der

> »Die Kunst lernt man nicht aus Büchern, denn sie unterrichten eigentlich nur den, der schon weiß.«
> *General L'Hotte: »Questions équestres«*

Bewegung etwas vor der Senkrechten ist, denn ist das Pferd zu eng, wird ihm das Abfußen der Hinterhand zu sehr erschwert. Als Hilfsmittel benutzt man einen Kappzaum, in dessen Nasenstück der Führzügel geschnallt wird. Das Pferd wird an der Bande gerade gerichtet aufgestellt, der Ausbilder steht in Schulterhöhe des Pferdes, hält in der einen Hand den Führzügel und in der anderen eine möglichst zwei Meter lange Gerte, mit der er die Hinterhand unterhalb oder etwas oberhalb des Sprunggelenkes touchiert, damit das Pferd das Hinterbein anhebt. Wurde das Pferd an der Hand genügend anpiaffiert, sollte man es nach einiger Zeit unter einem möglichst leichten Reiter piaffieren lassen. Der Reiter sitzt dabei passiv, die Hilfengebung erfolgt vom Boden aus. Der Reiter hat nur die Aufgabe, das Pferd gerade zu halten. Hat sich das Pferd an das Gewicht des Reiters gewöhnt, geht die Hilfengebung schließlich auf den Reiter über, der dabei besonders ruhig sitzen muss und sich geschmeidig den Auf- und Abwärtsbewegungen des Pferdes anpassen soll. Dabei wird der Sitz etwas leichter, das Kreuz wird vermehrt angespannt und dabei der Druck auf das Pferdekreuz verstärkt.

Spanischer Schritt

Der Spanische Schritt ist ein ausdrucksvolles Vortreten mit gestrecktem Vorderbein. Er gehört nicht zu den klassischen Schullektionen, ist aber eine bekannte Show-Übung und kann ein gutes Mittel sein, um den Schritt eines Pferdes zu verbessern oder eine verspannte Schulter zu lösen. Der Spanische Schritt wird vom Boden aus entwickelt, indem man das Pferd mit einer festen Gerte am Vorderfußwurzelgelenk leicht berührt, bis es das Bein hebt. Das Pferd wird gelobt, und bei häufiger Wiederholung wird das Heben des Beines immer ausdrucksvoller. Wenn das Pferd gelernt hat, im Stand auf geringes Touchieren mit der Gerte das Vorderbein anzuheben, kann man diese Bewegung im Schritt abfragen. Ob das Bein wirklich gestreckt ist und wie hoch, spielt in diesem Stadium weniger eine Rolle als das Vorwärtsgehen. Touchiert wird vorerst immer das gleiche Bein, um das Pferd noch nicht mit wechselnden Touchierhilfen zu verwirren.

Sobald das Pferd mit Selbstverständlichkeit beim leichten Touchieren der Gerte sein Vorderbein nach jedem zweiten Schritt streckt, kann der Ausbilder das Strecken des anderen Beins verlangen. Werden beide Beine zügig nacheinander gehoben, ist darauf zu achten, dass das diagonale Hinterbein bereits vorschwingt, während das Vorderbein angehoben wird. Der Ausbilder muss unbedingt dafür sorgen, dass das Pferd dabei gerade gestellt ist, damit nicht ein Vorderbein stärker belastet wird als das andere. Eine höher gestreckte Aktion kann man erreichen, indem man das Pferd höher touchiert, manche Pferde sogar an der Brust. Schließlich beginnt man mit dem Spanischen Schritt unter dem Reiter. Anfangs geht ein Helfer mit und touchiert die Vorderbeine, während der Reiter mit beiden Schenkeln die Vorwärtsbewegung unterstützt. Während das Pferd ein Vorderbein streckt, wird mit dem Schenkel der diagonale Hinterfuß vorwärts geholt. Nach zwei Schritten lässt man das Pferd wieder im fleißigen Schritt vorwärts gehen.

Spanischer Trab

Der Spanische Trab sieht aus wie eine extrem übertriebene Passage. Im gesetzten Trab hebt das Pferd die Vorderbeine gestreckt nach vorn und hält sie einen kurzen Moment lang in der Luft, während die Hinterbeine stark nach vorn treten. Die Ausbildung zum Spanischen Trab baut auf dem Spanischen Schritt auf und verlangt einen kräftigen Rücken sowie eine sehr starke Hinterhand vom Pferd.

Passage

Die Passage ist ein stark versammelter Trab bei schwebender, erhabener Bewegung mit wenig Raumgewinn. Das diagonale Beinpaar verharrt dabei in der Schwebe, was so wirkt, als liege zwischen jedem Schritt eine Pause. Diese Pause, die zeitlupenhaft anmutende schwingende Bewegung des Pferdekörpers, macht die Eleganz der Bewegung aus.

Die Passage verlangt vom Pferd eine Ausgeglichenheit zwischen Trag- und Schubkraft der Hinterhand.

Nach der klassischen Lehre wird die Passage aus der Piaffe entwickelt. Wird die Piaffe vom Pferd wirklich taktrein und optimal ausgeführt, kann man das Pferd aus der Piaffe ohne Veränderung der Trittfrequenz vorlassen, das Kreuz wird etwas stärker angespannt, die Hand gibt leicht nach, die Schenkelhilfen wirken wechselseitig auf das Hinterbein ein, und die Passage kommt von selbst. Der Reiter muss unbedingt auf einen geschmeidigen Sitz achten, um das Pferd nicht aus dem Gleichgewicht zu bringen. Allerdings gibt es natürlich auch Pferde, die wunderbare Piaffen gehen, mit der Passage aber lange Zeit Schwierigkeiten haben. In diesem Fall kann man die Passage aus dem versammelten Trab entwickeln. Innerhalb des Trabs reitet man Tempounterschiede, um das Pferd vermehrt zum erhabenen Untertreten zu animieren.

Pirouette

Die Pirouette ist eine Wendung um die Hinterhand im Galopp um 180 oder 360°. Das Pferd ist in Bewegungsrichtung gestellt und gebogen, und es springt praktisch im Travers-Galopp um die Hinterhand. In einer korrekt gesprungenen Galopp-Pirouette macht das Pferd dabei fünf bis acht Galoppsprünge. Das Hinterbein übernimmt vermehrt die Last, während die Bewegung bei deutlich gesenkter Kruppe ruhig und erhaben bleiben soll. Die Hinterhand des Pferdes beschreibt dabei einen möglichst kleinen Kreis.

Die Pirouette wird aus dem Schulgalopp entwickelt und durch mehrere halbe Paraden vorbereitet, damit sich das Pferd stark versammelt und kraftvoll abfußt. Eine der wichtigsten Voraussetzungen für die korrekte Pirouette des Pferdes ist der korrekte Sitz des Reiters, um das Pferd nicht in seinem Gleichgewicht zu stören, wobei es dann den Rücken wegdrückt oder über den Zügel kommt. Wird das Pferd außerdem nicht genügend auf die folgende Übung vorbereitet, schleudert es sich durch die Pirouette. Als Übung kann der Reiter im Traversgalopp den Zirkel verkleinern, bis er den Zirkel zur Pirouette verkleinert hat. Hat das Pferd noch Schwierigkeiten, sich zu tragen, kann er den Zirkel wieder vergrößern.

Zur Vorbereitung auf die Pirouette soll das Pferd im leichten Schulterherein galoppieren. Mit einer halben Parade in Bewegungsrichtung wird die Pirouette eingeleitet, der äußere Schenkel unterstützt hinter dem Gurt die Seitwärtsbewegung. Gleichzeitig wird das Pferd um den inneren Schenkel gebogen, der am Gurt liegt und verhindert, dass das Pferd auf die innere Schulter fällt. Der äußere Zügel begrenzt, der innere biegt das Pferd, während der Reiter mit halben Paraden die Hinterhand auf möglichst kleinem Kreis hält. Um das Pferd wieder auf eine gerade Linie zu bringen, beendet der Reiter mit dem äußeren Zügel und dem inneren Schenkel die Seitwärtsbewegung.

Pesade

Die Pesade ist eine vorbereitende Übung für die Schulsprünge über der Erde. Sie erfordert eine relativ steile Erhebung der Vorhand – etwa 45° –, was mehr ist als bei der Levade, aber eine etwas weniger ausgeprägte Hankenbeugung. Sie wird aus der Piaffe entwickelt, damit die Hinterhand auf die vermehrte Gewichtsaufnahme vorbereitet wird. Nach einer winzigen Pause während der Piaffe wird das Pferd per Berührung mit der Gerte an der Brust dazu gebracht, sich mit den Vorderbeinen vom Boden zu erheben. Sobald das Pferd verstanden hat, dass eben dieses Abheben von ihm verlangt wird, muss die Hinterhand tiefer gesetzt werden. Schließlich kann ein längeres Ausharren von circa fünf Sekunden in der Pesade verlangt werden.

Bei der Pesade unter dem Reiter muss dieser unbedingt darauf achten, das Pferd nicht durch Sitzfehler in der Balance zu stören. Der Oberkörper muss zu jedem Zeitpunkt der Übung in der Senkrechten bleiben. Mit Treibhilfen beider Schenkel veranlasst der Reiter das Pferd zum vermehrten Untertreten der Hinterhand, während er durch Paraden das Pferd an der Vorwärtsbewegung hindert und das Abheben der Vorderbeine bewirkt.

Die Hohe Schule

Levade

In der Levade zieht das tief in die Hanken gesetzte Pferd bei nur sehr geringer, flacher Anhebung des Rückens in einem Winkel von etwa 35° zum Erdboden beide Vorderbeine gleichmäßig und langsam an. Die Levade erfordert ein sehr gekräftigtes Pferd, das immerhin über vier Sekunden oder noch länger in dieser Stellung wie ein lebendes Reiterstandbild verharren soll; dies kann niemals von jungen Pferden erwartet werden.

Gewöhnlich wird die Levade aus der Piaffe entwickelt, wobei die Hinterhand immer weiter unter den Körper fußen muss, bis ein perfektes Gleichgewicht geschaffen ist, um in ungeheurer Körperbeherrschung die Vorhand vom Boden zu heben. Die Unterschenkel des Reiters werden dabei leicht zurückgelegt, und während der gesamten Levade muss der Reiter unbedingt senkrecht sitzen bleiben und mit dem Oberkörper weder vor noch hinter die Senkrechte kommen.

Carlos und Rafael Lopez Candel mit Alborozo

160

Die Courbette

Courbette

Sie ist einer der spektakulärsten Schulsprünge und nur ausgesprochen talentierten Pferden vorbehalten. In der Courbette springt das Pferd mit zur Pesade angezogenen Vorderbeinen auf der Hinterhand in mehreren kleinen hohen Sprüngen vorwärts. Die Voraussetzung für die Courbette ist eine ausbalancierte Pesade. Das Pferd muss zunächst einmal die Vorwärts-Aufwärts-Bewegung vermittelt bekommen, bis es einen Sprung nach vorn machen kann. Ziel sind vier Sprünge nach vorn; zusätzliche Courbette-Sprünge sind eine Leistung, die fast nicht zu verlangen oder ausführbar ist. Der Absprung muss möglichst kurz und flach ausgeführt werden; bei zu hohem und raumgreifendem Sprung wird das Pferd durch zu hohen Kraftverbrauch nicht in der Lage sein, mehrere Sprünge hintereinander zu machen.

Ballotade

Die Ballotade ist ein senkrechter Schulsprung, aus dem gewöhnlich die Kapriole entwickelt wird; sie ist genauso schwierig und kraftaufwändig für das Pferd.

Kapriole

Sie ist die Krönung der Hohen Schule. Das Pferd springt aus der Anhebung der Vorhand in die Luft, schlägt dabei mit den Hinterbeinen aus und landet beinahe gleichzeitig auf allen vier Beinen. Diese sehr schwierige Lektion wird zuerst vom Boden aus entwickelt, indem ein Helfer das Pferd am Kopf führt, ein Zweiter hält das Pferd zusätzlich an der Longe wie an einem weit verlängerten äußeren Zügel. Aus der Piaffe wird das Pferd durch Berührung an der Kruppe oder der Hinterhand zum Ausschlagen (»Ausstreichen«) gebracht. Nach einiger Übung wird das Pferd auf ein Annehmen des äußeren Zügels kraftvoll abspringen und im richtigen Moment ausschlagen. Unter dem Reiter wird der

Rafael Lopez Candel
mit Alborozo

Die Kapriole ist wohl der schwierigste aller Schulsprünge und kann nur von hoch talentierten Pferden ausgeführt werden.

Absprung durch festes Schließen der Beine veranlasst; anfangs touchiert ein Helfer das Pferd mit der Gerte. Später übernimmt der Reiter selbst das Touchieren.

Die Kapriole hängt unbedingt vom richtigen Zeitpunkt ab: Man kann sie nur in dem Augenblick verlangen, in dem das Pferd im perfekten Gleichgewicht ist. Es fühlt sich dann ähnlich an, als mache man einen Sprung über ein gewaltiges Hindernis.

Die Ausrüstung der Pferde

Die jungen, wenig ausgebildeten Pferde – Remonten – werden gewöhnlich mit doppelt oder einfach gebrochenem Gebiss und englischem Sattel angeritten. Wenn die Ausbildung zu höheren Lektionen fortgeschritten ist, wird mit Kandarenzäumung geritten.

Die Kandare

Mit dem Einzug der Mauren kam auch das Kandarengebiss nach Spanien und trat mit dem Spanischen Pferd, dem wichtigsten Reitpferd des 15. und 16. Jahrhunderts, seinen Siegeszug durch Europa an.

Das Kandarengebiss übt eine Hebelwirkung aus. Gehen die Anzüge durch Zügeleinwirkung nach hinten, kommt die Kinnkette zur Wirkung, während gleichzeitig Druck auf das Genick des Pferdes ausgeübt wird. Je größer die »Zungenfreiheit«, die Ausbuchtung in der Mitte, und je länger und steiler die seitlichen Anzüge, desto stärker der Druck auf das Genick, und desto schärfer die Einwirkung des Gebisses. Gewöhnlich wird in der Dressur die Kandare mit Unterlegtrense verwendet, die vierzehn bis sechzehn Millimeter dick und doppelt oder einfach gebrochen ist. Die Kandarenzäumung besteht prinzipiell aus einem englischen Reithalfter ohne Sperriemen und jeweils einem Paar Kandaren- und Trensenzügeln. Die Zügel sollten möglichst schmal sein, damit beide Zügelpaare gut in der Hand liegen.

Der Sattel

In Spanien werden die Dressurpferde mittlerweile wie überall auf der Welt mit englischen Dressursätteln angeritten. Manchmal wird noch der *Silla Potrera* verwendet. Ein in der Hohen Schule fertig ausgebildetes Pferd wird in Spanien gewöhnlich mit einem Schulsattel oder einem spanischen Dressursattel geritten.

Dressursattel

Der Dressursattel ist flach gebaut und besitzt ein lang und steil geschnittenes Sattelblatt, durch das der Reiter mit fast gestreckten Beinen »nahe am Pferd« sitzt. Die Sitzfläche ist kurz und tief und ermöglicht eine genaue, punktuelle Kreuz- und Schenkeleinwirkung. Daran aufgehängt sind so genannte Standard-Steigbügel, die möglichst schwer sein sollen, damit der Fuß des Reiters den Bügel leicht finden kann. Die Gurtstrippen sind bei den meisten modernen Dressursätteln relativ lang mit tiefen Gurtschnallen, damit die Unterschenkel ungestört flach anliegen können. Der dafür verwendete Sattelgurt wird als Kurzgurt bezeichnet. Zwischen Dressursattel und Pferderücken liegt gewöhnlich eine Satteldecke oder eine Schabracke aus gesteppter Baumwolle, die den Pferdeschweiß aufsaugt.

Spanischer Schulsattel

Er ist dem Sattel der Spanischen Hofreitschule in Wien nachempfunden und aus Wildleder. Dieser Sattel besitzt eine Art Vorder- und Hinterzwiesel in Form eines relativ flachen Wulstes und ermöglicht einen tiefen Sitz mit engem Kontakt zum Pferdekörper. Am Sattel sind runde Steigbügel befestigt, die eine rundliche Trittfläche besitzen, in denen der Fuß auch bei den Sprüngen über der Erde sicher liegen kann. Er wird mit Sattelgurt, Vorderzeug und Schweifriemen befestigt.

Silla Potrera

Als *Silla Potrera* wird der spanische Sattel bezeichnet, mit dem junge Pferde (Fohlen = *potros*) angeritten werden. Die Unterseite der Potrera ist aus festem Stoff oder Glattleder, die Oberseite aus Wildleder. Der Vorderzwiesel ist im Gegensatz zu dem »normalen« Hinterzwiesel recht niedrig und erlaubt dementsprechend auch das Leichttraben. Die *Potrera* setzt den Reiter relativ dicht ans Pferd, weshalb auch der Schenkelkontakt wesentlich intensiver ist als etwa beim Vaquerosattel oder der *Portuguesa*. Außerdem erlaubt der Sattelaufbau kürzere Steigbügel.

Hengst Carpintero IX der Ganadería Hdros de S. Salvador

Die Real Escuela in Jerez de la Frontera

Die *Real Escuela Andaluza del Arte Ecuestre* – die »Königlich-Andalusische Reitschule« – in Jerez de la Frontera ist vielleicht das wichtigste Aushängeschild des Spanischen Pferdes. Zweimal in der Woche, dienstags und donnerstags, kann man hier erleben, wofür das Spanische Pferd so zweifellos prädestiniert ist: die spektakulären Lektionen der Hohen Schule der Reiterei, Aufgaben der *Doma Vaquera*, der spanischen Hirtenreitweise, und Vorführungen mit prächtigen Kutschen. Zu eigens dafür komponierter spanischer Musik werden die spanischen Hengste unter ihren Reitern in spanischen Kostümen des 18. Jahrhunderts in der theatralischen Vorführung *Como bailan los Caballos Andaluces* – »So tanzen die andalusischen Pferde« – in der hellen großen Reithalle unter dem Bildnis Juan Carlos I. präsentiert: Mit höchstem Anspruch und tänzerischer Leichtigkeit wird hier historische und »ländliche« Reitkunst gezeigt. Die unterschiedlichen Quadrillen der klassischen Dressur, in denen die schimmernden weißen Hengste zu schweben scheinen, verschlagen in ihrer Schönheit dem Betrachter schlicht den Atem, und die Lektionen der *Doma Vaquera*, die neben der Hohen Schule gezeigt

Die Real Escuela in Jerez de la Frontera

werden, stehen den klassischen Präsentationen in Mühelosigkeit und Eleganz in nichts nach. Galopppirouetten, Piaffe, Passage und Traversalen gehören hier zur Basisarbeit, und selbst die hoch komplizierten Schulsprünge über der Erde werden scheinbar ohne die geringste Anstrengung absolviert – und das gleichermaßen beiläufig unter dem Sattel wie in der schweren Kunst am langen Zügel.

Die Schönheit, Leichtigkeit und Eleganz dieser kraftvollen, fabelhaft gymnastizierten und wunderbar versammelten Hengste sind einfach hinreißend, und im Publikum ist einhellig der Ausdruck tiefer Konzentration und Verzauberung zu erkennen.

Die staatliche Real Escuela liegt im Herzen von Jerez de la Frontera: Wer von der lauten Avenida Duque de Abrantes durch das große Tor tritt, steht plötzlich in einer Welt, die mit der da draußen wenig zu tun zu haben scheint. In einem idyllischen, gepflegten Park liegt der

Die verschiedenen Reitweisen

Der Palast »Recreo de las Cardenas«

spätbarocke Palast »Recreo de las Cadenas« aus dem 19. Jahrhundert, und links davon ein großes, gelb-weißes Gebäude, in dem die großzügige Reithalle und die Stallungen der Reithengste untergebracht sind. Auf einer umzäunten Galoppbahn unter alten Eukalyptusbäumen fahren herrschaftliche Kutschen zwei- und vierspännig, deren Fahrer die Perfektion ihrer Vorstellung üben, und auf dem großen, offenen Dressurviereck vor dem Palast arbeiten Bereiter und Schüler im flirrenden Sonnenlicht auf schweißnassen Hengsten an ihren Lektionen. Etwas abseits erholen sich Patienten der schuleigenen Pferdeklinik – eine der besten Spaniens – auf sandigen Paddocks.

Im kühlen Hallen- und Stallgebäude geht es keineswegs ruhiger zu. Pferde werden gesattelt oder zum Duschen gebracht. Schüler putzen mit konzentriertem Pflichtbewusstsein gebrauchtes Lederzeug. Lehrer unterhalten sich auf dem breiten, hellen Gang vor der Sattelkammer miteinander. In der Reithalle, die insgesamt 1600 Zuschauer fassen kann, arbeiten verschiedene Ausbilder mit ihren Reitschülern – feste Studenten der Real Escuela oder Gastschüler aus dem Ausland, die die so genannte Spanische Reitweise erlernen wollen und dabei feststellen

Die Real Escuela in Jerez de la Frontera

müssen, dass es in Wirklichkeit ganz international nur gutes oder schlechtes Reiten gibt. Auch hier wird nach weltweit üblichen Dressurregeln geritten. Was dabei auf den ersten Blick den Eindruck eines ganz normalen Reitbetriebs macht, wird immer wieder unterbrochen durch einzelne Pferde, die in einer Ecke am langen Zügel beiläufig Kapriolen oder die Courbette springen oder sich in den Pilaren sanft zu einer stattlichen Levade erheben. Im sandigen Vorraum zur Halle stehen zwei, drei oder mehr Hengste friedlich nebeneinander an der Hand eines Helfers und warten darauf, von ihrem Bereiter abgeholt und gearbeitet zu werden, und junge Pferde werden von ihren Ausbildern in die Ecke gestellt, um an der Hand die Piaffe zu üben, ohne dass sie nach vorn ausweichen können.

Die verschiedenen Reitweisen

Vor der Morgenarbeit

Stallgasse

Montags, mittwochs und freitags sind diese beinahe privaten Einblicke in den täglichen Ablauf der Real Escuela auch dem öffentlichen Publikum zugänglich. Dies darf sich außer der Morgenarbeit mit den Pferden auch die Sattlerei, die Ställe, die Klinik oder die helle, holzgetäfelte und wirklich eindrucksvolle Sattelkammer ansehen: In der Mitte des hohen Raums steht eine große Palme, die für einen optimalen Feuchtigkeitsgehalt in der Luft sorgen soll, damit das Leder weder austrocknen noch zu feucht werden kann. Besonders wertvolle Stücke sind hinter Glas konserviert und ausgestellt, Vaquera- und Dressursättel hängen ordentlich in Reih und Glied nebeneinander, darüber die zugehörigen Trensen. Wer nach verklebten Gebissen oder schweißweißen Gurten sucht, wird nicht fündig werden: Hier wird nichts an seinen Platz gehängt, das nicht blitzsauber ist.

Neben der Tür sind kleine Haken mit Namensschildchen angebracht: Daran hängen die Reiter nach getaner Arbeit – etwa gegen 13 Uhr – ihre Sporen auf. Die Sattelkammer macht den Mittelbau des Hallengebäudes aus, die fünf Hengststallungen sind sternförmig davon aus-

Die Real Escuela in Jerez de la Frontera

gelegt. Die Ställe sind nach den Hengsten benannt, mit denen die Real Escuela gegründet wurde: Ruiseñor, Valeroso, Jerezano, Vendaval und Garboso.

Unter den Hengsten, die hier heute stehen, kann man allerdings ein berühmtes Pferd jüngerer Zeit nicht mehr besuchen: Evento, den ehemaligen Star der spanischen Olympiamannschaft von 1996. Er wurde im Herbst 1999 im Alter von 14 Jahren in einer großen Show vor 14 000 Zuschauern spektakulär verabschiedet und an sein Muttergestüt, die staatliche Yeguada Militár, als Zuchthengst zurückgegeben. Stattdessen lassen sich in den großen, dick mit Stroh eingestreuten Boxen drei seiner Söhne bewundern: der zehnjährige Distinguido, der die große sportliche Hoffnung von Ignacio Rambla ist, der innerhalb der Schule mittlerweile der Abteilung für Entwicklungen *(Jefe Area Desarrollo)* vorsteht, und die beiden neunjährigen Hengste Invasor IV, mit dem der Leiter der Sportabteilung Rafael Soto im Jahre 2001 in Aachen den neunten Platz belegte, und Enojado. Alle Hengste sind in ihren geräumigen Boxen am Halfter angekettet, was das Publikum immer wieder befremden mag. So soll vermieden werden, dass die Hengste von Fremden gefüttert werden oder versehentlich zarte Besucherfinger zwischen starken Pferdezähnen landen. Wenn die Besucher dann kurz vor der Mittagsfütterung das Gebäude verlassen, werden die Pferde für den Rest des Tages und die Nacht losgebunden – bis am nächsten Morgen zwischen 8 und etwa 14 Uhr die Arbeit wieder aufgenommen wird. Ganz ohne Zweifel ist die Real Escuela zu einem sehr bedeutenden Teil verantwortlich für die derzeitige Renaissance des Spanischen Pferdes.

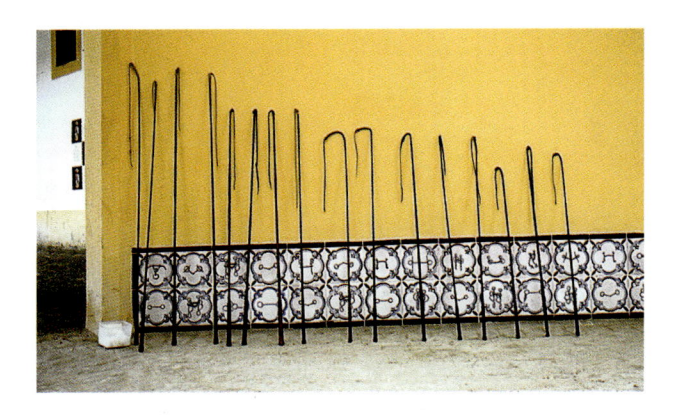

Der große andalusische Sherryproduzent und Rejoneador Álvaro Domecq Diaz gründete die Schule 1973 – zu einem Zeitpunkt, als das Pferdesportwesen in Spanien eigentlich seinen Nullpunkt erreicht hatte.
Das Ausland kümmerte sich keinen Moment lang um das Spanische Pferd, das seine wichtigste Rolle ausschließlich als Renommierobjekt auf den andalusischen Ferias erfüllte. Als Álvaro Domecq Diaz 1973 den Preis des Goldenen Pferdes verliehen bekommen sollte, kam ihm die Idee, statt des bis dahin üblichen Flamenco-Abends eine Show mit Pferden aufzuführen, eine Art Pferdeballett. Die Aufführung war ein so großer Erfolg, dass Juan Carlos, der damals noch Kronprinz war, Domecq dazu ermutigte, eine öffentliche Veranstaltung daraus zu machen. Das Spanische Pferd brauchte zu dieser Zeit noch sehr viel Werbung. »Es war unglaublich viel Arbeit«, sagt Domecq dazu heute. Die Ausbildung der Pferde und die Zusammenstellung einer Vorführung übernahmen der Direktor der Königlichen Portugiesischen Reitschule, Dr. Borba, zusammen mit deren Oberbereitern Felipe da Graciosa und Luis Valenca. »Wir hatten etwa sechzig Pferde – manche von Züchtern ausgeliehen, die meisten allerdings gehörten mir – und nur etwa acht oder neun Reiter. Jeder musste überall mitarbeiten, aber jeder war dabei gut. Wir veranstalteten eine Show pro Monat und luden immer wieder Minister dazu ein, damit sie den Wert der ganzen Sache erkennen würden. Das ging zehn Jahre so.« Damals wurde die ganze Sache – inklusive aller Vorstellungen im Ausland – noch von Álvaro Domecq selbst finanziert. »Immer, wenn sich die Kosten nicht mehr tragen ließen, habe ich ein Pferd verkauft.« Als Domecq eines Tages in Mexiko mit seinem Pferd Valeroso am Stierkampf teilnehmen sollte, organisierte er dort zeitgleich eine Pferdevorführung: »Ich reise da mit neun Reitern, meinen Stierkampfpferden und unseren Showpferden hin«, erinnert er sich. »Wir hatten für die Show einen Vertrag über zehn Tage, aber der Erfolg war so ungeheuerlich, dass wir auf 36 Tage verlängern mussten.

Danach mussten wir dann kein Pferd mehr verkaufen: Wir hatten so viel Geld verdient, dass ich ein Flugzeug mieten konnte, um unsere Pferde zurück nach Spanien zu bringen. Dasselbe passierte danach in Argentinien. Das hat uns sehr viel Mut gemacht.«

Zurück in Spanien, begann Álvaro Domecq, sein neues Selbstvertrauen zu nutzen und konnte endlich die Regierung davon überzeugen, wie wichtig das Spanische Pferd für das Land sei und wie fabelhaft sich die Show *Como bailan los Caballos Andaluces* touristisch nutzen ließe: Für 60 Millionen Peseten kaufte das Ministerium für Information und Tourismus schließlich den Barockpalast »Recreo de las Cadenas« in Jerez als würdige Kulisse für die Königlich-Andalusische Reitschule. Für weitere 100.000 Peseten wurde das große Außenviereck gebaut, und für nochmals 200 Millionen schließlich 1980 von dem Architekten José Luis Picardo die Reithalle im klassisch-andalusischen Stil. Álvaro Domecq scheint darüber bis heute noch erstaunt: »Das Geld kam wie durch ein Wunder«, meint er. »Aber es hat sich gelohnt: Von allen Dingen, die in Spanien für das Spanische Pferd getan werden, ist die Schule das Allerwichtigste.« Die Regierung Andalusiens, die *Junta Andalucía*, und der Kreistag von Cádiz, die *Diputación de Cádiz*, haben seither das Patronat und die Verwaltung der Schule übernommen. 1996 schied Álvaro Domecq aus der Real Escuela aus. Auf seinen Wunsch hin wurde Ignacio Rambla als sein Nachfolger zum technischen Leiter der Schule ernannt.

Die verschiedenen Reitweisen

Manolo Ruiz mit Hengst in der Pesade

Der Gründer der Real Escuela, Don Álvaro Domecq Romero

Rambla kam schon als Kind zum Pferd: Aufgewachsen auf Los Alburejos, der Finca der Domecqs, einem Ort, wo sich das Leben sowieso hauptsächlich um Pferde und Stiere dreht, durfte er als etwa Zehnjähriger mit dem Reiten anfangen. Mit vierzehn wurde er von Álvaro Domecq als Schüler in die Real Escuela aufgenommen, und später war er der erste spanische Dressurreiter, der internationale und sogar olympische Erfolge verzeichnen konnte. Er selbst lässt keinen Zweifel daran, wem seine Dankbarkeit gilt: »Don Álvaro war und ist für die Schule sehr wichtig, ein Botschafter der Pferde, ein einmaliger Mann. Die Schule war sein Werk, sein Kind. Vom Gefühl wird das auch immer so bleiben, obwohl sie sich seitdem sehr verändert hat. Aus dem Kind ist jetzt eben ein Erwachsener geworden.«

Seit 2002 sind die Aufgaben innerhalb der Real Escuela neu und anders verteilt: Unter dem Direktor Enirique Gutiérrez Ruiz wurden verschiedene Aufgabenbereiche eingeteilt, einen »technischen Leiter« gibt es nicht mehr. Übergeordneter Leiter für Show und Sport ist Javier García Romero, dem wiederum José María Sanchez als Chef der Show untersteht, Rafael Soto als Chef der »Sportabteilung«, und Ignacio Rambla als Chef der Abteilung, die für Entwicklungen sportlicher oder künstlerischer Natur in der Schule geschaffen wurde.

Bei aller Hingabe zur Hohen Schule ist mittlerweile auch der Dressursport ein wichtiger Teil der Real Escuela. »Ziele der Real Escuela sind grundsätzlich die Unterstützung des Spanischen Pferdes und die Ausbildung von Reitern und Pferden auf hoffentlich hohem Niveau«, erklärt Ignacio Rambla. »Wir möchten, dass diese Schule so groß und bedeutend wird, dass wir eine Art Reit-Universität daraus machen können. Die Show war die erste Stufe, um bekannt zu werden, jetzt geht es mit der Entwicklung des Schwerpunkts Schule in der Art einer Universität weiter – und dazu gehört auch der Pferdesport.« Die sportliche Förderung des spanischen olympischen Teams obliegt seinem Trainer, momentan Jean Bemelmans, der gleich-

Ignacio Rambla mit Evento im Spanischen Schritt

zeitig Trainer im Deutschen Olympischen Komitee für Reiterei ist. Die Kosten für die Ausbildung der spanischen Reiter auf den Lehrgängen in Deutschland werden jeweils von der andalusischen Regierung zusammen mit der Spanischen Vereinigung für Reitsport, der *Real Federación Hípica Española*, zur Hälfte getragen.

Die Real Escuela ist heute weit entfernt von ihren recht bescheidenen Anfängen auf Álvaro Domecqs Außenviereck und zwei Hand voll Reiter, und aus eigener Tasche könnte diese Maschinerie auch niemand mehr finanzieren. Mittlerweile arbeiten etwa 80 Pferde und 100 Menschen in der Schule: 14 fest angestellte Reiter, davon sechs Lehrer und Oberbereiter: Ignacio Rambla, Manuel Ruiz, Rafael Soto, José María Sanchez, Juan Rubio und José Gutierrez, und außerdem etwa 20 Schüler und 25 Assistenten. Die Junta Andalucía investiert ein Vermögen in die Real Escuela, um die traditionelle Reitkunst zu erhalten. Immerhin sorgt die Schule für sehr viel Tourismus, ist also wirtschaftlich interessant. »Die andalusische Regierung weiß uns als Werbung für das Land zu schätzen«, meint Rambla, »deshalb war es auch nicht schwer, ihnen das Konzept einer Pferde-Universität mit dem zusätzlichen Schwerpunkt der Sportreiterei zu vermitteln.«

Reiter, die sich für eine Aufnahme an der *Real Escuela Andaluza del Arte Ecuestre* interessieren, müssen sich schriftlich bewerben und werden dann zu einer praktischen und theoretischen Prüfung eingeladen. »Sie müssen nicht viel Können mitbringen«, erläutert Rambla. »Wir konzentrieren uns vor allem auf Bewerber mit Talent und gutem Einfühlungsvermögen. Im ersten Ausbildungsjahr bekommen die Schüler dann theoretischen und praktischen Unterricht, arbeiten im Stall, säubern die Ausrüstung und lernen so gleichzeitig, wie die Schule funktioniert.« Im zweiten Jahr wird den Schülern – die man im Übrigen immer an ihren grünen Sweatshirts oder Polohemden erkennen kann, im Gegensatz zu den blauen der fest angestellten Reiter – jeweils ein junges Pferd zugeteilt, für dessen Ausbildung sie zuständig sind. »Gleichzeitig bekommt der Schüler außerdem Unterricht auf einem bereits weiter ausgebildeten Pferd. Was der Schüler auf dem ausgebildeten Pferd lernt, soll er bei seinem jungen Pferd anwenden«, erklärt Rambla. Gute Schüler werden zusätzlich in der Sportreiterei gefördert und nehmen an Turnieren teil, was ihre Tage auf und am Pferd natürlich noch verlängert: Ohnehin wird in der Schule zwischen 8 und 13 Uhr geritten und manche Schüler verdienen sich nachmittags etwas Geld als Bereiter in anderen Ställen. Auch die meisten der Lehrer geben zusätzlich nachmittags noch Unterricht auf fremden Anlagen oder bilden eigene Pferde aus. Eine Ausbildung an der Real Escuela garantiert allerdings nicht, dort auch angestellt zu werden – nicht einmal, wenn der Schüler sich als besonders talentiert erweist. »Es hängt immer davon ab, ob wir einen Platz frei haben. Manchmal müssen wirklich gute Schüler die Schule verlassen, weil es einfach keine freie Stelle gibt«, sagt Rambla bedauernd. »Hervorragenden Reitern können wir wenigstens einen befristeten Vertrag anbieten, den man auch verlängern kann, in der Hoffnung, dass möglichst früher als später eine professionelle Stelle frei wird. Auf lange Sicht ist es natürlich unser Ziel, ein Team aus möglichst guten Reitern zu gründen.« Die Pferde der Real Escuela stammen von unterschiedlichen Gestüten, wobei das Renommee der einzelnen Gestüte nur eine untergeordnete Rolle spielt: »Es gibt Pferde, die auf einem Dressurturnier mit Pauken und Trompeten durchfallen würden«, erklärt Ignacio Rambla, »aber sie sind vielleicht fantastisch für die Schulsprünge oder die Arbeit am langen Zügel geeignet – für uns also ausgesprochen brauchbar und wichtig. Wir versuchen, jedes Pferd entsprechend seiner Fähigkeiten optimal einzusetzen.« Nicht alle Pferde werden gekauft; manche Züchter leihen ihre Pferde auch an die Schule aus. Allerdings

Rafael Soto in Montemedio

Die Real Escuela in Jerez de la Frontera

sind solche Fälle bei dem hohen Wert der Pferde eher selten, obwohl die Züchter langsam merken, dass die Schule ein gutes Schaufenster für ihre Pferde ist.

Für die Staatsgestüte ist ein solcher Tauschhandel leichter zu verkraften: Etwa 15 oder 16 Hengste der Real Escuela stammen denn auch vom staatlichen Militärgestüt. Jedes Jahr kommen vier Junghengste von dort auf Leihbasis an die Schule, um später nach ihrer Pensionierung als namhafte Deckhengste zurückzugehen. Wie zum Beispiel Evento, der im Alter von 14 Jahren aus dem Sport genommen wurde, weil er Probleme mit seinen Beinen hatte, und jetzt auf der Hengststation in Jerez lebt. Ignacio Rambla hätte ihn gern in der Schule behalten, weil Evento immerhin eine wichtige Attraktion darstellte – und vielleicht auch, weil bei aller Macho-Attitüde eine gewisse Sentimentalität herauszuhören ist, wenn er über den Hengst spricht. Stattdessen betätigt sich Evento nun als Stempelhengst für kommende Sportgenerationen im Militärgestüt. Drei seiner Söhne, die bereits in der Real Escuela ihren Hafer verdienen, sind jedenfalls die große Hoffnung der dortigen Reiter, die wiederum zu den Besten Spaniens gehören und immer wieder große sportliche Erfolge für das Land erringen.

Im Mai 2000 bekam Ignacio Rambla die höchste reiterliche Auszeichnung Spaniens verliehen: den Preis des Goldenen Pferdes. Er sowie andere Reiter und Bereiter der Real Escuela nehmen weiterhin an internationalen Grand-Prix-Wettbewerben im Ausland teil – im Juni 2001 auf dem CHIO in Aachen etwa schnitten Rafael Soto auf Invasor und Ignacio Rambla auf Distinguido hoch erfolgreich ab – und beweisen sich immer wieder auch als hervorragende Showmen: Sie sind die Einzigen, deren Pferde nach der Prüfung im Spanischen Schritt den Dressurplatz verlassen, was das Publikum schmelzen lässt. Seit 2002 ist der Spanische Schritt nun auf internationalen Turnieren verboten, damit die Sympathien des Publikums die geplagten Richter nicht mehr unter Druck setzen.

Auch wenn man innerhalb des malerischen Geländes der Real Escuela immer wieder das Gefühl hat, auf einer equestrischen Reise in die Vergangenheit zu sein: Die Zeit ist in der Königlich-Andalusische Reitschule in Wirklichkeit keineswegs stehen geblieben. Es wird kraftvoll vorwärts geritten.

Gitano-MAC der
Yeguada Cárdenas

Kauf und Haltung des Spanischen Pferdes

Der Traum vom P.R.E. soll möglichst irgendwann Wirklichkeit werden: Ein eigenes Spanisches Pferd soll im Stall stehen, ein ganz persönliches Stück Spanien, das nun täglich unser Herz weit öffnet und hoffentlich dafür sorgt, unser »Glück der Erde« nun auf einem breiten, starken Rücken zu finden. Es ist nicht ganz unkompliziert, das passende Pferd zu finden – und nach Hause zu bringen –, aber auch nicht so schwierig, wie man sich das außerhalb spanischer Grenzen häufig vorstellt. Es muss einem klar sein, wonach man sucht, man braucht möglichst jemanden, der mit Pferdekauf Erfahrung hat, und man muss wissen, dass es nie von Vorteil ist, wenn man dem momentanen Besitzer zu deutlich zu verstehen gibt, wie sehr man sich in das Objekt der Begierde bereits verliebt hat. Und wie in den meisten Dingen ist gute Vorbereitung schon die halbe Kaufaktion.

Was kostet ein Spanisches Pferd?

Das Pferd Reiner Spanischer Rasse hat seinen Preis. Das war schon immer so und wird sich so schnell wohl auch nicht ändern. Der Züchter Jaime Bujol (Gestüt Yeguada Dehesa La Granja) begründet das folgendermaßen: »Spanische Pferde sind teuer, weil wir mit jedem Hengst die ganze Rasse verkaufen. Und wir verkaufen einen Charakter, den kein anderes Pferd auf der Welt besitzt. Guter Charakter ist teuer.«
Spanien ist vielleicht das letzte Land, in dem ein anständiger Charakter noch etwas wert ist, und man lässt ihn sich auch hoch bezahlen. Bei einem jungen Spanischen Pferd von guter Qualität fängt man mit Preisen von etwa 15 000 Euro an, und dann beherrscht dieses Pferd kaum die Grundgangarten.
Je nach Abstammung und Ausbildungsstand oder Prämierungen bewegen sich die Preise immer weiter nach oben in schließlich Schwindel erregende Höhen. Es stellt sich also die Frage, was für ein Pferd man wozu braucht.

Junghengste der
Yeguada Lovera

183

Was kostet ein Spanisches Pferd?

Was für ein Pferd zu welchem Zweck?

Möchte man **züchten**, sollte tatsächlich das Beste gerade gut genug sein. Schließlich soll das Ziel nicht einfach Vermehrung, sondern mindestens Erhalt, wenn nicht Verbesserung der Rasse sein, und das funktioniert nur mit Zuchttieren von hoher Qualität. Pferde mittelmäßiger Qualität bringen auch nur Fohlen von mittelmäßiger Qualität hervor (außer in außerstatistischen, unerhörten Glücksfällen), und nicht einmal das ist sicher.

»Wenn ich Champions züchten möchte, muss ich die Eltern von Champions kaufen, nicht deren Produkte«, lernt man von alten spanischen Züchtern, und dieser Plan leuchtet ein. Im Falle eines solchen ehrgeizigen Vorhabens muss man sich sehr genau mit den verschiedenen Typen des Pferdes Reiner Spanischer Rasse auseinander setzen, mit hochwertigen Blutlinien, und schließlich muss man sich genau überlegen, was man zu seinem eigenen Zuchtziel machen möchte. Züchterische Vision kann man nicht kaufen. Man kann sie erben oder sie sich mittels Fantasie zu Eigen machen. Aber bereits hier beginnt das erste (immerhin nicht unbedeutende) Problem. Wer Spanische Pferde züchten möchte, um sie möglichst teuer zu verkaufen, wird sich wundern, wie viel Kapital erst einmal in eine Zucht hineingesteckt werden muss, bevor man zu einem vorzeigbaren Resultat kommt. Bei langjähriger Beobachtung von Zuchtlinien wird man leicht feststellen, dass es häufig zwanzig Jahre dauert, bevor ein Zuchtziel sich erfüllt. In der Zwischenzeit gelingen viele Verpaarungen nicht, hoffnungsvolle Fohlen stellen sich als nur mittelmäßig heraus, und die Tierarztkosten rauben einem Schlaf, Nerven und das letzte Hemd. Wem es also ums Geldverdienen geht, der ist als Autoverkäufer besser beraten. Bei der Pferdezucht geht es um Liebe und Ideale.

Wer ein **Reitpferd** sucht, muss weniger auf die Lückenlosigkeit der Abstammung und die hundertprozentige Perfektion der Ohrenform achten als auf einen günstigen Körperbau mit einer günstig gelagerten Schulter und gut gewinkelter Hinterhand, möglichst großen Hufen und einem nicht zu schweren Hals. Wer ein Freizeitpferd möchte, dem mag es egal sein, wenn das Pferd eine besonders hohe Knieaktion hat, und vor der Kutsche sieht ein Pferd mit hoher Aktion sogar besonders hübsch aus. Wer internationale Dressurlektionen reiten möchte, braucht ein Pferd, das trotz Knieaktion über einen großen Raumgriff verfügt.

Was den Charakter betrifft, sollte man darauf achten, möglichst kein Pferd aus einer ausgesprochenen Stierkampfzucht als Reitpferd zu

Hilandero VIII
der Ganadería
Las Lumbreras

Was für ein Pferd zu welchem Zweck?

wählen: Ein solches Pferd ist zwar äußerst wendig und für die Dressur geradezu prädestiniert, aber für die Ansprüche eines »normalen« Dressurreiters für gewöhnlich zu reaktionsschnell und manchmal zu intelligent, was bedeuten kann, dass es einen ungeheuren Beschäftigungsanspruch hat.

Diese Pferde sind über Generationen hinweg für ein Leben gezüchtet worden, das aus Aufregung, Abenteuer, harter Arbeit und Ehrgeiz besteht. Sie sind im reinen Zivilistenleben meist massiv unterfordert, langweilen sich und fangen dann an, sich selbst interessante Übungen und Kunststücke auszudenken, nach denen der Reiter gar nicht gefragt hat. Wer den Tag also nicht notwendigerweise mit Kapriolen oder ähnlich komplexen Lektionen beginnen möchte, sollte nach einem weniger anspruchsvollen Exemplar Ausschau halten.

Es könnte einem Reiter eigentlich egal sein, ob sein Pferd **Papiere** hat oder nicht; schließlich reitet man nicht auf den Papieren. Außerdem sind Pferde ohne Papiere häufig günstiger als Pferde mit Papieren. Nachdem es sich beim Spanischen Pferd allerdings um ein Pferd handelt, das mit großem Aufwand, Gefühl und Tradition in ganz Spanien gezüchtet wird und es relativ einfach ist, an ein Pferd mit Papieren zu kommen, gewährleisten Papiere eines Pferdes zumindest eine gewisse Qualität. Wenn ein Pferd keine Papiere hat, kann das bedeuten, dass der jeweilige Züchter das Pferd »nur so« und ohne bestimmtes Zuchtvorhaben gezüchtet hat, dass es so oft herumgereicht wurde, bis seine Papiere verloren gingen (und sich niemand die Mühe gemacht hat, sie wieder zu besorgen), oder dass es von qualitativ minderwertigen Pferden abstammt, die ihrerseits nur halbe Papiere besaßen, weshalb dieses Exemplar also keine erhalten hat.

Papiere sagen eine ganze Menge über die Abstammung aus, das heißt über die Familiengeschichte, über gewisse Charaktereigenschaften, Zuchtziele des Züchters, also die Qualität des Pferdes. Im Übrigen ist vor allem nur das Pferd ein *Pura Raza Española*, das dies anhand seiner Papiere auch beweisen kann. Alles andere wird heutzutage als Andalusier gehandelt, nicht als P.R.E.

Hengst Lobito
der Yeguada Lovera

Was für ein Pferd zu welchem Zweck?

Hengst, Stute oder Wallach?

Natürlich ist der Spanische Hengst das Urbild des P.R.E.. Es gibt sogar Leute, die behaupten, in Spanien würden Stuten überhaupt nicht geritten und Wallache kämen praktisch nicht vor. Das ist ein Irrtum.

In der Gebrauchsreiterei wie etwa der *Doma Vaquera* werden fast ausschließlich Stuten und Wallache geritten, weil Hengste als Arbeitspferde im Umgang oft zu kompliziert sind. Sie sind letztlich doch immer ihren Hormonen unterworfen, was bedeutet, dass sie außer dem Treiben von Rindern meistens noch ihre eigene Agenda haben; Hengste lassen sich weniger leicht »parken«, wenn der *Vaquero* etwa ein Rind zu versorgen hat, Siesta einlegen oder irgendetwas anderes tun möchte. Solche und ähnliche Gedanken sollten sich auch potenzielle Halter eines Spanischen Pferdes in modernen Reitställen machen. Tatsächlich muss man sich genau überlegen, wen man sich da in den Stall holt. Der eigene Traum vom Pferd hat mit der Realität häufig wenig zu tun.

Was vom Hengst zu halten ist

Ein Spanischer Hengst ist sicherlich die Personifizierung von geballter Kraft, Temperament und Schönheit, der Fleisch gewordene Traum aller kleinen und groß gewordenen Pferdemädchen und ein wundervolles Mittel, sich selbst zu Pferde so zu präsentieren, wie man sich immer schon mal darstellen wollte. In Spanien gilt der Hengst als Inbegriff des Männlichen, und es fiele keinem Spanier ein, ein solches Kraftsymbol so ohne Weiteres kastrieren zu lassen.

Allerdings ist das nicht unser Problem. Stattdessen muss man sich darüber im Klaren sein, was es bedeutet, einen Hengst zu halten. Nicht jeder Pferdefreund ist einem Hengst gewachsen. Die Sanftmut Spanischer Hengste ist zwar legendär, und sie sind sicherlich freundlicher, umgänglicher und leichter zu halten als viele Hengste anderer Rassen. Das liegt unter anderem daran, dass Spanische Pferde über Jahrhunderte systematisch auch nach Charaktereigenschaften selektiert wurden – anders als etwa Sportleistungspferde, deren Charakterfestigkeit in der Zucht nur eine sehr untergeordnete Rolle spielt: Hier ist die Hauptsache, das Pferd kann vorwärts gehen oder springen. Die Umgänglichkeit Spanischer Hengste hat aber auch noch einen anderen Grund. Sie erleben eine ausgesprochen strenge Kinderstube in Spanien. Pferde in Spanien sind Arbeitstiere oder Repräsentationsmittel, jedenfalls kein Spielzeug, Schmusetier oder Freizeitspaß.

Einer der hoffnungs-
vollen Söhne von
Staatshengst Evento

Hengst, Stute oder Wallach?

Kauf und Haltung des Spanischen Pferdes

Hengst Gorrion XXI der Ganadería Salvador Sanchez Barbudo Martin

In Spanien wird mit Hengsten nicht geturtelt. Sie bekommen auch nicht pfundweise Pferdebonbons zugesteckt – »gib dem Hengst Zucker und er fängt an zu beißen«, lautet die gängige spanische Meinung –, und wer in Spanien den Hengsten näher kommt, wird bemerken, dass die meisten sich nicht gern am Kopf anfassen lassen, weil sie es nicht gewohnt sind. Der Umgang mit Hengsten in Spanien ist streng, aber respektvoll, und das hat seinen Grund: Hengste sind anders.

Das Leben mit einem Hengst ist komplizierter als das mit einem Wallach oder einer Stute. Das fängt bei ganz banalen Dingen an: Viele Reitställe (außerhalb Spaniens) nehmen Hengste gar nicht erst auf, weil Hengste nämlich immer Unruhe in den Stall bringen. Es ist schwieriger, einen Hengst auf die Weide zu stellen, weil man ihn eigentlich nur alleine auf die Weide stellen darf, und man in Pensionsställen furchtbar aufpassen muss, dass niemand versehentlich eine Stute daneben stellt. Denn wenn die Hormone in Aufruhr geraten, nützt der stärkste Elektrozaun nichts. Es ist schwer, mit einem Hengst in einer Gruppe auszureiten, weil er weniger an der freien Natur interessiert ist als an seiner eigenen. Das bedeutet, dass er eigentlich die Gruppe zusammenhalten muss, vermeintlichen Rivalen ihren Platz zuweisen und als Herrscher über Stall und Hof immer an der Spitze gehen will. Als ausdrucksstarkes Sport- oder Showpferd, das eines nicht unbeträchtlichen Beschäftigungs- und Arbeitsaufwandes bedarf, ist der Hengst jedoch nicht zu schlagen: Imponiergehabe, Quintessenz der Ausstrahlung, liegt ja in seiner Männlichkeit. Das Leben mit einem notorischen Angeber ist allerdings nicht jedermanns Sache. Erziehung und Umgang mit einem Hengst fordern seinen Besitzer in vollem Umfang. In Ermangelung einer Herde unter sich und damit einer Aufgabe muss die Bezugsperson dem Hengst eben die Herde ersetzen. Ein Hengst beobachtet seinen Menschen sehr kritisch und aufmerksam und betrachtet ihn als sozialen Partner. Er wird immer wieder und sein Leben lang versuchen, die Position des Leittieres zu erlangen – nicht aus Bosheit, sondern aus hormonellen Gründen: Das ist nun mal sein Job als Hengst.

Der Mensch muss ihm deshalb stets als konsequentes, zuverlässiges Leittier erscheinen. Begegnen wir ihm mit Nachlässigkeit oder Angst, wird er das ausnutzen, um sich durchzusetzen. Das bedeutet auch, dass man sich von seinem Hengst niemals in die Rolle eines Spielkameraden drängen lassen darf. Spiel ist immer gleichzeitig das Üben von Dominanzritualen, und das kann der kleine schwache Mensch körperlich nicht gewinnen. Das kleinste Kräftemessen mit einem Hengst kann zu gefährlichen Situationen führen, also muss man es unter allen Umständen unterlassen.

Der Mensch ist der Herdenboss, basta, und daran darf kein Zweifel aufkommen. Wer einen Hengst besitzt, führt, reitet oder fährt, muss ständig aufmerksam sein. Ein Hengst lässt sich weniger gefallen als ein Wallach oder eine Stute, er ist aggressiver und schneller bereit, ein anderes Pferd anzugreifen oder zu vertreiben. Das muss man als Halter und Reiter ständig im Hinterkopf behalten, wenn man sich und andere nicht in gefährliche Situationen bringen möchte. Er ist ungeheuer von sich selbst überzeugt und betrachtet es als seine Aufgabe, anderen Pferden permanent zu imponieren. Unter dem Sattel bedeutet das, dass er sich leicht ablenken lässt. Hengste müssen dementsprechend gefordert werden. Seine Aufgabe als Reitpferd ist es nicht, der kleinen Ponystute da vorn zu beweisen, was für ein toller Kerl er ist, sondern seine Lektionen korrekt auszuführen.

Hilandero XI der Yeguada de la Cartuja

Kauf und Haltung des Spanischen Pferdes

Damit ein Hengst nicht auf dumme Gedanken kommt, braucht er Arbeit, um ausgeglichen und zufrieden zu sein. In der Dressur kann man sich sein Imponiergehabe wundervoll zunutze machen: Starker Trab, Piaffe und Passage, Spanischer Schritt und Levade sind ja nichts anderes, als das natürliche Imponiergehabe des Hengstes, man muss sie nur abrufbar machen. Alle diese Bewegungen kann man bei Hengsten auch auf der Weide sehen. Der Hengst muss mehr als jedes andere Pferd immer gehorchen, und alle Befehle müssen durchgesetzt werden, sonst hat man verloren.

Das alles bedeutet übrigens nicht, dass Hengste unkalkulierbare Bestien sind. Mit einiger Erfahrung sind sie sogar sehr gut zu berechnen. Aber es bedeutet eben, dass man als Halter und Reiter gewisses dominantes Auftreten und ein großes Durchsetzungsvermögen haben muss. Manche Menschen besitzen diese Fähigkeiten von Natur aus und haben ihr Leben lang nie ein Problem mit Pferde- oder Hundeerziehung, für andere jedoch ist das permanente Beharren auf Autorität ein gewaltiger Kraftakt. Nicht jeder Reiter möchte seinem Pferd immer wieder Paroli bieten, und das allein ist schon ein Grund, sich die Sache mit dem Hengst gut zu überlegen.

Zueco der Yeguada Escalera

Stuten

Zuchtstuten werden in Spanien tatsächlich nicht geritten, nicht einmal, um ihre Rittigkeit auszuprobieren. Bei manchen Züchtern werden die Stuten immerhin eingefahren, um ihren Arbeitswillen zu testen – etwas, was man früher auch mit der *Cobra* ausprobieren konnte. Um das Getreide zu dreschen, wurden drei bis fünf Stuten mit Halsriemen und Stricken in einer Reihe aneinander gebunden, um so in einem engen Zirkel nebeneinander über das Getreide zu laufen, Stunde um Stunde. Die beiden Stuten, die jeweils ganz innen und ganz außen liefen, mussten die Zuverlässigsten sein: Die Stute ganz innen ging die engsten Wendungen, die Stute außen hielt sozusagen die Gruppe zusammen. Heute werden diese *Cobras* nur noch zu Showzwecken auf Messen oder Körveranstaltungen gezeigt, dafür allerdings mit bis zu neun Stuten. Wie brav, zuverlässig und charakterlich anständig sie sind, lässt sich aber noch immer hervorragend an dieser Methode ablesen.

In der *Doma Vaquera* werden fast hauptsächlich Stuten geritten. Auch im berittenen Stierkampf, dem *Rejoneo*, werden häufig und immer wieder Stuten eingesetzt – eines der besten Pferde des Rejoneadors Antonio Domecq war nach seiner eigenen Aussage eine Stute. Der Schönheit tut das weibliche Geschlecht keinen Abbruch: Die Spanischen Stuten sehen häufig viel weiblicher aus als etwa Stuten aus Sportpferdezuchten.

Ihre Hälse sind naturgemäß zwar meistens weniger muskulös als die der Hengste, ihre Mähne manchmal weniger üppig, aber das Pferd ist doch das gleiche mit dem schmalen, langen edlen Kopf und dem großen, sanften Auge. Stuten sind häufig menschenbezogener, weil sie ihren Hormonen weniger unterworfen sind als Hengste, ihre Intelligenz ist zielgerichteter und ihre Haltung unendlich viel einfacher. Stuten lassen sich problemlos auf die Weide stellen. Normalerweise schließen sie leicht Freundschaft mit anderen Pferden, und die Rosse viermal im Jahr geht gewöhnlich über die Bühne, ohne besondere Aufmerksamkeit zu erregen. Spanische Stuten sind selten hysterisch, dafür charakterstark und vernünftig, und sie lassen sich ebenso leicht ausbilden wie die Hengste.

Ventolera XI der Ganadería Salvador Sanchez Barbudo Martin

Kauf und Haltung des Spanischen Pferdes

Ermitaño der
Yeguada Escalera

Wallache

In Spanien, wo Männlichkeit noch etwas bedeutet und man fest an den Machismo und alle damit zusammenhängenden Symbole glaubt, werden Hengste nicht kastriert, außer sie haben einen oder mehrere erhebliche Fehler: Sie sind charakterlich unzuverlässig oder wurden nicht gekört. In beiden Fällen will man sie als Liebhaber der echten Spanischen Pferde jedenfalls meistens nicht haben. Ein Spanisches Pferd möchte man sich gewöhnlich ja auch gerade wegen seines hinreißenden Charakters anschaffen, und die Körbestimmungen sind in Spanien so großzügig, dass ein Hengst, der nicht gekört wird, ein so großes Problem haben muss, dass er mit einem P.R.E. nicht viel zu tun hat. Das bedeutet allerdings nicht, dass man sich keinen Hengst kaufen kann, um ihn hinterher kastrieren zu lassen, wenn man erst einmal beschlossen hat, dass sich in diesem speziellen Fall die Hengsthaltung als zu schwierig gestalten würde, aus welchen Gründen auch immer. Der »gelegte« Hengst wird sich nach der Kastration über drei, vier Monate hinweg verändern: Seine Muskulatur wird sich wandeln, sein Hals wird etwas abnehmen, die Kruppe etwas leichter – alles Dinge, die durch regelmäßige Arbeit fast wieder vollständig aufgebaut werden können. Seine Mähne und der Schweif werden wahrscheinlich ein paar Monate nach der Kastration etwas dünner, später aber nachwachsen.

Je später ein Hengst kastriert wird – je älter er also ist –, desto geringer die Veränderungen. Ein Hengst jedoch, der ein-, zwei- oder dreijährig gelegt wird, kann von vornherein weniger Muskelmasse aufbauen und wird vergleichsweise immer etwas »schmalbrüstiger« sein als sein »intakter« Kollege. Er ist allerdings auch einfacher im Umgang, häufig lernwilliger, weil konzentrationsbereiter, lässt sich ohne Weiteres auf die Weide stellen und entspannter durchs Gelände reiten. Selbst das Verreisen (zu Lehrgängen, auf Turniere, an Reitstrände, etc.) mit einem Wallach ist einfacher als mit einem Hengst, der normalerweise in jedem neuen Stall erst einmal alle anderen von seiner Herrlichkeit überzeugen möchte.

Nächste Doppelseite: Gestütsleiter Antonio Aguilar von Hierro del Bocado führt auf Bandolero XLIX eine beeindruckende Cobra.

Roh, angeritten oder ausgebildet?

Ob man sich ein gerittenes, ungerittenes – also rohes – oder sogar höher ausgebildetes Pferd kauft, ist zunächst einmal eine Frage des Kontostands. Ein junges, ungerittenes Pferd ist natürlich preisgünstiger, weil es bisher wenig Aufwand gekostet hat. Allerdings muss man ein wirklich guter Pferdekenner sein, um abschätzen zu können, was aus den Früchtchen einmal wird. Hinzu kommt, dass ein unerfahrenes Pferd sowieso und überhaupt nur in die Hände einer erfahrenen Pferdeperson gehört: Als Anfänger ein Pferd zu kaufen, das mit seiner Ausbildung auch erst anfängt, ist ein Irrtum und ungerecht dem Pferd gegenüber. Die Idee des gemeinsamen Lernens kann auf niedriger Stufe nicht stattfinden. Wer sich ein rohes Pferd kauft, ohne selbst ein wirklich sehr guter Reiter und Ausbilder zu sein, braucht von Anfang an die Hilfe eines Profis.

Beim **Kauf gerittener Pferde** allerdings stellt sich meist das Problem der sehr unterschiedlichen spanischen Ausbildungs- und Reitart im Vergleich z.B. zur englischen. In Spanien wird häufig mit wenig Schenkelhilfen geritten, die Pferde gehen oft sehr früh auf blanke Kandare oder gar *Serreta*, und es kommt vor, dass wenig Zeit darauf verwendet wird, die Pferde erst einmal über den Rücken und durchs Genick gehen zu lassen, das heißt, ihren Körper systematisch zu gymnastizieren und an das Reitergewicht zu gewöhnen. Das ist an sich nichts, was man nicht wieder hinkriegen würde. Aber dieser Umstand sorgt bei dem spanisch ausgebildeten Pferd und einem englisch reitenden Reiter manchmal über lange Zeit für große Verwirrung, wenn er den Schenkel einsetzt und das Pferd unter ihm explodiert, weil es diese Hilfe nicht einschätzen kann, oder der Reiter Ewigkeiten braucht, das Pferd ans Gebiss heranzureiten, weil es das vorher nicht kannte. Kauft man ein gerittenes Pferd, sollte man unbedingt darauf achten, dass

Ignacio Rambla in Montemedio

Roh, angeritten oder ausgebildet?

es eine solide Grundausbildung erhalten hat und in seinen jugendlichen Tagen vernünftig anlongiert wurde. Sonst kann es passieren, dass man, statt wundervolle Ausritte und Harmonie zwischen Pferd und Reiter zu erleben, erst einmal sehr lange Zeit damit beschäftigt ist, aus der Schönheit überhaupt ein richtiges Reitpferd zu machen.

Halbstarke Junghengste der Yeguada Lovera

Stuten der
Yeguada Candau

Ein Spanisches Pferd kaufen

Es gibt verschiedene Möglichkeiten, ein P.R.E. zu kaufen. Nachdem sie sich mittlerweile zum *dernier cri* der Pferdemode entwickelt haben, werden Spanische Pferde überall im Ausland angeboten. Einige dieser Pferde sind hervorragend, manche sind gut, viele sind es nicht. Man sollte sie sich in Ruhe ansehen, aber mit dem Kauf noch warten. Das wichtigste Argument, trotz des Angebots vor der eigenen Haustür nach Spanien zu fahren, ist die Auswahl. Man bekommt in Spanien natürlich mehr Pferde zu sehen, unterschiedliche Typen, und man hört ganz andere Preise. Die Pferde außerhalb Spaniens sind fast immer teurer als die Pferde gleicher Qualität, die innerhalb von Spanien angeboten werden: Das bringen Exportartikel gewöhnlich so mit sich. Und natürlich hängen sich viele Händler (hier wie dort) an den momentanen Boom an und importieren auch viele qualitativ schlechte Pferde, die zwar hübsche Köpfe und lange Mähnen haben oder eine gewaltige Knieaktion aufweisen, ansonsten aber mit einem Pferd Reiner Spanischer Rasse genauso viel zu tun haben wie Sachertorte mit Toastbrot.

In Spanien angekommen hat man dann wiederum verschiedene Möglichkeiten, sein Geld loszuwerden: Man kann sich auf der SICAB (*Salón International del Caballo*, siehe Seite 68) die verschiedenen Pferdetypen der Züchter ansehen und mit dem Züchter, dessen Zuchtprodukte einem gefallen, in Kontakt treten. Oder man kann sich vom Zuchtverband des Reinen Spanischen Pferdes, der ANCCE, per Fax oder E-Mail eine Verkaufspferdeliste schicken lassen (oder www.ancce.com), auf der verschiedene Züchter ihre Verkaufspferde inserieren. Ebenfalls über die ANCCE kann man mit den unterschiedlichsten Pferdemaklern oder Händlern in Kontakt treten, die weitere Kontakte haben und sich vielleicht darauf einstellen können, was genau man eigentlich sucht. Von Vorteil ist es, wenn man sich in der Landessprache verständigen kann: viele Spanier sprechen nämlich ihrerseits keinerlei Fremdsprachen, was die Kommunikation einigermaßen erschweren kann. Ansonsten ist ein Dolmetscher einzustellen.

Hat man ein Pferd gefunden, das man gern kaufen möchte, sollte man wie überall sonst auf der Welt eine tierärztliche Ankaufuntersuchung machen lassen; in welchem Umfang (Röntgenbilder, Blutuntersuchung etc.) bleibt dem Käufer überlassen. Zum Kaufvertrag gehören die Papiere und zwar im Austausch mit dem Kaufpreis. Verlassen Sie weder Hof noch Land ohne die Papiere, sonst werden Sie sie wahrscheinlich nie zu sehen bekommen.

Der Transport ins Ausland

Innerhalb der Europäischen Union benötigt das Pferd ein amtstierärztliches Gesundheitszeugnis, das so genannte EU-Zeugnis, das der Verkäufer sieben Tage vor Transportbeginn besorgen muss. Auf keinen Fall darf man sich ohne dieses Papier auf den Weg in die Heimat machen; die spanische *Guardia Civil* und auch die französische Gendarmerie an den Grenzen verstehen überhaupt keinen Spaß bei ihren Kontrollen. Der Transport innerhalb Europas muss heutzutage gestaffelt werden: Insgesamt dürfen Pferde nicht länger als 24 Stunden auf dem Lastwagen stehen, danach müssen sie sich 24 Stunden lang in so genannten Ruhe- und Versorgungsstationen ausruhen dürfen. Das ist tatsächlich sehr wichtig, damit die Pferde a) eine Weile ruhig und gelassen stehen können und b) in Ruhe urinieren und Kot absetzen können (viele Pferde mögen das auf dem Lastwagen nicht). Beim Transport eines Spanischen Pferdes nach den USA muss das Pferd entweder vorher in Spanien oder in den USA vier Wochen lang in Quarantäne, wofür es spezielle Quarantäne-Ställe gibt. Der jeweilige Amtstierarzt kann einem darüber Auskunft geben, wobei man Quarantäne und Flug am besten von einer Agentur erledigen lässt, die diese Dinge immerhin zu ihrem täglich Brot gemacht hat.

Stuten der Ganadería
Salvador Sanchez
Barbudo Martin

Ursula Säfer auf Estudioso (Ganadería Hdros de S. Salvador) im bayerischen Winter

Spanier im fremden, kalten Land

Viele Pferde, die aus Spanien in ein anderes Land exportiert werden, haben zuerst einmal Umstellungsschwierigkeiten. Diese ähneln sich immer wieder und sind weniger kompliziert, wenn man sich von vornherein auf sie einstellt und gewisse Dinge beachtet.

Kälte

Offenställe in harschem Klima sind für neu importierte Spanische Pferde meist keine gute Lösung. Sie reagieren häufig sehr empfindlich auf nasskaltes Wetter (ein warmer Sommerregen kann sie natürlich nicht erschüttern). Kälte an sich können sie gewöhnlich auch nichts abgewinnen: Abgesehen davon, dass sie ungeheuer kernig reagieren, bilden sie im ersten Winter in der Kälte oft noch kein Winterfell, müssen also gut angezogen werden mit Winterdecken und Nierendecke beim Ausritt oder auf dem Weg zur Reithalle. Gerade in den ersten Wintern ist es ratsam, neben der normalen Ration ein vitamin- und mineralstoffreiches Zusatzfutter zu reichen.

Fütterung

Die Pferde in Spanien wirken auf Sportsgeister hoffnungslos überfüttert. Wer es gut meint, kann davon ausgehen, dass dies das spanische Schönheitsideal ist; wer boshaft ist, könnte sagen, dass bei fetten Pferden damit über etwaige Gebäudefehler hinweggetäuscht wird: Wenn ein Zweijähriger vor lauter Fettansammlung bereits eine Figur hat wie ein bemuskelter Vier- oder Fünfjähriger, ist schwer zu erkennen, wie der Übergang vom Rücken zur Kruppe wirklich geformt ist, ob die Brust speckig, rundgeformt oder muskulös ist, etc. Die Spanischen Hengste oder die Stuten, die auf Ferias vorbereitet werden, bekommen neben dem besonders nährstoffhaltigen Alfalfa-Heu außerdem ungeheure Mengen an Kraftfutter zu fressen. Würde man Pferde in Deutschland, England, Frankreich oder Amerika gleichermaßen füttern, würden sie unter einem wie Feuerwerkskörper explodieren. Dazu muss man wissen, dass Hafer und Gerste in Spanien im Vergleich zu unserem Getreide von geringerer Qualität sind, die Schale dicker ist und der eigentliche Proteingehalt ein anderer.

Spanische Pferde sind gewöhnlich ausgesprochen leichtfuttrig. Es ist wenig ratsam, sie außerhalb Spaniens mit hochwertigem Hafer voll zu stopfen, weil sie den hohen Proteingehalt nicht verarbeiten können, zu heiß werden und, wenn man Pech hat, auch noch Hufrehe bekommen. Dasselbe Problem stellt sich

außerhalb Spaniens mit den Weiden: Wer sich die Felder ansieht, auf denen die Stuten und Jungpferde in Spanien laufen, wird feststellen, wie karg diese sind. Die fetten, hochgedüngten Weiden im Ausland sind gefährlich für Spanische Pferde, die den enormen Eiweißgehalt nicht verarbeiten können und dementsprechend, wie bei der Fütterung von hochwertigem Hafer, sehr anfällig werden für Hufrehe.

Am besten sollte das Futter für Spanische Pferde nur einen möglichst geringen Haferanteil enthalten. Stattdessen sollte man auf die verschiedenen hochwertigen Energie-Müsli-Sorten ausweichen, die überall im Futter-Fachhandel erhältlich sind. Sie sind mit unterschiedlichen Eiweißgehalten zu bekommen. Manche dieser Müsli-Sorten sind nur als Zusatzfutter gedacht oder sollen in bestimmter Kombination gefüttert werden, um als Haferersatz auszureichen. Je nachdem, wie viel das Pferd arbeitet, muss man herausfinden, wie viel Futter das Pferd braucht, aber gewöhnlich ist die Zusammenstellung als alleiniges Kraftfutter in Kombination mit möglichst viel Raufutter wie Heu und Stroh absolut ausreichend.

Wasser

Viele Spanische Pferde haben zu Hause zwar keinen Rund-um-die-Uhr-Zugang zu Selbsttränken, dafür werden sie aber mehrfach am Tag mit frischem Quellwasser getränkt. In anderen Ländern ist das Leitungswasser häufig sehr kalkhaltig oder gechlort, und das finden die edlen spanischen Rösser oft so scheußlich, dass sie lieber verdursten, als ihr Maul in diese Brühe zu tauchen. Deshalb ist es ratsam, seinen frisch importierten Spanier (oder Spanierin) anfangs per Eimer zu tränken, um feststellen zu können, ob das Pferd wirklich trinkt. Wenn es nicht trinkt, muss man sich auf schnellstem Wege vom Tierarzt einen süß schmeckenden Elektrolytzusatz besorgen, der den Chlor- oder Kalkgeruch und -geschmack, den man als Mensch vielleicht nicht einmal bemerkt, überdeckt. Im Laufe der Zeit kann man diesen Zusatz immer weiter verdünnen, bis das Pferd sich an das »Ausländer-Wasser« gewöhnt hat.

Stuten und Fohlen an der Tränke bei José Louis Escalera

Haltung

Spanische Pferde sollen – wie hoffentlich alle anderen Pferde auch – in einer großen (wenigstens 4 x 4 Meter) Box gehalten werden, für zusätzliche Zerstreuung möglichst in einer Außenbox. Von da an sind dem Luxus keine Grenzen gesetzt, was Paddockboxen, gute Offenstallhaltung etc. betrifft. Aufgrund der hohen Intelligenz und Menschenbezogenheit des Spanischen Pferdes sollte man sich allerdings darüber im Klaren sein, dass, mehr noch als die meisten anderen Pferde, das Spanische Pferd einen relativ hohen Beschäftigungsanspruch hat: Einfach so für Tage in der Box geparkt, verkümmert es seelisch und zieht sich zurück. Stuten und Wallache werden, wie alle Pferde, am glücklichsten mit einigen Stunden Freilauf pro Tag auf der – möglichst kargen – Weide, während sich die Hengsthaltung, wie bereits erwähnt, etwas schwieriger gestaltet. Ein Hengst braucht eine Box, in der er zur Ruhe kommen kann und in der nicht mehrmals täglich Stuten an ihm vorbeigeführt werden. Andererseits braucht er aber den Kontakt zu anderen Pferden, sollte also möglichst neben anderen Pferden (Wallachen oder Hengsten) stehen dürfen. Für die meisten Spanischen Pferde ist es gesünder, auf Stroh gehalten zu werden als auf Spänen, weil sie einen hohen Raufutterbedarf haben.

Auch Hengste brauchen Kontakt zu Artgenossen.

Nächste Seite: Gitano-MAC der Yeguada Cárdenas

Pflege

Bei den meisten Spanischen Pferden muss man sich eine Zeit lang intensiv um die Hufe kümmern, die für außerspanische Verhältnisse häufig zu lang oder schlicht verwahrlost wirken. Die Hufe sind für gewöhnlich ausgesprochen hart und widerstandsfähig. Hat der Schmied deren richtige Form und einen guten Zustand erst einmal erreicht, müssen Spanische Pferde oft ihr Leben lang nicht beschlagen werden. Einen gewissen Pflegebedarf haben allerdings Mähne und Schweif: Normalerweise wünscht man sich beim Spanischen Pferd das Langhaar eben lang, was besonderer Aufmerksamkeit bedarf. Mit einem Kamm oder einer normalen Bürste reißt man es eher aus. Am besten verliest man das Schweif- und Mähnenhaar mit der Hand, sprüht es dann großzügig mit einem speziellen Mähnenspray für Pferde ein und bürstet es vorsichtig mit einer weitzinkigen Dauerwellenbürste für Menschen durch. Die Mähne von Stuten wird in Spanien gewöhnlich geschoren, ebenso die Schweifrübe bei Jungpferden und Zuchtstuten. Das hat in Spanien, in dessen trockenem Klima es kaum Insekten gibt, hygienische Gründe beispielsweise beim Abfohlen auf der Weide. Man ist der Meinung, dass das lange Haar an der Schweifrübe hierbei zu Komplikationen führen könnte. In Ländern mit feuchterem Klima ist das allerdings keine tierfreundliche Maßnahme, da das Langhaar einen natürlichen Schutz sowohl gegen Regen und Wind als auch gegen Insekten bietet. Bei der täglichen Arbeit ist es meistens praktisch, die Mähne einzuflechten, weil man sich beim Nachfassen der Zügel sonst gern in der Mähne verheddert; und anstatt den Schweif an der Schweifrübe zu verziehen, kann man ihn kunstvoll einflechten.

Rasierte Schweife bei Spanischen Stuten

Pflege

Bild 1–3: Die Mähne glatt bürsten und am Genick anfangen einzuflechten

Bild 4–7: Entlang des Mähnenkamms Strähne für Strähne aufnehmen und dazuflechten; am Widerrist in dünnem Zopf enden und mit Gummi fixieren

Bild 8–9: Zopf nach innen unter die Mähne einschlagen und durch die Flechten ziehen; Ende umwickeln und fixieren

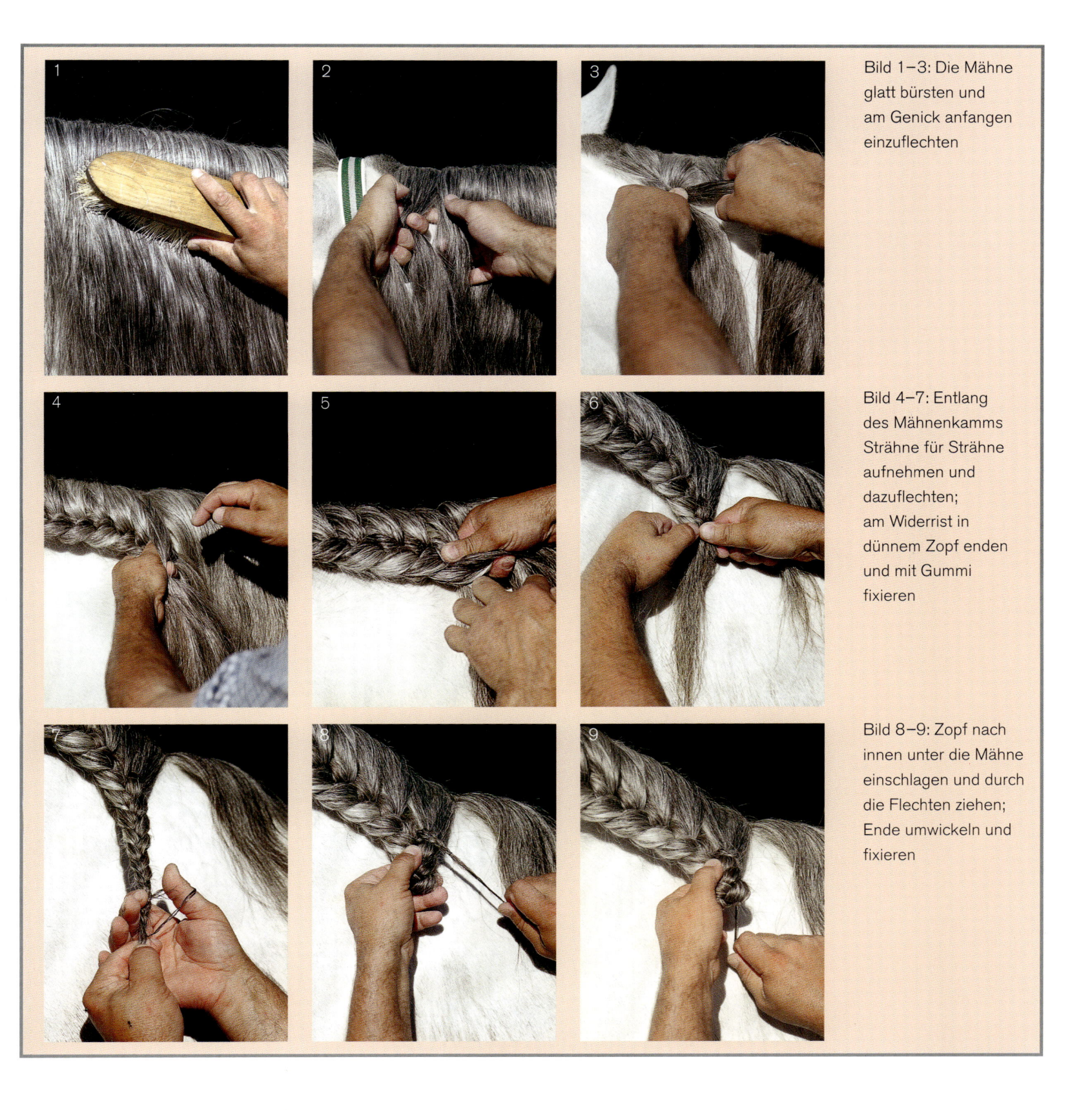

St. Georg und der Drache,
Peter Paul Rubens (Museo del Prado)

Das Spanische Pferd in der Geschichte

Geschichte und Entwicklung des Spanischen Pferdes lassen sich bis in die Steinzeit zurückverfolgen. Doch um dies gleich klarzustellen: Auch wenn überall von der viele tausend Jahre alten Geschichte des Spanischen Pferdes gesprochen wird, sah dieses Pferd natürlich nicht immer so aus wie heute – kein langmähniger, stolzer Pegasus, der Urvölkern bei seinem Anblick den Atem verschlug, kein Fabelwesen mit metallisch glänzendem Fell. Das urzeitliche Pferd der Iberischen Halbinsel war weniger fein, kleiner und für unsere Verhältnisse nur wenig spektakulär. Sicher ist aber, dass sich die grundlegenden Merkmale des Spanischen Pferdes über die Jahrtausende erhalten haben.

Das Pferd der Urzeit

Im Jahre 1905 wurden in der Nähe von Ronda in dem Berg Cerro de la Pileta oberhalb des Dorfes Benaoján große Tropfsteinhöhlen mit etwas über hundert altsteinzeitlichen Malereien entdeckt. Sie zeigen in ockerfarbenen und roten Tönen neben Darstellungen von Rindern, Hirschen oder Steinböcken – eindeutig ein schlankes, langbeiniges Pferd mit lang gestrecktem, subkonkavem Profil. Diese Malereien – die einzige Dokumentation von Menschenhand, die über eiszeitliche Wildpferde in Iberien Auskunft gibt – werden von Archäologen als Hinweis darauf gewertet, dass es in der Altsteinzeit (ca. 30000–20000 v. Chr.) im heutigen Spanien also bereits ein Wildpferd gab, das stark an das moderne Großpferd erinnert und mit einem Pony wenig zu tun hatte.

Bis heute existiert auf der Iberischen Halbinsel, in Portugal, eine Wildpferderasse, die den Malereien in La Pileta sehr ähnlich scheint: das Sorraiapferd, ein urtümlicher, dabei aber überraschend edler Wildpferdetyp, der Anfang des 20. Jahrhunderts von dem bedeutenden portugiesischen Hippologen Dr. Ruy d'Andrade in der unbewohnten Schwemmlandebene des Sorraiaflusses entdeckt wurde. Das Sorraiapferd wird heute als die natürlich gewachsene Urform des Spanischen Pferdes und des Lusitanos betrachtet: Es ist ein mausgraues oder falbenfarbenes »Pferdemodell« von 140 bis 150 Zentimeter Stockmaß, mit Aalstrich auf dem Rücken und oft leichten Zebrastreifen an den Gliedmaßen; es besitzt einen langen, schmalen und trockenen Ramskopf, eine dichte, üppige Mähne und einen ebensolchen Schweif, langlinige Körperformen, gute Proportionen und schwingende Bewegungen.

Steinzeitliche Pferdedarstellung (Altamira-Höhle)

Das Pferd der Urzeit

Sorraia-Hengst

Diese ursprünglichen iberischen Pferde kommen heutzutage nicht mehr wild vor. Dr. Ruy d'Andrade kaufte einige der Herden, die ihm in Portugal und den spanischen *Marismas* begegneten, und begann, sie zu Forschungszwecken zu züchten. Heute werden sie in Portugal übrigens auch wegen ihrer großen Ausdauer und Härte oft und gern als Hirtenpferde eingesetzt. Bei seinen Untersuchungen stellte Dr. d'Andrade fest, dass die Sorraiapferde über ein zebraähnliches Gebiss verfügen, und dass das Gebiss des reingezüchteten Spanischen Pferdes mit dem des Sorraiapferdes übereinstimmt – so, wie auch der Körperbau des Sorraias der eines »Mini«-Andalusiers ist. Im Laufe seiner Forschungen stand für d'Andrade fest, dass das heutige Spanische Pferd – wie auch der Lusitano – nach vielen unterschiedlichen genetischen Veränderungen aus dem Sorraiapferd hervorgegangen ist.

Conde Duque de Olivares zu Pferde, Diego Velazquez (Museo del Prado)

Die Anfänge als Reit- und Kriegspferd

Obwohl ihr so genannter ethnischer Typ, den man auf den Höhlenmalereien und im Sorraiapferd erkennen kann, offenbar seit Jahrtausenden festgelegt ist, sind die Spanischen Pferde natürlich nicht von fremden Einflüssen und Kreuzungen frei geblieben. Innerhalb Andalusiens tummelten sich die verschiedensten Völker, Besetzer, Handelspartner und Verbündete: Phönizier, Griechen, Karthager, Kelten, Römer, Goten bis hin zu Byzantinern und Mauren. Als die Kelten (ca. ab 7. Jahrhundert v. Chr.) nach dem Überqueren der Pyrenäen auf die Iberer stießen, integrierten sie sich nach anfänglichen Auseinandersetzungen und gingen vereint als »Keltiberer« in die Historie ein. Und an dieser Stelle setzt auch die Geschichte ein, die im Zusammenhang mit unserem heutigen Spanischen Pferd immer wieder gern erzählt wird: Die Keltiberer waren ein fabelhaftes, von anderen Nationen gefürchtetes Reitervolk, das dabei seine viel gepriesenen Reitkünste der berühmten Rittigkeit und dem Körperbau der iberischen Pferde verdankte. Selbst Statuetten, die aus dem 4. Jahrhundert v. Chr. stammen, zeigen bereits eine untergesetzte Hinterhand.
Um ihre Pferde im Kampf leichter beherrschen zu können, entwickelten die Keltiberer die Beizäumung und die versammelnde Reitweise, mit Hilfe derer sie besonders die einfallenden Römer ca. 201 v. Chr. das Fürchten lehrten.
Mit den Keltiberern begann der Ritt Spaniens in die Geschichte. Diese fand zweifellos immer auf dem Rücken der Pferde statt. Auf ihren rittigen, versammelten Pferden und deren Fähigkeit, auf der Hinterhand zu wenden, schnell zu starten und prompt zu halten, waren sie im Nahkampf allen anderen berittenen Kriegern haushoch überlegen. Die Römer bewunderten die Keltiberer, deren beigezäumte, versammelte Pferde sie als *equi frenati*, als »am Zügel stehende Pferde« bezeichneten, und versuchten, sie als Söldner für sich zu gewinnen. Auch die Griechen waren von der Reitkunst der Keltiberer so beeindruckt, dass sie Wesentliches in ihre Reitkenntnisse übernahmen, die wiederum Xenophon (430–355 v. Chr.) in seiner bis heute gültigen Reitlehre niedergeschrieben hat.

Auxiliarkavallerie (Trajanssäule, Rom)

Der Einfluss der Mauren auf die Spanischen Pferde

Die Schlacht bei Higueruela (Schlachtensaal, Escorial)

Um 710 n.Chr. ließen sich arabisch-berberische Moslems auf der iberischen Halbinsel nieder. Damit begann die 700 Jahre dauernde Besetzung Spaniens durch die Mauren. Früheren Theorien, die das arabische Pferd als maßgeblichen Einfluss in der Entstehung des Spanischen Pferdes sahen, kann leicht widersprochen werden. Man weiß mittlerweile, dass die Mauren die Iberische Halbinsel keineswegs mit 30 000 arabischen Pferden eroberten; stattdessen ist es erwiesen, dass die maurischen Truppen zu Fuß kamen. Sicherlich brachten die Invasoren im Laufe der neunjährigen Eroberungszeit neben arabischen vor allem auch berberische Pferde mit, die die Spanische Rasse jedoch nicht besonders beeinflussten, da man sich zu dieser Zeit noch wenig mit konzentrierter Pferdezucht oder gar Reinzucht beschäftigte. Auch galten bei fast allen Autoren des Altertums die iberischen Pferde immer als schönere und bessere Reitpferde als die zwar schnellen, aber recht unscheinbaren kleinen nordafrikanischen Pferde.

Auch der römische Schreiber Titus Livius schildert die Numider nicht sehr vorteilhaft: »Männer und Pferde waren klein und schwächlich; die Reiter fast nackt. ... ihre Pferde hatten keine Zügel und ihre Bewegungen waren schleppend. Sie liefen mit gestrecktem Kopf und Hals.« Die ausgefeilte Reitweise der Iberer hing in großen Teilen von den körperlichen und psychischen Eigenschaften der Spanischen Pferde ab, von denen sie absoluten Gehorsam verlangten. Bis heute werden arabische Pferde anders geritten als das Spanische Pferd, und es ist nur schwer vorstellbar, dass die Iberer ihre Reitweise so ohne weiteres auf Pferde mit ganz anderem Temperament und unterschiedlichen körperlichen Eigenschaften übertragen konnten oder wollten.

Der Einfluss der Mauren

Bestimmt aber brachten die arabisch-stämmigen Mauren den Bewohnern Hispaniens bei, wie man pfleglich mit Pferden umzugehen hatte. Das Pferd war in der arabischen Welt so sehr in Religion und Geschicke verwoben, dass man es dort fast ehrfürchtig behandelte und teilweise sogar in den Zelten der Krieger und Prinzen schlafen ließ. Man glaubte nämlich, dass »ein böser Geist niemals Zutritt zu einem Zelt hat, in dem sich ein edles Pferd befindet«, außerdem würde »jedes dem Pferd gegebene Gerstenkorn bei Gott im Register der guten Taten eingetragen.«

Patio de las Doncellas (Innenhof der Mädchen) im Alcazar, Sevilla

Die Reconquista

Die *Reconquista*, die Rückeroberung der maurischen Gebiete in Spanien durch christliche Ritter, dauerte bis ins 15. Jahrhundert. Die Spanier wehrten sich mit wechselhaftem Kriegsglück massiv gegen die Mauren. Während der Kriege von Alfons VI. (1040–1109) gegen die moslemischen Teilkönigreiche tat sich besonders der Feldherr Roderich Diaz de Vivar hervor, besser bekannt als »El Cid« (der Herr). Man erzählt, der spanische Ritter und Nationalheld El Cid habe einen Schimmel als Kriegspferd besessen, der Babieca hieß. Dieser Babieca trug seinen Herrn angeblich dreißig Jahre lang mutig durch Wind, Wetter und Schlachten, bis El Cid im Jahre 1099 in der Schlacht um die Verteidigung Valencias verwundet wurde. Als ihm klar wurde, dass er sterben würde, fürchtete er, sein Tod könnte seine Truppen demoralisieren – also wies er seine Männer an, sobald er gestorben wäre, seine sterbliche Hülle auf Babieca festzubinden. Um Mitternacht führte der tote El Cid seine Truppen ein letztes Mal in vollständiger Kriegsaufmachung in die Schlacht: Die feindlichen Almoraviden, die den von ihnen totgeglaubten El Cid auf Babieca herangaloppieren sahen, dachten allerdings, der Leibhaftige sei ihnen in der Gestalt des wieder auferstandenen El Cid erschienen, und verließen voller Panik den Schauplatz. Seine letzte Schlacht gewann El Cid also nach seinem Tod. Córdoba fiel 1236, Sevilla 1248 und 1264 Jerez de la Frontera, das die Grenze – *la frontera* – des muselmanischen Königsreiches gebildet hatte.

Die Spanischen Pferde behielten ihren Weltruf als hervorragende Kriegspferde, und als solche gelangten sie auch zuerst nach Deutschland, Belgien, Neapel und England, wo sie im Laufe der Zeit andere europäische Pferderassen nachdrücklich beeinflussten. Wilhelm, der Eroberer, ritt bei der Eroberung Englands in der Schlacht von Hastings (1066) ein Spanisches Pferd, und Richard Löwenherz saß auf seinem Zug ins Heilige Land ebenfalls auf einem Spanischen Ross.

Spanische Pferde waren so begehrt und gesucht, dass schließlich eine Zeit lang sogar ihre Ausfuhr verboten wurde, um den Bestand im Land selbst zu sichern. König Alfons XI. (1311–1350), König von Kastilien und Léon, ordnete schließlich in einem Erlass an *(Primera Disposición relativa al caballo)*, dass Zuchttiere der Spanischen Pferde dem königlichen Viehbestand zu unterstellen seien. König Juan I. von Kastilien (1358–1390) befahl Vorkehrungen zum Schutz der Pferdebesitzer gegen Diebstahl:

Reinrassige Pferde wurden per Schlitz im Ohr oder abgetrennter Ohrspitze markiert, damit sie leichter zu erkennen waren. Diese Vorsichtsmaßnahmen zeigten allerdings nur wenig Wirkung, weshalb die spanischen Könige am 15. Oktober 1409 unter Androhung »der Beschlagnahme der Güter und des Verlustes von Leib und Leben« verboten, ein Pferd aus dem Königreich auszuführen – egal ob Reit-, Pack- oder Wildpferd. 1462 wurde es unter Strafandrohung von 10 000 Maravedis untersagt, Eselhengste mit andalusischen Stuten ohne Erlaubnis des Züchterrates zu kreuzen, um Maultiere zu erhalten.

1492 hatte Spanien eine der größten Kavallerien der Welt aufgebaut, mit deren Hilfe Ferdinand II. von Aragón Granada eroberte und die Mauren endgültig aus Spanien vertrieb. Kastilien, Aragón, Katalonien und Andalusien wurden vereint, und das Spanien, wie wir es heute kennen, entstand.

Nach der iberischen Reconquista wurde Spanien zur Weltmacht. Zur gleichen Zeit entdeckte Christoph Columbus Amerika. Er brachte Spa-

Bei Arcos

Das Spanische Pferd in der Geschichte

nische Pferde mit auf den amerikanischen Kontinent, wo das Pferd auf ungeklärte Weise vor ca. 10 000 Jahren ausgestorben war. Columbus führte erwiesenermaßen keine besonders edlen oder wertvollen Pferdeexemplare mit sich, die der König lieber für persönlichere, repräsentativere Zwecke verwendete, als sie im Schiffsbauch auf ungewisse Reisen zu schicken. Alten Berichten zufolge ging damals wohl die Hälfte der Pferde, die die spanischen Schiffe als Decklast mit sich führten, jämmerlich ein. Während der zwei bis vier Monate dauernden Reisen waren die Pferde gewöhnlich ungeschützt auf Deck angebunden oder baumelten in breiten Tragegurten aufgehängt über dem Schiffsboden. Die Pferde, die diese Transporte überlebten, dienten in der Neuen Welt als Reit- und Lasttiere. Zusammen mit vielen anderen Pferden, die weitere Konquistadoren und Siedler mit auf den Kontinent brachten, sollten sie den Grundstock der amerikanischen Mustangs und Criollos bilden.

Der berüchtigt grausame Eroberer Hernando Cortéz, der in weniger als drei Jahren die Götterreiche der Mayas und Azteken vernichtete, eroberte 1519 Mexiko – das spätere Neu-Spanien – anfangs nur mit Fußtruppen und elf Spanischen Hengsten und fünf Stuten. Wenig später, nämlich 1527, entdeckte Francisco Pizarro die peruanische Küste und zerstörte in den Jahren darauf das Reich der Inkas vollständig. Aus den Pferden von Cortéz und Pizarro entwickelten sich später durch geschickte Zucht die Paso Finos (Puerto Rico) und Paso Peruanos – wohl nur ein schwacher Trost für die Zerstörung der blühenden Inka-Kultur. Per Schiff und zu Pferd wurde also das große spanische Kolonialreich in Übersee aufgebaut.

Christoph Columbus wurde im italienischen Genua geboren und in Portugal als Seefahrer ausgebildet. Er wollte für die spanische Krone Indien erreichen und erobern, König Ferdinand verweigerte ihm jedoch seine Unterstützung bei diesem Plan. In dem Franziskaner-Kloster La Rábida, in dem Columbus untergetaucht war, war der Beichtvater der Königin Isabella, Juan Pérez, gleichzeitig Prior und hatte als solcher großen Einfluss auf sie. Nachdem Juan Pérez bei Königin Isabella viele Worte für Columbus eingelegt hatte, konnte dieser 1492 in Palos de la Frontera ablegen und noch im selben Jahr als erster Europäer amerikanischen Boden betreten – wobei er annahm, in Indien gelandet zu sein. Columbus startete insgesamt vier Reisen von Andalusien aus auf den südamerikanischen Kontinent und einige Inseln, die bis heute die »Westindischen Inseln« genannt werden. 1506 starb Columbus in Valladolid.

Die Pferdezucht Philipps II.

Am 28. September 1527 veröffentlichte König Philipp II. von Spanien einen Erlass, dass eine »neue Pferderasse« geschaffen werden solle. Er wollte ein ausgesprochenes Prachtpferd züchten, ein »Pferd für Könige«, ein Pferd, das auf Paraden und Aufmärschen schon von weitem demonstrieren würde, welch bedeutende Person sich auf seinem Rücken befände. Die neue Zucht wollte er mit Steuergeldern finanzieren, und er rechtfertigte diese Ausgaben dem Volk gegenüber damit, dass die Gründung dieser Rasse eine Vermehrung des öffentlichen Reichtums sei. Das Spanische Pferd als solches sollte im Typ gefestigt und verbessert und die Anzahl der Pferde vergrößert werden, wodurch die Preise für die Pferde fallen sollten. Das Volk wiederum gelänge dadurch in den Vorteil niedrigerer Pferdepreise.

Philipp II. gründete die Staatszucht *Real Yeguada de Castilla* (Königliche Pferdeherde) und befahl in seiner »Anweisung für die Gestüte« von 1572, insgesamt 1200 Hengste von den bedeutendsten Züchtern als Zuchttiere zu kaufen. Dies stellte sich allerdings als kaum zu bewältigende Schwierigkeit heraus. Offenbar gab es nicht genügend Pferde, die den neuen, hohen Ansprüchen gerecht wurden. Die in Spanien gezüchteten Pferde unterschieden sich je nach Region mehr oder weniger stark. Schließlich gab es vorher kein Zuchtprogramm, das einen oder mehrere bestimmte Typen festgelegt hätte, und die äußeren Merkmale der Pferde hatten sich dem jeweiligen Gebrauch oder Geschmack in bestimmten Regionen angepasst. Also beschloss der König, das Geld, das eigentlich den Ankauf von Zuchttieren ermöglichen sollte, für den Bau und Umbau der königlichen Gestüte in Córdoba zu verwenden. Vereinzelte Linien kamen seinem Ideal relativ nahe – die Guzmán-Pferde und später die berühmte Valenzuela-Linie. Auf diesen Pferden beruhte die »neue Zucht« Philipps II., wobei er den Namen der »Valenzuelas« durch

Mutterstute mit Fohlen (Yeguada de la Cartuja) vor dem Kartäuserkloster in Jerez de la Frontera

> Das Goldene Jahrhundert (*El Siglo de Oro*) unter Philipp II. war die Vollendung spanischer Kultur, die bis zum Aussterben der Habsburger in Spanien andauert. Zu den großen Dichtern des Goldenen Jahrhunderts gehören Miguel de Cervantes Saavedra (1547–1616) mit seinem berühmten Roman »Don Quijote«, der Dramatiker Lope Felix de Vega Carpio (1562–1635), Pedro Calderón de la Barca (1600–1681), der über zweihundert Theaterstücke schrieb, und der Jesuit Baltasar Gracian (1601–1658) mit dem »Handorakel«. In der Malerei waren die bedeutendsten Künstler Domenico Theotokópulos, genannt El Greco (ca. 1541–1614), Diego Rodriguez de Silva y Velázquez (1599–1660) und Bartolomé Esteban Murillo (1617–1682).

die Bezeichnung »Spanische Pferde« ersetzte. Spanien befand sich auf dem Höhepunkt seiner Macht. Die Konquistadoren eroberten Süd- und Mittelamerika und schafften das Reich, »in dem die Sonne nicht untergeht«. Das Spanische Pferd war das weltweit beliebteste Reitpferd: Die Nachfrage aus dem Ausland war so ungeheuerlich, dass es Schwierigkeiten bereitete, ihr nachzukommen.

Philipps II. edles Vorhaben, dem spanischen Volk mit der Verbesserung seines Nationalpferdes helfen zu wollen, entpuppte sich als Vorwand, nachdem nämlich die Zuchtpferde zu dieser Zeit fast ausschließlich von ihm selbst oder für seine Belange genutzt wurden. Die meisten Pferde traten als diplomatische Geschenke oder Zahlungsmittel die Reise ins europäische Ausland an, eine Sitte, mit der bereits Karl I. angefangen hatte. Das einfache Volk kam an die königlichen Pferde, für deren Zucht so ungeheure Steuermittel verwendet wurden, kaum heran. Dafür hinterließ das Spanische Pferd seine Spuren in der ganzen Welt: Anfang des 16. Jahrhunderts nahmen die spanischen Gouverneure Kubas und Venezuelas ihre edlen Spanischen Pferde mit in ihre neuen Herrschaftsbereiche. 1502 brachte der erste spanische Gouverneur Santo Domingos seine zehn andalusischen Pferde mit auf die Insel. Gleichzeitig ritt im Barockzeitalter der gesamte europäische Adel auf Spanischen Pferden. Mit ihrer spektakulären Schönheit und ihren auffälligen Gängen entsprachen sie genau dem Zeitgeschmack von Pracht und Herrlichkeit. Während es an europäischen Höfen Mode wurde, prunkvolle Paraden und Zirkusspiele zu Pferde abzuhalten, entstand im Jahre 1532 Frederico Grisones erste Reitakademie in Spanisch-Neapel mit Spanischen Pferden und 1594 unter Pluvinel die Reitschule von Ver-

Philipp II,
Peter Paul Rubens
(Museo del Prado)

»*Der Mensch machte sich ein Bild von einem Pferd und machte sich an die Arbeit. So entstand das Spanische Pferd, ein Bild von einem Pferd. Man wollte eine Pferderasse schaffen, die alle positiven Merkmale tragen sollte, die eine ritterliche oder königliche Rasse darstellen würde. Dafür wurden alle andalusischen Pferde gekreuzt. Daraus entstand ein Pferd von einem morphologischen Typ, der mit anderen Pferden nichts zu tun hatte: ein Pferd von solchem Adel, Schönheit und Erhabenheit der Bewegung, dass die ganze Welt dieses Pferd begehrte.*«

Juan Carlos Altamirano in »Historia y Origen del Caballo Español«

sailles. 1565 nahm die Wiener Spanische Hofreitschule auf dem heutigen Josefsplatz in einer Holzreitbahn ihren Anfang, die später durch einem Prachtbau ersetzt wurde. Weil dort damals nur Spanische Pferde geritten wurden, bekam das Institut den Namen »Spanische Hofreitschule«. Im heutigen Tschechien wurde mit Hilfe Spanischer Pferde die Kladruber Pferdezucht (1579) und im heutigen Slowenien die der Lipizzaner (1580) gegründet.

Unter König Philipp III. begann dann die passionierte Pferdezucht Spaniens merkwürdige Blüten zu treiben. Aufgrund der großen und kaum zu befriedigenden Nachfrage aus dem Ausland nach Spanischen Pferden und modischen Einfällen kreuzte man nun Andalusier mit fremden Rassen. Philipp III. war sehr von großen, schweren Pferden angetan, die im nordischen Typ standen, und begann, Normannen, Friesen, Frederiksborger, Holsteiner und Neapolitaner einzukreuzen. Der edle, feingliedrige Typ des Spanischen Pferdes veränderte sich, wurde massiver und »warmblütiger«, Temperament und Charakter wurden ebenso schwerfälliger.

Gleichzeitig entstand eine konzentrierte Farbzucht, besonders von Schecken und Isabellen, ohne dass man sich dabei noch um andere äußere oder innere Werte der jeweiligen Zuchtexemplare kümmerte. Die Spanischen Pferde veränderten langsam ihren Typ und degenerierten zusehends. Gerade die Isabellen wurden in den folgenden Generationen immer heller, zeigten Glasaugen – also hellblaue – und andere Degenerationserscheinungen. Im Zuge der Zeit galten die seltenen Isabellen als letzter Schrei an europäischen Höfen, wo man sie gern repräsentativ vor Staatskarossen spannte. Ihre Bezeichnung verdanken die Isabellen übrigens der Tochter Philipps II., Isabel Clara Eugenia, die während der drei Jahre andauernden Besetzung Ostendes angeblich schwor, ihr Hemd erst nach der Eroberung der Stadt wieder zu wechseln. Nach Ablauf dieser Zeit hatte das Hemd angeblich eine Farbe wie das gelbe Fell eben jener goldfarbenen Pferde mit weißer Mähne. Viele der Pferde, die von Diego Velázquez unter den unterschiedlichsten Mitgliedern der spanischen Krone porträtiert wurden, geben bereits ganz eindeutig Zeugnis von germanisch- oder normannisch-gekreuzten Pferden, die zwar edel, für reine andalusische Pferde aber viel zu schwer und korpulent erscheinen. Der wenigstens eine Zeit lang einheitliche Typ des andalusischen Pferdes war in unterschiedliche zerfallen. Wesentliche rassische Merkmale waren verloren gegangen. Viele südandalusische Züchter weigerten sich bis weit ins 16. Jahrhundert, Fremdbluteinkreuzungen vorzunehmen. Entgegen aller Moden befolgten sie weiterhin die von Philipp II. erlassenen Richtlinien zur Pferdezucht.

Die Kartäuser oder Cartujanos

Zu etwa dieser Zeit nimmt – zumindest der Legende nach – auch die Geschichte der Kartäuser Pferde, die lange als »rassereine« Zuchtlinie galten, ihren Lauf. Im Jahre 1476 vererbte ein Don Alvaro Obertus de la Valeto den Mönchen des Kartäuserordens etwas mehr als 40 Quadratkilometer Land vor den Toren der Stadt Jerez de la Frontera. Viele Autoren sind der Meinung, dass die Zucht der Kartäuserpferde etwa zum gleichen Zeitpunkt begann, zu dem die Mönche dieses Landstück übernahmen. Allerdings zitiert Juan Altamirano in seinem Buch »Historia y Origen del Caballo Español« (»Geschichte und Herkunft des Spanischen Pferdes«) alte Dokumente, aus denen hervorgeht, dass der Viehbestand des Klosters bei einer jährlichen Viehzählung im Jahre 1588 mit vier Pferden angegeben ist. Hätte es, wie die Legende behauptet, bereits eine florierende Kartäuserzucht gegeben, hätte Philipp II. auf seiner dringlichen Suche nach besonders qualitätsvollen Pferden sicherlich Pferde aus dem später für seine Zucht so berühmten Kloster gekauft; davon ist aber in keinem Dokument die Rede. Wahrscheinlicher hingegen ist, dass die Zucht der Kartäusermönche etwa um 1730 begann, als sie die Pferde eines Schuldners pfändeten: die von Pedro Picado nämlich, der wiederum

Ein Mönch
der Cartuja

1682 die Zucht der Gebrüder Zamora übernommen hatte. Die Zamoranos, wie die Pferde dieser Zucht genannt wurden, galten als besonders typ- und qualitätsvoll. Woher sie allerdings stammten, ist nicht bekannt. Dementsprechend kann nicht wirklich guten Gewissens von der »fünfhundertjährigen Reinzucht des Kartäuserpferdes« gesprochen werden. In jedem Fall ist sie, sofern man überhaupt von »Reinzucht« sprechen kann, erheblich jünger.
Nach dem Einmarsch der französischen Truppen im Jahre 1808 in Spanien ließ Napoleon überall wertvolles Zuchtmaterial requirieren, um es zur Blutauffrischung in den heimatlichen Zuchten zu verwenden. Die Kartäusermönche brachten aber einen Großteil ihrer Pferde aus züchterischer Sturheit oder Fanatismus in Sicherheit, um ihnen dieses Schicksal zu ersparen und ihren wertvollen Pferdebestand zu retten, was ihnen auch gelang. 1834 wurden alle kirchlichen Güter verstaatlicht und damit die Kartäusermönche aus Jerez schließlich doch gezwungen, ihre Zucht »Kartäuser Pferde« oder *Cartujanos* aufzugeben. Die Mönche übergaben Teile ihres Gestüts an verschiedene Züchter aus der Gegend um Jerez de la Frontera.
Ein wesentlicher Teil des Kartäusergestüts soll im Jahre 1835 an Pater D. Pedro José Zapata y Caro verkauft worden sein, den Gründer des Krankenhauses von Arcos de la Frontera. Dieses Gestüt besaß den berühmten »Kandarenbrand«, der bis heute existiert. Wie rein die Kartäuserzucht allerdings von Zapata weitergeführt wurde, ist nicht klar. Die Zapatas deckten die Kartäuserstuten auch mit Hengsten, die sie bereits besaßen und die nicht aus der Zucht der Mönche stammten. 1854 übernahm Vincente Romero García die Zucht der Zapatas, der in einem Brief an seinen Freund und portugiesischen Hippologen Ruy d'Andrade erzählt, dass er die Zapateros wiederum mit Pferden Reiner Spanischer Rasse aus der – immerhin sehr edlen, ursprünglichen – Zucht seines Vaters gekreuzt hätte. Vincente Romero fügte dem Kandaren-

Die Kartäuser oder Cartujanos

brand übrigens noch ein »C« hinzu; seither existieren also zwei alte Kandarenbrände. Für lange Zeit spielten vor allem diese Brände eine Rolle, die Bezeichnung »Cartujanos« für die Andalusier dieser Blutlinien wurde nicht mehr verwendet. Der Kandarenbrand – mit oder ohne C – war und ist, ob der angeblich legendären Qualität der Pferde, die ihn tragen, außerordentlich gefragt. Jüngere Zuchten, die diesen Brand benutzten, waren Osborne, Fernando de Terry, Isabell Merello Viuda de Terry sowie die Rumasa S.A. und heute die staatliche Gesellschaft Expasa.

Fernando de Terry gelangte 1949 in den Besitz des begehrten Brandzeichens, verstarb allerdings schon wenige Jahre später, im Jahr 1952. Seine Witwe behielt den Brand noch bis 1981. Danach übernahm die Holding Rumasa S.A. das Gestüt, das nach deren Konkurs jahrelang zum Verkauf stand. Erst 1990 entschloss man sich, die Kartäuserzucht offiziell als Kulturgut zu bewahren und gründete die staatliche Gesellschaft Expasa, die das Gestüt und den Brand übernahm. Nach Jahren des Niedergangs versucht man heute unter wissenschaftlicher Leitung dem Gestüt neuen Glanz zu verleihen.

Das Kartäuserkloster in Jerez de la Frontera

Die Zeit nach Napoleon

Als die französische Schreckensherrschaft 1814 vorüber war und die napoleonischen Truppen Spanien wieder geräumt hatten, stand Spanien vor den Scherben seiner einst so vorbildlich organisierten Pferdezucht. Sie war so gut wie völlig zerschlagen, viele der andalusischen Züchter hatten in der Zwischenzeit begonnen, statt edlen Spanischen Pferden Maultiere zu züchten, die keinen komplizierten züchterischen Auflagen unterworfen waren und sich außerdem besser verkaufen ließen. Nach seiner Machtübernahme 1814 ließ König Ferdinand VII. wieder Gestüte bauen – allerdings beging er erneut die züchterische Sünde, spanische Linien mit normannischem Einschlag aufzubauen. Damit nicht genug: Wie in allen europäischen Pferdezuchten begann man, verstärkt Araberhengste als Veredler für die Spanische Rasse einzusetzen. 1893 wurde eine Kabinettsorder herausgegeben, mit der die staatliche Araberzucht gefördert wurde. Die Hauptaufgabe der Araberzucht sollte sein, Landbeschäler für die Veredlung des Andalusischen Pferdes zu liefern, um schließlich ein »modernes Reitpferd zu liefern, das den Wettbewerb mit den übrigen europäischen Rassen bestehen könnte«.

Moderne Zeiten

Das Spanische Pferd verlor schließlich in Europa immer mehr an Bedeutung, je wichtiger der Leistungssport wurde. Für viele dieser Hochleistungswettbewerbe war das Spanische Pferd aufgrund seines quadratischen Körperbaus gegenüber anderen, vollblut-veredelten Rassen weniger oder gar nicht geeignet. Hatte es über vierhundert Jahre lang als edelstes Reitpferd Weltruhm genossen, geriet das Spanische Pferd außerhalb seiner Heimat nun in Vergessenheit. Nach Ende der Auseinandersetzungen um die Thronfolge in den so genannten Karlistenkriegen (1834–1839) übernahm das Kriegsministerium bis 1904 die Aufsicht über die spanische Pferdezucht. Um also das Normannisch-Schwere wieder aus dem Spanischen Pferd herauszuzüchten, wurde wenig zimperlich Fremdblut eingekreuzt – Hackneys, englisches Vollblut, Araber und die verschiedensten Kreuzungen aus diesen Rassen.

Die traditionellen spanischen Züchter versetzten diese Modernisierungsbemühungen in Angst und Schrecken: Langsam, aber sicher würden bei fortschreitender Einkreuzung von Arabern alle rassetypischen Eigenschaften des Spanischen Pferdes verschwinden. Im Jahre 1913 wurde das

Hengst Kerol der
Yeguada Plaza de
Armas

erste Zuchtbuch der Reinen Spanischen Rasse veröffentlicht. Ein Rassestandard wurde hier allerdings längst noch nicht festgelegt, stattdessen nahm man alle Pferde, deren Rasseneinheit nachgewiesen werden konnte, in dieses Register auf. Gleichzeitig fing man zu dieser Zeit an, regionale »Varianten« des Spanischen Pferdes zu benennen: lusitanisch, galizisch, andalusisch, levantinisch etc. Die neue Zielsetzung in der spanischen Pferdezucht war, wieder einen einheitlichen ethnischen Typ des Andalusiers zu erreichen. Problematisch war, dass die Militärgestütsverwaltung in Jerez 1926 per Dekret ein »neues einheitliches Spanisches Pferd« erfand. Es wurde nun eindeutig der anglo-arabische Sportpferdetyp favorisiert. Jedes Pferd mit typisch spanischen Exterieurmerkmalen durfte ab diesem Zeitpunkt von der Zucht ausgeschlossen werden. Ganze Blutlinien des »alten Typs« wurden ausgerottet, weil ihr subkonvexes Profil nicht in den militärischen Zeitgeschmack passte, und so begann sich der Typ des Spanischen Pferdes deutlich zu verändern.

Der Bürgerkrieg von 1936–1939 fügte der Pferdezucht erneut großen Schaden zu, weil er gerade Andalusien schwer betraf. Viele der großen Gestüte wurden zerstört, viele Pferde aus Barbarei oder Hunger geschlachtet. Wenige Züchter – wohlhabend genug, um einem solchen idealistischen Luxus zu frönen – bemühten sich, die Reste alter Zuchtstämme zu bewahren und durch strenge Selektion zu früherer Bedeutung zurückzuführen.

Gleichzeitig hielt die Verwaltung der Militärgestüte eisern und unbeirrbar an ihrem Selektionsprozess fest. Neben den »alten« andalusischen Züchtern machten sich auch die Portugiesen immer größere Sorgen. Sie unterstützten die Spanier bei der Wiedereinführung des *Rejoneo*, konnten nun für diese diffizile Aufgabe aber kaum mehr auf dortiges, spanisches Pferdematerial zurückgreifen.

Ruy d'Andrade brachte 1946 ein Buch heraus, das den Titel »Die Krise des andalusischen Pferdes« trug, in dem er energisch das Problem des »orientalischen Typs« beschrieb und davor warnte, die gesamte Spanische Zucht aufs Spiel zu setzen. Im Jahre 1967 wurden die Stutbücher des Spanischen Pferdes und des Lusitanos – der immer noch eine ausgeprägte subkonvexe Profillinie besaß – offiziell getrennt. Das eine Pferd wurde von nun an »Pura Raza Española«, das andere »Pura Raza Lusitania« genannt.

Die Militärgestüte änderten ihren Kurs erst in den siebziger Jahren des 20. Jahrhunderts, als das Zuchtziel von 1971 des »geraden Profils orientalischen Ursprungs« in ein »gerades oder leicht konvexes Profil« umgeändert wurde. 1979 kam es nach dem ersten Championat für die Pferde Reiner Spanischer Rasse in Sevilla – sozusagen in letzter Minute – zu einem dramati-

Moderne Zeiten

schen Umschwung in der Zuchtpolitik. Der bedeutende Hippologe Hofrat Dr. Heinrich Lehrner, Leiter des österreichischen Lipizzaner-Gestüts in Piber, war nämlich als Richter aller Klassen eingeladen. Sein Urteil über die Produkte der »neuen« Zucht fiel größtenteils vernichtend aus. Nach dem ersten Schreck löste Lehrners Kritik allerdings einen heilsamen Umdenkungsprozess bei den Züchtern aus: Statt des niedlichen orientalischen »Scheins« wurde wieder das funktionelle »Sein« erste züchterische Priorität. Der »orientalische Typ« ist in der Spanischen Zucht heute ganz und gar unerwünscht – seine Nachfolger sind im Hispaño-Arabischen Stutbuch aufgehoben.

Zwischen 1987 und 1992 wurde die Spanische Zucht erneut schwer geprüft – diesmal in Gestalt einer tödlichen afrikanischen Pferdepest. Bis heute ist nicht klar, woher der Virus kam – angeblich wurde er über Zebras im Zoo aus Afrika importiert, aber Beweise gab es nie. Während der Krankheit bildet sich so viel Flüssigkeit um das Herz und andere Organe des Pferdes, bis es schließlich jämmerlich eingeht. Zahllose Pferde in Spanien starben oder wurden geschlachtet, die Grenzen wurden geschlossen, und Spanische Pferde durften nicht einmal mehr die Gestüte verlassen, geschweige denn exportiert werden. Trotzdem wurde während dieser Zeit weitergezüchtet, wenn auch ohne offiziellen Austausch von Zuchtpferden unter den Gestüten. Der Staat sollte die Züchter für jedes geschlachtete Pferd entschädigen, allerdings entsprachen diese Entschädigungen niemals dem eigentlichen Wert der jeweiligen Pferde und erreichten auch nur eine kleine Anzahl von Züchtern. Schließlich kam die Rettung in Form einer Impfung aus Afrika, mit der alle Pferde geimpft werden mussten. Extremadura und Andalusien blieben bis zum Schluss weitgehend von der Pferdepest verschont.

Obwohl das Spanische Pferd über lange Zeit völlig an Bedeutung verloren hatte, erlebt das Pferd Reiner Spanischer Rasse seit etwa 1980 eine Renaissance. Außerhalb des internationalen Turniergeschehens gibt es immer mehr P.R.E.-Enthusiasten, die sich diesen eleganten, edlen Tänzern auf vier Beinen verschrieben haben und deren Interesse auf einem Reitpferd von unübertrefflicher Rittigkeit und hoher Dressurbegabung liegt.

Eine wichtige Rolle in eben dieser Renaissance spielten ohne Zweifel Vater und Sohn Álvaro und Álvarito Domecq y Romero, die 1973 die »Escuela Andaluza del Arte Ecuestre« (Andalusische Schule der Reitkunst) – gründeten, um so Gedanken und Traditionen der Spanischen Reitweise zu erhalten und zu verbreiten. 1983 übernahm das Ministerium für Tourismus und Information die Schule, der 1987 von König Juan Carlos I. das Präfix *Real* – königlich – verliehen wurde.

Hengst Marco Antonio
der Yeguada Lovera

Der Staat lässt sich seine Pferde einiges kosten. So befindet sich bis heute sowohl die Finanzierung der Real Escuela als auch ein Teil der spanischen Pferdezucht in staatlicher Hand. Neben dem Kartäusergestüt »Hierro del Bocado« gibt es neun weitere staatliche Zuchtstätten der *Pura Raza Española* in Spanien, die der militärischen Hauptverwaltung unterstehen. Das Hauptgestüt der Yeguada Militar liegt am Eingang von Jerez de la Frontera, weitere acht Hengstdepots mit unterschiedlichen Zuchtschwerpunkten sind über das ganze Land verteilt. Die Zahl der Privatgestüte ist explodiert, der Typ des Spanischen Pferdes ist wieder einigermaßen gefestigt, was allein der kleinen Gruppe andalusischer Züchter zu verdanken ist, die sich hartnäckig und unbeirrbar durch Irrungen und Wirrungen hindurch dem »alten Typ« und dessen Blutlinien widmeten. Ihr Verdienst ist es, dass das Spanische Pferd Bestandteil spanischen Lebens blieb, unentbehrliches Repräsentationsmittel bei festlichen und gesellschaftlichen Gelegenheiten, stets über die gewöhnlichen Arbeitspferde erhaben und jenseits des Gewöhnlichen und Profanen für die edleren Aufgaben eines Pferdes prädestiniert.

Zeittafel

11. Jh. v. Chr.	Phönizier kolonisieren die spanische Ost- und Westküste
ca. 900 v. Chr.	Kelten in Nordspanien
ca. 600 v. Chr.	Zweite keltische Einwanderungswelle
	Griechen gründen Handelsstützpunkte
	Iberische Kultur
	Erstes Alphabet
5. Jh. v. Chr.	Karthager erobern Teile Spaniens
2. Jh. v. Chr.	Hannibal greift Rom von Spanien aus an
218–201 v. Chr.	Zweiter Punischer Krieg
	Karthager von Rom besiegt
	Römer beginnen mit der Eroberung der Iberischen Halbinsel
ca. 50 n. Chr.	Spanien wird römische Provinz
4. Jh.	Einführung des Christentums
5. Jh.	Vertreibung der Römer aus Spanien durch die Vandalen, Westgoten und Sueben
711–718	Arabisch-berberische Invasion aus Afrika
	Beherrschung Spaniens durch die Mauren
	Blüte des Handels, der Kultur und der Städte
Frühes 11. Jh.	Schwächung der maurischen Zentralgewalt
1031	Christliche Königreiche im Norden beginnen mit der Rückeroberung Spaniens
1058	König Alfons VI. und El Cid erobern Toledo zurück
1143	Gründung des Königreiches Portugal
1212	Schlacht von Navas de Tolosa: Die christliche Armee besiegt die Mauren
1469	Vermählung von Isabella von Kastilien mit Ferdinand von Aragon
1478	Die Inquisition wird als Heiliges Offizium eingerichtet und richtet sich zunächst gegen die Juden
1479	Kastilien und Aragon werden vereint
	Kastilien entwickelt sich zum Zentrum der spanischen Monarchie

1492	Die katholischen Könige erobern das maurische Königreich Granada
	Columbus entdeckt Amerika: Die nachfolgende Eroberung und Kolonisierung des Kontinents führt zum Aufbau des großen spanischen Kolonialreichs in Übersee
1512	Vereinigung ganz Spaniens
1549	Karl I. von Spanien wird als Karl V. zum Kaiser des Heiligen Römischen Reiches gekrönt
1556–1558	Höhepunkt der spanischen Macht unter Philipp II.
1588	Niederlage der spanischen Armada gegen England
1701–1714	Spanischer Erbfolgekrieg bestätigt die Herrschaft Philipps V.
1808	Napoleons Armeen erobern Spanien
1808–1813	Spanische, portugiesische und englische Streitkräfte kämpfen gegen die französische Fremdherrschaft
1834–1839	Erster Karlisten-Krieg zwischen Monarchisten und Liberalen
1872–1876	Zweiter Karlisten-Krieg
1875	Wiedereinführung der Monarchie in Spanien durch Alfons XII.
1898	Amerikanisch-spanischer Krieg: Verlust von Kuba, Puerto Rico und den Philippinen
1923–1930	Diktatur Primo de Riveras, der zur Weltwirtschaftskrise zurücktritt
1931	Spanien wird demokratische Republik
1936-1939	Spanischer Bürgerkrieg endet mit der Gründung des Franco-Regimes
1953	Wirtschafts- und Militärabkommen zwischen Spanien und den USA
1975	Tod Francos
	König Juan Carlos I. beginnt mit dem Demokratisierungsprozess
1978	Spanien erhält eine neue Verfassung
1982	Eintritt Spaniens in die NATO
1986	Eintritt Spaniens in die EU

Copero der Ganadería Hdros
de S. Salvador

Der Einfluss des Spanischen Pferdes

Als mutiges Kriegspferd und ausdauerndes Schlachtross hat das Spanische Pferd die Weltgeschichte beeinflusst. Mit seiner Hilfe konnte Hispanien Kontinente und Länder erobern. Später spielte es durch seine Dressurbegabung eine wichtige Rolle an europäischen Fürstenhöfen des Barock und nahm Einfluss auf die Entstehung der modernen Reitlehre. Seine Rolle und Bedeutung in der Schaffung der meisten Pferderassen Mitteleuropas scheint weniger bekannt zu sein. Der Einfluss des Spanischen Pferdes auf die Lipizzaner mag vielen Pferdekennern noch einleuchten – dass das Spanische Pferd aber auch zu den Gründerrassen des Englischen Vollbluts oder des Westfalen gehört, wird meist übergangen. Dabei eroberte sich das Spanische Pferd zwischen dem 16. und 18. Jahrhundert außer den von Spanien besetzten Gebieten Amerikas ganz Europa, wo es die am meisten verwendete Veredlerrasse der gesamten Pferdezucht war.

Der Einfluss des Spanischen Pferdes

Mustang

Der Mustang stammte ursprünglich von den Pferden der spanischen Eroberer ab. Der Genueser Christoph Columbus brachte Ende des 15. Jahrhunderts die ersten Pferde mit nach Amerika. 1511 besetzte Cortez Kuba und eroberte acht Jahre später Mexiko, das er daraufhin Neu-Spanien nannte. Cortez hatte einige spanische Pferde bei sich, und jedes spanische Schiff, das in den folgenden hundert Jahren nach Amerika aufbrach, brachte neue Pferde mit: 1527 entdeckte Francisco Pizarro die peruanische Küste, und etwa zwanzig Jahre später zog Francisco Vasquez Coronado mit Pferden und Rindern in den amerikanischen Westen, während sich Hernando de Soto an den Mississippi aufmachte.

Immer wieder entkamen spanische Pferde oder wurden einfach freigelassen und vermischten sich im Laufe der nächsten dreihundert Jahre mit den Pferden der neueren Siedler. Daraus entstand der halbwilde Mustang, ein hartes, ausdauerndes und unabhängiges Pferd. Viele Mustangs wurden von Indianern eingefangen; später wurden sie aufgrund ihrer Härte beliebt bei den Cowboys, die etwa Quarter Horses und Appaloosas aus dem Mustang entwickelten. Heute gehört der wilde Mustang zu den bedrohten Pferderassen und wird gesetzlich geschützt.

Der Mustang gilt als das amerikanische Pferd schlechthin. Er ist das Pferd, dem die Vereinigten Staaten ihre Zivilisation verdanken: Ohne Pferd hätte sich dieser Kontinent sicherlich anders entwickelt. Nachdem die letzten Einhufer der Gattung Equus in Nordamerika vor ca. 10000 Jahren auf rätselhafte Weise ausstarben, gab es vor der Eroberung durch die spanischen Konquistadoren keine Pferde mehr auf dem amerikanischen Kontinent.

Paso Peruano

Der Paso Peruano entstand wahrscheinlich durch geschickte Kreuzung aus Andalusiern und Berbern. Er ist ein schönes, hartes, leistungsfähiges Pferd mit viel Ausdruck, das ausgesprochen leicht auszubilden ist. Berühmt ist er für seinen natürlichen und einzigartigen Gang, den Paso Llano, der so weich ist, dass der Reiter ein volles Glas Wasser transportieren kann, ohne es zu verschütten. Der Paso Llano ist ein lateraler Viertakt-Gang, also Tölt, der allerdings anders aussieht als beim Islandpferd. Er stellt eine sehr energische runde Bewegung der Vorhand dar, unterstützt von der schwungvoll untertretenden Hinterhand, die einen Bruchteil von einer Sekunde vor dem Vorderbein auffußt. Die »rührlöffelartige« Bewegung der Vorhand nennt man Termino, eine erweiternde, raumgreifende und seitwärtige Kreisbewegung der Vordergliedmaßen aus der Schulter heraus, wobei der Fuß gerade aufsetzt – nicht zu verwechseln mit dem gesundheitsschädlichen »Bügeln«, das man noch vor einigen Jahren an vielen Spanischen Pferden beobachten konnte: hierbei vollführt das Karpalgelenk einen Schlenker nach außen.
Allerdings sind Termino wie auch Paso Llano vom Spanischen Pferd geerbt, wurden dann aber durch gezielte Zucht beim Paso Peruano verstärkt und zum Rassetypus gemacht. Die Peruaner brauchten ein Pferd, das sie über weite, unwegsame Strecken in den hohen, felsenreichen peruanischen Bergen bequem tragen konnte; den weichen, gemütlichen Paso Llano kann der Paso Peruano über lange Strecken bei etwa 18 Kilometern in der Stunde gehen, ohne zu ermüden.

Paso Fino

Während Christoph Columbus und nach ihm viele andere Amerika eroberten, verbreiteten sich die von ihnen mitgebrachten spanischen Pferde immer weiter über die Karibik, Kolumbien und Hispaniola. Im Jahre 1500 kamen angeblich allein sechzig spanische Zuchtstuten auf der Insel Hispaniola an, der heutigen Dominikanischen Republik. Sie stellten bald das wichtigste Transportmittel, Pack- und Arbeitstier dar, mit dem die spanischen Siedler ihre gewaltigen neuen Haciendas überhaupt erst bewirtschaften konnten. Man brauchte Pferde, die ausdauernd, anspruchslos und hart im Nehmen waren. Außerdem sollten sie auf unwegsamen und schwierigen Bodenverhältnissen bequem zu reiten und schön sein, damit man die Herren Großgrundbesitzer schon von weitem erkennen konnte.

Durch strenge Zuchtauslese erreichte man schließlich als Resultat den kleinen, zierlichen, sehr harten Paso Fino mit edlem Kopf und dichter Mähne, der neben den gewöhnlichen Grundgangarten auch verschiedene, besonders weiche Töltvarianten wie den Paso Fino vorzeigen kann. Die Blutlinien der Paso Finos wurden weiter durch Importe von spanischen Pferden, später auch durch andere amerikanische Gangpferderassen veredelt. Typisch für die Rasse, der man die Verwandtschaft zum Spanischen Pferd auch heute noch ansehen kann, ist die ausgeprägte Hankenaktion, bei der Vor- und Hinterhand in Raumgriff und Höhe harmonieren sollten.

Der Paso Fino hat ein hinreißendes Wesen, ist außerordentlich nervenstark, dabei sensibel und sehr menschenbezogen. Er wird heute in Kolumbien, Puerto Rico, Mexiko, Kuba, der Dominikanischen Republik, in den USA und Europa gezüchtet.

Der Einfluss des Spanischen Pferdes

Altér Real

Der Altér Real ist ein eigener Schlag des portugiesischen Lusitanos. Er wird hauptsächlich für die Portugiesische Reitschule, die »Escola Portuguesa de Arte Equestre«, verwendet und eifersüchtig gehütet.

Das Gestüt Real de Altér und die ganze Zucht hatten von Anfang an eine bewegte Geschichte: 1748 wurde es von König João IV. mit etwa fünfzig spanischen Stuten in Vila de Portel gegründet, von wo es 1756 nach Altér do Chao verlegt wurde. Während der Besetzung Portugals und Spaniens durch Napoleon im Jahre 1807 wurde der Bestand stark dezimiert, da die Franzosen ein besonderes Auge für gute Pferde hatten und einen Großteil des Zuchtmaterials requirierten. Um die Zucht aufrechtzuerhalten, kreuzten sie alle möglichen Fremdrassen ein wie Araber, Normannen oder Hannoveraner, wodurch sich die Altérs völlig veränderten.

Im letzten Drittel des 19. Jahrhunderts wurden wieder vermehrt Spanische Pferde, nämlich Stuten aus den Linien der Zapatas, eingekreuzt, die die Rasse retteten.

Die Revolution Anfang des 20. Jahrhunderts ruinierte die Zucht erneut. Unterlagen gingen verloren, die Stuten wurden verkauft und die Hengste kastriert.

Dem bedeutenden portugiesischen Hippologen Dr. Ruy d'Andrade ist es zu verdanken, dass die Altér-Rasse überhaupt noch existiert: Er rettete zwölf Stuten sowie zwei Hengste und führte mit diesen Pferden und einigen weiteren Spanischen Pferden die Zucht fort, bis er sie 1942 an das Agrarministerium abgab.

Frederiksborger

Der Frederiksborger ist eine heute seltene, mittelschwere Warmblutrasse, die als älteste dänische Pferderasse gilt und verschiedene europäische Pferderassen nachhaltig beeinflusste. Er ist vor allem ein repräsentatives Kutschpferd mit imponierender Trabaktion, dessen Erscheinungsbild und Eigenschaften noch immer sein spanisches Erbe verraten. Die Zucht der Frederiksborger begann unter König Friedrich II., der 1562 mit Spanischen und Neapolitanischen Hengsten das Hofgestüt Frederiksborg bei Kopenhagen gründete. Das Frederiksborger Pferd stand stark im andalusischen Typ: Es besaß ein elegantes Exterieur, ein lebhaftes, aber freundliches Temperament und vor allem eine raumgreifende und hohe Aktion, das es für kadenzierte Gangarten prädestinierte und ihn zum »geborenen Schulpferd« machte. Im letzten Drittel des 18. Jahrhunderts hatte Frederiksborg seinen züchterischen Höhepunkt und exportierte große Mengen an Zuchtmaterial. Damals, nämlich 1772, wurde auch der Hengst Pluto Begründer der noch heute bestehenden Stammlinie der österreichischen Lipizzanerzucht. Während der napoleonischen Kriege, im Jahre 1862, wurde das Frederiksborger Gestüt aufgeteilt und verlegt, und damit begann der Niedergang der königlichen Zucht. Immer wieder gab es Versuche, Rasse und Zucht zu retten, indem man relativ wahllos Fremdblut einkreuzte, bis das Gestüt 1871 aufgelöst wurde.

Der heutige Frederiksborger hat mit dem alten Gestütspferd nicht mehr viel gemein, außer seinen Namen: Nach einer Karriere als leichteres landwirtschaftliches Arbeitspferd in den sechziger und siebziger Jahren des 20. Jahrhunderts versucht man heute, ein edles Reitpferd aus ihm zu züchten.

Knabstrupper

Ursprünglich war der »Knabstrupper« lediglich eine Farbvariante des dänischen Frederiksborgers, so benannt nach den Tigerschecken auf Schloss Löwenburg, die dort seit 1798 gezüchtet wurden. Die leichtere Variante der Frederiksborgischen Knabstrupper entstand dann angeblich Anfang des 19. Jahrhunderts aus einer Spanischen Stute, die 1812 von einem spanischen Offizier zurückgelassen wurde, und einem Knabstrupper Hengst.

Das Hengstfohlen aus dieser Verbindung gilt als Stammvater der Rasse, die sich als ausgesprochen begabt für die Lektionen der Hohen Schule herausstellte, was in der hochadeligen Hofreitschule Schloss Christiansburg unter Beweis gestellt wurde.

1872 wurde das Gestüt Knabstrupp aufgelöst, und sämtliche Tigerschecken gingen in Privathände über. Wegen ihrer auffälligen Farbe waren sie immer besonders beliebt als Zirkus- und Paradepferd, allerdings wurde ziemlich wahllos jede Rasse eingekreuzt, die man gerade zur Verfügung hatte. Mittlerweile ist »Knabstrupper« wieder eine Farbbezeichnung: die eigentliche Rasse ist beinahe ausgestorben. Weltweit existieren noch etwa sieben- bis achthundert Knabstrupper, darunter jedoch kein einziges wirklich reines Tier mehr.

Lipizzaner

Der Lipizzaner gilt als eine der ältesten Kulturrassen Europas und neben dem Spanischen Pferd als Prototyp des Barockpferdes: Wie sein spanischer Urahne ist der Lipizzaner begabt für die Lektionen der Hohen Schule auf und über der Erde. Der Name kommt vom slowenischen »Lipica«, was »kleine Linde« bedeutet, nach dem Urgestüt Lipizza bei Triest (Slowenien). Die Lipizzaner entstanden etwa 1580 aus Kreuzungen mit dem bäuerlichen Karstpferd und dem Spanischen Pferd: Damals ließ Erzherzog Karl nach »Hispanien« schicken, um dort »edle Rösser« für das neue Gestüt einzukaufen. Das Spanische Pferd sorgte dafür, dass entsprechend dem damaligen Zeitgeist aus dem relativ schweren Karstpferd ein leichteres, beweglicheres Kriegspferd wurde.

Aus der Veredlung mit Spanischen Hengsten entstanden im 18. Jahrhundert fünf der heute sechs klassischen Linien des Muttergestüts. Unter Kaiser Leopold I. erlebten die Lipizzaner ihre erste Glanzzeit als Prunkpferde und schließlich auch als Schlachtrösser gegen die türkischen Heere. 1729 wurde die Spanische Hofreitschule in Wien als Winterreitschule gegründet. In der Zucht wurden vermehrt arabische Pferde eingekreuzt. Ihre letzte Hochzeit erlebten die Lipizzaner unter Kaiser Franz Josef und Kaiserin Elisabeth (»Sissi«) als prachtvolle Wagenpferde.

Der Erste Weltkrieg erschwerte die Zuchtbedingungen sehr und die Pferde mussten versteckt und außer Landes gebracht werden. 1919 wurde Lipizza an Italien abgetreten und alle übrig gebliebenen Lipizzaner wurden im Gestüt Piber in der Steiermark untergebracht, wo die Hengste für die Wiener Hofreitschule gezüchtet werden.

Friese

Der mächtige schwarze Friese wirkt wie ein gewaltiges »Überpferd«. Sein barockes Erscheinungsbild und das erhabene Gangvermögen verdankt er der Einkreuzung Spanischer Pferde: Zu Beginn des 16. Jahrhunderts, als die meisten europäischen Fürstenhöfe Spanische Pferde als Veredler in ihren Zuchten einsetzten, wurden auch die schweren bäuerlichen Marschpferde der Niederlande mit Spanischen Pferden gekreuzt. Der stärkste Bluteinfluss setzte dabei während der spanischen Besetzung der Niederlande zwischen 1568 und 1648 ein.

Der Friese ist die einzige noch bestehende originale niederländische Pferderasse und hat sich im Typ innerhalb der letzten hundert Jahre kaum verändert. Er besitzt einige deutliche Kaltblutmerkmale, obwohl er mittlerweile in drei verschiedenen »Schlägen« gezüchtet wird: einem leichten, einem mittleren und einem schweren Schlag.

Seit dem frühen Mittelalter galt der Friese als bevorzugtes Streitross der Ritter. Nachdem er durch Fremdbluteinkreuzungen allerdings etwas leichter geworden war, erlangte er bald große Bedeutung als repräsentatives Kutschpferd und gleichzeitig als hervorragender Traber. Trabrennen wurden in den Niederlanden so beliebt, dass die Züchter zu diesem Zweck aufhören mussten, die Friesen als schwere Arbeits- und Kutschpferde zu züchten. Ihre Bedeutung als Traber verloren sie schon bald wieder, nachdem in anderen Ländern viel schnellere, leichtere Traberrassen entwickelt wurden. 1913 existierte die Friesenzucht nur noch in Friesland selbst und beruhte nur noch auf drei (!) Hengsten. Alle heute lebenden Friesenpferde gehen auf diese drei Hengste zurück, womit die Friesen zu den letzten existierenden Reinzuchten gehören. Vom Aussterben des Friesen kann heute keine Rede mehr sein. Er erfreut sich allergrößter Beliebtheit als auffälliges Freizeitpferd, das sich aus seiner Trabervergangenheit ein herausragendes Trabvermögen bewahrt hat. Vom Wesen ist der Friese temperamentvoll, aber ehrlich, freundlich und menschenbezogen, lernwillig und ehrgeizig. Trotz seiner Größe ist er relativ leichttrittig und eignet sich sehr gut für Zirkuslektionen und jene der Hohen Schule.

Englisches Vollblut

Das Englische Vollblut gehört zu den bekanntesten und edelsten Pferderassen der Welt. Als Rennpferd unschlagbar, als hervorragendes Jagd-, Military- und Distanzpferd hoch prämiert, haben es unzählige Vollblüter zu höchsten Auszeichnungen im Spring- und Dressursport gebracht. Das Englische Vollblut ist heute die bedeutendste Veredlerrasse zur Verbesserung der Reitpferdeeigenschaften. Die Briten liebten das Pferderennen schon zu Zeiten der römischen Besatzung. Für die Rennen wurden vor allem die einheimischen und besonders schnellen Galloway-Ponys verwendet. Allerdings begann bereits damals die Fremdbluteinkreuzung vor allem Spanischer Pferde – besonders Wilhelm der Eroberer (1027–1087) galt als großer Freund der Spanischen Pferde. Zwischen dem 15. und dem 17. Jahrhundert wurden wiederum Spanische Hengste zusammen mit italienischen Pferden eingekreuzt. Karl II. von England bekam zu seiner Hochzeit mit der spanischen Infantin 36 Spanische Hengste und über 30 tragende Stuten vom spanischen König geschenkt. Noch war das Erscheinungsbild der Rasse aber relativ uneinheitlich. Erst im 17. und 18. Jahrhundert wurde das Vollblut dann durch den Einsatz dreier orientalischer Hengste, auf denen die heutige Vollblutzucht aufgebaut wurde, als Rasse gefestigt.

Die Nachkommen dieser Hengste wurden jeweils im Rennen auf ihre Schnelligkeit und Ausdauer hin getestet. Heute werden neben Großbritannien vor allem in den USA, Frankreich und Italien Vollblüter gezüchtet. Sie sind außerordentlich ausdauernde und intelligente Pferde von sehr hoher Lern- und Leistungsbereitschaft.

Trakehner

Der Trakehner, das »Ostpreußische Pferd Trakehner Abstammung«, ist ein sensibles, anspruchsvolles und sportliches Reitpferd und eine der edelsten Reitpferderassen. 1732 gründete Preußenkönig Friedrich Wilhelm I. das Gestüt Trakehnen in dem Teil Ostpreußens, der heute zu Russland gehört. Sein Zuchtziel war es, harte, leistungsfähige Pferde für das preußische Heer zu produzieren, und sieben Jahre später sagte auch Friedrich der Große über den Trakehner, dass ihm »keine anderen Pferde an Ausdauer und Schnelligkeit« gleichkämen. Unter den circa 200 Beschälern des Trakehner Hengstbuches in der Zeit bis 1800 findet man Deckhengste aus allen Teilen der Welt, darunter »türkische« Hengste, Neapolitaner, Holsteiner und zehn Spanische Hengste, die allesamt im Dienste der Verfeinerung der Trakehner Pferde standen.

1895 wurden in Trakehnen vom Landstallmeister von Oettingen Leistungsprüfungen für die Zuchttiere eingeführt, eine Idee, an der sich schließlich alle staatlichen Gestüte Deutschlands orientierten. Es wurden mehr und mehr Vollbluthengste als Veredler herangenommen. Die Trakehner wurden zu hochgezüchteten, harten und ausdauernden Leistungspferden, die ihren Weltruhm als Kavalleriepferde und nebenbei auf der Olympiade 1936 in Berlin begründeten.

Vor dem Zweiten Weltkrieg war der Trakehner die sportlich überzeugendste Pferderasse Deutschlands, deren Erfolgsgeschichte nach dem Krieg ein jähes Ende nahm. Keine andere Pferderasse wurde durch den Krieg so nachhaltig geschädigt: Von den 20 000 Trakehner Stuten, die noch 1939 in Ostpreußen gedeckt worden waren, konnten kaum mehr als 1200 in den Westen hinübergerettet werden. Mit den Trecks von Ostpreußen in den Westen 1944–1945 wurde zunächst ein Schlussstrich unter die erfolgreiche Zuchtgeschichte der Trakehner gesetzt. Mittlerweile sind die Zuchtgebiete jedoch wieder auf dreißig Länder verteilt, und die Leistungsfähigkeit der Trakehner, gepaart mit Witz, Intelligenz und einem einheitlichen Typ, scheint erst einmal gesichert.

Der Einfluss des Spanischen Pferdes

Oldenburger

Der Oldenburger ist ein edles, hervorragendes Sportpferd mit hohem Blutanteil, das sich für alle Disziplinen des Pferdesports eignet. Landes- oder staatliche Gestüte existieren für die Rasse nicht, einen bestimmten Oldenburger Rassetyp gibt es auch nicht: Die Bezeichnung »Oldenburger« beschreibt heute die geografische Lage dieses Zuchtgebietes.

Der Oldenburger hat eine sehr lange, bewegte Geschichte, die im 16. Jahrhundert begann: Graf Johann von Oldenburg züchtete besonders edle Pferde, die er Adeligen gern zum Geschenk machte, und die in ganz Europa ein hohes Ansehen besaßen.

Auf alten Gemälden ist der Erbteil der eingeführten Spanischen Hengste nicht zu verkennen: Sie hatten ausgeprägte Ramsköpfe, einen hoch aufgesetzten Hals und eine mächtige Aktion. Graf Johann von Oldenburgs Sohn Anton Günther übernahm im Jahre 1603 die Regierung und kümmerte sich von da an mit großer Sachkenntnis um die Landeszucht hochedler Pferde – er gilt als bedeutendster Hippologe seiner Zeit. Er führte fremdblütige Stuten und Hengste ein, und zwar Spanische, Neapolitanische und Holsteiner, die er den Bauern als Zuchttiere zur Verfügung stellte. Nach seinem Tod ging die blühende Oldenburger Pferdezucht allerdings beinahe unter. Oldenburg wurde dänische Provinz, von zahlreichen Katastrophen heimgesucht und von Königen regiert, die der Pferdezucht wenig Aufmerksamkeit schenkten. Ab 1820 verbesserte sich die Situation der Oldenburger Pferde, die jedoch durch die Einkreuzung schwerer Clevelands und Normannen zum Wagenpferd geworden waren. Erst 1959 wurden wieder Vollbluthengste zur Verfeinerung des wuchtigen Wirtschaftspferdes eingesetzt, und seit 1963 werden auch Stuten und Hengste anderer Verbände vom Oldenburger Zuchtverband anerkannt – mit dem Erfolg, dass ein ausgesprochen arbeitswilliges, leistungsbereites und einsatzfähiges Sportpferd entstand.

Karin Rehbein auf Donnerhall

Westfale

Der deutsche Westfale ist eines der Spitzensportpferde der Welt. Reiner Klimkes Ahlerich war Westfale, ebenso wie Nicole Uphoffs Rembrandt-Borbet, dessen Vater Romadour II. das erfolgreichste deutsche Dressurpferd aller Zeiten war. Die westfälische Zucht ist nach der Hannover'schen die größte geschlossene Zucht Deutschlands.

Die Entwicklung zum heutigen, besonders edlen Reitpferd von großer Schönheit begann im Mittelalter. Damals wurde in Westfalen eine so genannte wilde Zucht betrieben. Das fruchtbare und üppige Westfalen war ein wunderbares Pferdeland, also ließen die Herren der Flurstriche ihre kleinen, harten Pferde dort frei laufen und warfen ihnen in besonders harten Wintern vielleicht ein bisschen Heu hin. Im 18. Jahrhundert ließ man elf »ausländische« Hengste zur Veredelung des heimischen Blutes dort frei: türkische, englische, preußische und Spanische Pferde. 1808 wurden erneut Andalusische Hengste eingekreuzt, die man beim Durchmarsch der spanischen Division gegen heimische Pferde eingetauscht hatte.

Auf eine planmäßige Zucht konnte man sich lange nicht einigen: Für das Militär waren die Pferde zu klein, als Reitpferde waren sie zu unmodern, und als Arbeitspferde zu leicht. Erst nach der Gründung des »Westfälischen Pferdestammbuchs« 1904 und der Einführung von Leistungsprüfungen veränderte sich die Zucht. Nach dem Ersten Weltkrieg begann man mit einer Leistungs- und Linienzucht auf der Basis von Hannoveranern mit Trakehner- und Vollblutbeimischung, die sich als ausgesprochen erfolgreich erwies.

Nicole Uphoff auf Rembrandt

Connemara-Pony

Das Connemara-Pony ist ein fabelhaftes Allround-Pony für Kinder und Jugendliche: Es gibt kaum etwas, was dieser zähe kleine Ire nicht kann: vom Springen über Dressur kann es bei entsprechender Förderung ohne weiteres die Lektionen der Hohen Schule erlernen. Es ist dabei in seinen Bewegungen gar nicht ponyhaft, sondern besitzt durchaus raumgreifende Bewegungen.

Die irischen Züchter waren sehr experimentierfreudig, wenn es darum ging, die Rittigkeit des Connemaras zu verbessern, und vor allem waren sie zu arm, um sich besondere Sorgen um die Erhaltung bestimmter Zuchtlinien zu machen. Besaß ein Pachtherr einen edlen Hengst, den er als Beschäler zur Verfügung stellte, so wurde er dankend eingesetzt. An Fremdblut gab es in Irland damals ein bisschen arabisches Blut und – spanisches. Schon seit dem frühen Mittelalter hatten Handelsherren aus Galway, dem wichtigsten Hafen an der Westküste Irlands, das Beste an spanischem Pferdematerial nach Irland importiert. In dem Werk »Breeds of Domestic Animals of the British Isles« von 1842 erklärte Professor Low, dass »die Pferde aus Spanien zur Entstehung verschiedener Rassen der Britischen Inseln beigetragen haben. Diese Pferde bevölkern den Connemara District der Grafschaft Galway ... Sie sind bemerkenswert hart, energisch und trittsicher und haben auch den besonderen Gang der spanischen Genetten bewahrt ... Sie können ihren Originaltypus nicht verleugnen.« Auch in späteren Jahrhunderten wurden von irischen Pferdehändlern immer wieder Spanische Hengste importiert, die die heimischen Pferdezuchten günstig beeinflussen sollten. Natürlich wurden im Laufe der Jahrhunderte weitere Rassen wie Friesen, Berber und Welsh Cobs eingekreuzt.

Der Zusammenhang von Andalusier und Lusitano

Der Lusitano wird manchmal etwas hilflos wie eine Art grober kleiner oder großer Bruder des häufig als edler beschriebenen P.R.E. behandelt, was schlicht ein Irrtum oder Vorurteil ist. Tatsächlich sind nämlich das P.R.E. und der Lusitano genetisch dasselbe Pferd. Beide Pferde sind das, was man ursprünglich als das »Iberische Reitpferd« bezeichnete; sie teilen dieselbe Entwicklung, dasselbe Erbe und dieselben Vorfahren. Der Begriff »Lusitano« leitet sich dabei von der römischen Bezeichnung »Lusitanien« für das Gebiet des heutigen Portugal (154 v. Chr. zum ersten Mal so bezeichnet) ab, beschrieb also ursprünglich schlicht, wo das Reitpferd der Iberischen Halbinsel geboren worden war: Es wurde »Andalusier« genannt, wenn es aus Andalusien, und »Lusitano«, wenn es aus Portugal kam. Erst 1967 wurden die beiden Stutbücher offiziell getrennt, und das eine Pferd nannte sich von nun an *Pura Raza Española*, das andere *Pura Raza Lusitania*. Die auffälligsten äußerlichen Unterschiede sind das oft ausgeprägtere subkonvexe, also leicht geramste Stirn-Nasen-Profil des Lusitanos und die schrägere, abfallende Kruppe. In der Mechanik zeigt der Lusitano häufig flachere Bewegungen als das Spanische Pferd. Die Gründe hierfür liegen, wie meistens bei Rasse-Geschichten, in der Geschichte der beiden Länder begründet.

Obwohl die spanische und portugiesische Tradition und Lebensart eng miteinander verwoben sind, war Portugal immer der ärmere und häufig schwer gebeutelte Nachbar des glamouröseren Spanien. Anfang des 12. Jahrhunderts wurde Portugal eigenes Königreich und unabhängig von Spanien, wobei die Grenzen zwischen Portugal und dem benachbarten Kastilien

(Spanien) nur die Herrschaftsgebiete beschrieben und keine Scheidelinie zwischen Völkern, Sprachen und Kultur darstellte. Die portugiesischen Seefahrer wurden Pioniere des Welthandels und des Kolonialismus. Lissabon wurde Zentrum des Welthandels; es war genug Geld für alle da, und Wissenschaft und Kultur wurden sehr gefördert. Die Kavallerie, obwohl nie annähernd so gewaltig wie die spanische, war immerhin stark genug, um Portugal 1212 erfolgreich gegen die Mauren zu verteidigen. Allerdings hielt Portugal seine Weltmachtstellung nicht lange. Die Kolonialeinkünfte sanken, der König gab zusammen mit dem übrigen Adel

Rassemerkmale des Lusitanos

Typ	Wohlgeformt, ca. 500 kg, geradlinig, leicht konvex, nähert sich der Quadratform
Größe	Stuten in der Widerristhöhe ab 1,55 m Hengste ab 1,60 m
Fell	Bevorzugt Schimmel, aber auch Braune, Falben, Isabellen, Dunkelbraune und Schweißfüchse
Gangarten	Lebendige, raumgreifende und weiche Schritte, hervorragende Rittigkeit
Eignung	Bestens geeignet für die Lektionen der Hohen Schule; sehr mutig und begeistert beim Stierkampf, bei der Herdenführung und der Jagd
Kopf	Gut proportioniert, leicht subkonvexes Profil, das eine leicht gerundete Stirnlinie und eine lange, schmale, feingebogene Nüsternpartie mit einschließt mit großen, fast mandelförmigen Augen
Hals	Langer, kräftiger Hals, breit an der Basis, hoch aufgesetzt
Widerrist	Kräftiger, hoher und breiter Widerrist
Brust	Tief und muskulös, von mittlerer Weite
Rippenpartie	Gut ausgebildet, weit und tief, mit leicht geschwungenen Rippen, die die Wirbelsäule schräg einschließen und den Eindruck einer kurzen, fülligen Flanke erwecken
Schulter	Lang, schräg und muskulös
Rücken	Kurzer, muskulöser Rücken mit breiter, starker Lende
Kruppe	Kräftig und leicht abfallend, Länge und Breite haben fast identische Ausmaße
Gliedmaße	Muskulöser Oberarm mit harmonischer Beugung; gerader, muskulöser Unterarm; trocken und breit geformtes Knie; längliche, trocken geformte Fesseln mit gut ausgebildeten Sehnen; sehr stark ausgebildete Sitzbeinmuskulatur, die eine leichte Hankenbiegung und damit Versammlung ermöglicht; relativ langes Bein; kräftiges und trocken geformtes Sprunggelenk
Hufe	Mittelgroß, rund und sehr hart

Der Einfluss des Spanischen Pferdes

unglaublich viel Geld aus, und um etwa 1530 war Portugal bankrott. 1580 wurde Portugal unter Philipp II. von Spanien als Philipp I. von Portugal noch einmal mit Spanien vereint. Die Zeit unter den spanischen Königen endete, nachdem Philipp III. frech und zur aufrichtigen Empörung der Portugiesen Portugal als spanischen Besitz deklarierte. Daraufhin wurde 1640 der portugiesische König João IV. gekrönt. Wenn allerdings bis zu diesem Zeitpunkt das Gemeinsame zwischen Portugal und Spanien überwogen hatte, setzten in beiden Ländern nun ganz unterschiedliche Entwicklungen ein. Portugal konnte sich nicht mehr von der ausbeuterischen spanischen Politik erholen. Um sich gegen Spanien behaupten zu können, war Portugal auf die Unterstützung Englands angewiesen gewesen, was die Engländer hervorragend für sich genutzt hatten: Sie kontrollierten den portugiesischen Überseehandel und beschränkten den Export. Alle Versuche, das Land aus seiner wirtschaftlichen Rückständigkeit herauszuholen, scheiterten am Unwillen des Adels, der sich den Reformpolitika im 18. Jahrhundert widersetzte und sich lieber mit Dichtung beschäftigte als mit wirtschaftlicher Wahrheit. Der Kultur ging es dementsprechend fabelhaft, die Reitkunst florierte, und überall im Land entstanden vorzügliche Gestüte. In Portugal wurde schon lange eine feinsinnige Reiterei gepflegt: Der portugiesische König Dom Duarte I. schrieb bereits 1435 ein Buch über Reitkunst, in dem er Reiten mit Gefühl und leichter Hand beschrieb. 1748 gründete König João V. schließlich mit ausgesuchten andalusischen Hengsten und Stuten das bis heute existierende, wichtige Gestüt Altér Real in Alentejo. Aus dieser Zeit stammen auch einige bedeutende Privatgestüte, die bis heute bestehen, wie etwa die von Palha Blanco, Fernando Sommer d'Andrade oder Manuel Tavares Veiga. 1807 wurde Portugal von Napoleons Truppen besetzt, die dem Land ungeheuren Schaden zufügten. Viele der Gestüte wurden zerstört, das Zuchtmaterial geraubt oder geschlachtet. Die Portugiesen versuchten verzweifelt, ihre niedergehende Zucht zu retten, indem sie nichtiberisches Blut, Warmblüter und Normänner einkreuzten, was die züchterische Katastrophe

Ein isabellfarbener Lusitanohengst

Die begehrte Falb-Farbe

aber noch zu beschleunigen schien. Schließlich wurden erneut Spanische Stuten und Hengste ins Land geholt, was die portugiesische Zucht rettete. 1822 erklärte Brasilien seine Unabhängigkeit, und 1891 Portugal den Staatsbankrott. Das 20. Jahrhundert brachte Portugal auch keine Ruhe in die politischen und wirtschaftlichen Verhältnisse: Zwischen 1911 und 1926 erlebte das Land acht verschiedene Präsidenten, 44 Regierungen und 20 Aufstände und Staatsstreiche. 1930 kam es unter Salazar zur autoritären Diktatur in Portugal, die bis über den Zweiten Weltkrieg hinaus andauerte. Der bedeutende portugiesische Hippologe Dr. Ruy d'Andrade bemühte sich damals um den Wiederaufbau des Gestütes Altér Real, dessen Stamm durch die unterschiedlichen Fremdbluteinflüsse fast völlig zerstört war. Im Auftrag des portugiesischen Staates kaufte er von dem Züchter Vincente Romero García reine Kartäuser Stuten und Hengste und führte sie den zwölf Altér-Stuten und zwei Hengsten zu, die er hatte retten können. 1942 konnte er dem portugiesischen Agrarministerium eine zwar kleine Bestandsherde zurückgeben, auf die sich allerdings die heutige Altér-Zucht gründet. Die Altér-Zucht wird als Prestige-Zucht sehr sorgfältig geführt, wobei ihre Hauptaufgabe darin besteht, die Portugiesische Reitschule in Lissabon mit Remonten zu versorgen.

In der kommunistischen »Revolution der Nelken« 1974 wurde die Diktatur durch einen Militärputsch beendet, wobei die Revolution entsetzliche Folgen für die Pferdezucht hatte. Viele Gestüte wurden zugrunde gerichtet, nachdem es in diesen Zeiten keine gute Idee war, auch nur ansatzweise den Eindruck eines Großgrundbesitzers oder Ähnlichem zu machen – abgesehen davon, dass sich kaum noch jemand große Pferdeherden leisten konnte. Im Zuge dessen verschwand fast die gesamte Pferdepopulation: Zusammen mit Schmuck, Antiquitäten oder Kunstwerken wurden sie unterbezahlt ins Ausland verkauft – nach Spanien, Brasilien, Mexiko, Chile und Frankreich. Nach zwei Schreckensjahren gelang es, die Demokratie unblutig wiederherzustellen.

In der Zwischenzeit konnte sich die portugiesische Pferdezucht wieder erholen. Die ältesten, besten und wichtigsten Blutlinien waren zum Glück zumindest teilweise erhalten geblieben, und manche der alten Züchter bezeichneten den vorangegangenen Aderlass der Zucht tapfer als eine Art natürlicher Auslese.

Aus der ruhelosen Geschichte Portugals lässt sich leicht erkennen, dass sich das Land das Pferd kaum als Repräsentationsmittel oder Luxustier leisten konnte. Ferias sind seltener

Der Einfluss des Spanischen Pferdes

und viel nüchterner als in Spanien. Dementsprechend wurden Lusitanos denn auch weniger auf Schönheit als vor allem auf Leistung gezüchtet, und das ist auch der Grund, weshalb die Zucht zwar vielen Zerstörungen, aber auch weniger Moden und Schwankungen unterworfen war. Nachdem Felipe V. von Spanien (Philipp von Anjou) Anfang des 18. Jahrhunderts den berittenen Stierkampf in Spanien verboten hatte, wurden dort auch keine Pferde mehr für den Stierkampf gebraucht. Die Zucht verlegte ihren Schwerpunkt auf Kutschpferde und Pferde für repräsentative Reitkunst. In Portugal, wo die Tradition des berittenen Stierkampfes ungebrochen bis heute weitergeführt wird, wurden weiterhin Pferde mit großer Wendigkeit, stabilem Fundament, Mut und Kampflust gezüchtet. So ist es sicherlich auch kein Zufall und wohl auch nicht einfach nur eine Frage des Preises, weshalb so viele spanische *Rejoneadores* auf Lusitanos reiten, auf deren Härte und Reaktionsvermögen sie schwören.

Unter Lusitanos sind mehr Farben zugelassen als bei den Spanischen Pferden: Man findet hier neben den »üblichen« Schimmeln aller Schattierungen Rappen und Braunen, viele Füchse und Falben, während Isabellen als besonders begehrenswert gelten.

Seit der Trennung der Stutbücher in *Pura Raza Española* und *Pura Raza Lusitania* im Jahre 1967 sind Einkreuzungen offiziell nicht mehr erlaubt – auf beiden Seiten der Grenze. Geändert hat sich der Lusitano, das Portugiesische Pferd, dennoch seit 18 000 Jahren nicht: Es ist noch immer ein sehr schönes, ausdrucksstarkes Pferd, dem Menschen sehr zugetan, gewohnt zu arbeiten, schnell, edel und außerordentlich gelehrig.

Das portugiesische Stutbuch unterliegt allein dem »Portugiesischen Verband der Pferdezüchter des reinblütigen Lusitanos« – »Associação Portuguesa de Criadores de Pura Raça Lusitania«, die APSL. Weltweit gibt es etwa 7000 eingetragene Lusitanos, womit sie also noch immer zu den selteneren Pferderassen gehören. In Portugal selbst gibt es etwa 1000 Zuchtstuten, in Brasilien 200, in Frankreich 200, und weitere 200 sind auf der übrigen Welt verteilt.

Ein Hengst von Manuel Veiga

Bedeutende Gestüte Spaniens

Weltweit gibt es über 900 Gestüte für das Spanische Pferd. Ursprung und Hauptzuchtgebiet liegen in Andalusien, und dort existieren auch die Gestüte, die historisch oder genetisch seit Jahrzehnten, manchmal seit Jahrhunderten, außergewöhnlich großen Einfluss auf die Zucht des Spanischen Pferdes ausüben. Spanien hängt an seinen Traditionen, und so werden die bedeutenden Vertreter des Pferdes Reiner Spanischer Rasse noch von den alteingesessenen Familien gezüchtet.

Selbst in Andalusien findet man die guten Pferde nicht am Straßenrand. Um die Züchter zu finden, braucht man normalerweise eine Empfehlung, einen Termin – und eine besonders gute Landkarte. Die Fincas liegen häufig im tiefsten Hinterland, und wer nicht genau weiß, wohin er möchte, kann sich leicht in den unendlichen Olivenwäldern oder Kringelstraßen in den Bergen verfahren. Und plötzlich fällt der Blick dann auf das Hauptgebäude, meist mit maurischen Verzierungen am Gemäuer und mit leuchtend violetten Bougainvilleen bewachsen.

Bedeutende Gestüte Spaniens

Las Lumbreras

Das berühmte Kartäuser-Gestüt Las Lumbreras besteht bereits seit 1802 und befand sich immer im Besitz der Familie Delgado. Der *Rejoneador* Jacobo Delgado übernahm die Zucht im Jahre 1974. Die Pferde von Las Lumbreras gelten als die wertvollsten Spaniens, und es gibt wohl kaum jemanden, der sich mit Spanischen Pferden beschäftigt, der nicht von der Qualität und Schönheit seiner Pferde überzeugt ist. Und tatsächlich sind die Las-Lumbreras-Fohlen eines Jahrgangs häufig schon vollständig verkauft, noch bevor sie auf die Welt gekommen sind. Señor Delgados Selektionsmerkmale – Nobilität seiner Pferde, Schönheit, Funktionalität und Leichtigkeit in der Bewegung – haben sich in seinen Pferden so sehr durchgesetzt, dass die meisten dieser verkauften Fohlen gewöhnlich mit großem Erfolg für den Aufbau neuer Zuchten verwendet werden.

Don Jacobo Delgado

Hilandero VIII

Die Deckhengste von Las Lumbreras werden dabei einzeln für jeweils einen ganzen Jahrgang eingesetzt. Das bedeutet, dass die Fohlen eines Jahrgangs alle den gleichen Vater haben. Die Stuten – etwa 24 bis 30 an der Zahl – leben das ganze Jahr mit ihren Fohlen in Freiheit auf den großen Weiden, die Junghengste auf separaten Weiden, bis sie drei Jahre alt sind.

Bei der Auswahl von Zuchttieren agiert Jacobo Delgado bei seinen Pferden und Stieren, die er außerdem züchtet, nach ganz ähnlichen Kriterien: »Ich suche nach einem *gran corazón*, Leichtigkeit in der Bewegung, Kraft und Mut.« Gerade ihm als *Rejoneador* schien die Suche nach diesen Eigenschaften immer ganz natürlich, dementsprechend unterwarf er sich niemals Moden: »Viele der neuen Züchter züchten hauptsächlich das Prachtpferd und vernachlässigen dabei die Eigenschaften, die das Spanische Pferd doch ausmachen«, kritisiert er. Sein eigenes Zuchtziel bringt Señor Delgado auf schlichte Art und Weise auf den Punkt: »Ich suche das Allerbeste.«

Ganadería Las Lumbreras
D. Jacobo Delgado
Montellano (Sevilla)

Büro: Fernando IV, 40-1 B.
41011 Sevilla
Tel. 0034-95-445 74 28

Stute Ordenada
mit Fohlen

Der Hengststall.
Hier werden die
Hengste gefüttert.

Bedeutende Gestüte Spaniens

Miguel Angel de Cárdenas

Das Brandzeichen von Miguel Angel de Cárdenas kann man schon von weitem von der Autobahn Madrid – Cádiz groß auf einem Gestütsgebäude aufgemalt sehen. Dort, am Rande der historischen Stadt Ecija, die wegen ihres sengend-heißen Klimas auch »Bratpfanne Andalusiens« genannt wird, liegt das berühmte Gestüt Cárdenas.

Die Yeguada Cárdenas wurde in den 1940er Jahren von dem Vater des heutigen Besitzers gegründet, Miguel Angel Cárdenas Llavanera. Er begann mit Stuten aus der Zucht von Oronato Jordan und Hengsten aus der Yeguada Militar und solchen mit Bocado-Bränden. Zwei seiner Hengste aus der Nachzucht, Vasallo II und Valido, entwickelten sich zu Stempelhengsten und sorgten für den eigenen, charakteristischen »Cárdenas«-Typ. 1970 übernahm Miguel Cárdenas den Betrieb seines Vaters, nachdem er schon seit Jahren der Manager der Zucht gewesen war. Heute besitzt er etwa 50 Stuten und 10 Hengste mit eigenem Brand, auf die er unendlich stolz ist und verwendet zur Blutauffrischung auch immer wieder fremde Hengste der Yeguada Militar – wie den berühmten Hengst Leviton. Die Yeguada Cárdenas stellte seit 1980 insgesamt fünf Mal den »Campeón de España«, mehrfach den »Campeón de Andalucía« und »Campeón de Campeónes de Jerez«. Die Pferde von Miguel Cárdenas sind berühmt für ihre Schönheit und haben längst ihren Weg um die ganze Welt angetreten, wo sie immer wieder dafür eingesetzt werden, existierende Zuchten zu verbessern oder neue aufzubauen.

Bedeutende Gestüte Spaniens

Die Stuten und Hengste werden auf der Finca »San Pablo« gehalten, die Stuten auf gewaltigen Weiden, wobei sie die Mittagshitze allerdings meistens in einem großen Innenhof der Finca mit Schatten und Wasser verbringen. Die Hengste werden regelmäßig gearbeitet, um bei ihren vielen Verpflichtungen auf Zuchtschauen im ganzen Land in Hochform erscheinen zu können.

Yeguada Cárdenas
Miguel Angel de Cárdenas Osuna
Finca: San Pablo
Autovía Madrid-Cádiz (Ecija), Km 458
Tel. 0034–95–483 10 62
Fax 0034–95–483 12 79

Büro: Sta. Florentina, 20
41400 Ecija (Sevilla)

Clásico-MAC

Links: Mastil

Gitano-MAC

Africano inmitten
seiner Stuten

Ignacio Candau
und Freund

Yeguada Candau

In den milden Sierras von Sevilla liegt das Gestüt Candau: Auf insgesamt 40 Hektar hügeligen, satten Weiden der »Gaena-Farm« grasen etwa 50 Stuten mit ihrem Nachwuchs zwischen Korkeichen und Olivenhainen. Der Name des Gestüts Candau taucht zum ersten Mal in der ersten Ausgabe des Spanischen Stutbuches von 1800 auf. Auch die Kauf-Kommission der staatlichen Hengst-Depots bezog ihre Zuchtpferde bis 1945 immer wieder bei der Familie Candau. Der jetzige Besitzer, Ignacio Candau, legt allergrößten Wert auf natürliche Haltung und Zucht

Urdidor VII

Bedeutende Gestüte Spaniens

Cuartelero

seiner Pferde. Candau ist eines der wenigen Gestüte, auf denen noch in Freiheit gedeckt wird. Im Herbst werden die Stuten sorgfältig in unterschiedliche Gruppen aufgeteilt und auf verschiedene Weiden geschickt, bevor jeweils ein bestimmter Hengst zur jeweiligen Stutenherde gelassen wird, der dann schnell die Anführer- und Beschützerrolle übernimmt. Im Herbst darauf werden die Fohlen frei geboren und verbringen den Winter mit ihren Müttern, Tanten und anderen Fohlen im klassischen Herdenverband bis zum Frühjahr. Die Junghengste werden dann »aussortiert« und leben in Hengstherdenverbänden, bis sie dreizehn Monate alt sind. Ignacio Candau geht davon aus, dass auf diese Weise »die Natur den Pferden am besten beibringt, sich zu verteidigen und auf sich zu achten«, und tatsächlich bringt diese Art der Zucht und Aufzucht harte, muskulöse, agile und nervenstarke Pferde hervor. Mit Menschen haben die Jungpferde in dieser Zeit eigentlich nur zu tun, wenn sie mit Wasser und Gerstenstroh versorgt werden.

Mit dreizehn Monaten kommen die Junghengste in den Stall und lernen dort in Einzelboxen Halfter, Strick, Bürste und den Umgang mit dem Menschen kennen. Mit der Ausbildung – in einer Führmaschine – wird langsam begonnen, wenn die Tiere drei Jahre alt sind, und erst mit etwa vier Jahren werden sie vorsichtig angeritten. Die sorgfältige Aufzucht, während der den Candau-Pferden so viel Zeit gelassen wird, sorgt für nachhaltige Erfolge: In den vergangenen Jahren stellte das Gestüt Candau zweimal den »Campéon de España« auf der SICAB und wurde schon mehrfach als »Mejor Ganadería Críadora« ausgezeichnet.

Yeguada Candau
Ignacio Candau Fernández Mensaque
Gestüt: Finca San José
Moron de la Frontera (Sevilla)

Büro: Cerrajería, 12
41004 Sevilla
Tel. 0034–95-422 33 03
Fax 0034–95-422 48 12
ycandau@arrakis.es

Yeguada Escalera

Die Familie Escalera züchtet Pferde bereits seit fast zweihundert Jahren. Das Gestüt Escalera mit seinen durchweg braunen *Pura Raza Española* wurde um 1817 gegründet, und laut Señora María Fernanda Escalera gehen auch alle heute lebenden braunen P.R.E.s auf die Zucht der Familie Escalera zurück. Als 1973 ihr Vater José Luis Escalera starb, teilte seine Witwe das bedeutende Gestüt zwischen ihren beiden Kindern María Fernanda und José Luis Escalera de la Escalera auf. José Luis führt bis heute das Gestüt Pozo Santo in Fuentes de Andalucía und das Brandzeichen seines Vaters fort, eine fünfsprossige Leiter. Seine Schwester, Doña María Fernanda, entfernte sich zwar nicht weit von zu Hause, aber doch entschieden von der Zuchtlinie ihres Bruders, und gründete mit ihrem Mann Manuel de Novales Vasco ein eigenes Gestüt im gleichen Ort und führte ihren eigenen, wenn

Orlando

auch »familienverwandten« Brand ein: eine dreisprossige Leiter innerhalb eines Hufeisens. Zusammen mit ihrem Mann, der 1991 verunglückte, konzentrierte sich Señora Escalera besonders auf Qualität und Funktionalität ihrer Pferde: Zu einer Zeit, als viele Züchter Spanischer Pferde noch vor allem mit edlem Äußeren und großen Namen im Stammbaum beschäftigt waren, selektierte Doña María Fernanda akribisch Pferde nach der Qualität ihres Bewegungsablaufs. Der Aufwand, den sie auf ihrem Gestüt betreibt, ist dementsprechend hoch: Um die Nachzucht aus ganz bestimmten Verpaarungen besser beurteilen zu können, werden die Pferde des Gestüts von María Fernanda Escalera frühestens als Dreijährige verkauft, die Stuten erst vierjährig zum ersten Mal gedeckt. Gleichzeitig arbeitet sie seit langer Zeit mit verschiedenen erfolgreichen spanischen Dressurreitern zusammen, weshalb ihre Pferde vielleicht am ehesten einem »modernen«, sportlichen Typ entsprechen.

Dona María Fernanda Escalera de la Escalera

Gestüt: Finca San Gerardo
41420 Funetes de Andalucía (Sevilla)
Tel. 0034–95–483 73 22
     0034–95–451 47 39

Büro:
Hábitat, 71. N.&ordm 1,
2&ordm 6.
41007 Sevilla
Büro: Tel. 0034–95–451 47 39

Victoriosa mit Fohlen

Maria Fernanda Escalera mit ihren Söhnen Carlos und Manuel

Ganadería Salvador Sánchez Barbudo Martín

Dreijährige Hengste

Praktisch genau zwischen Jerez de la Frontera und Sevilla liegt das Gestüt von Salvador Sánchez Barbudo Martín, die Finca »San Andrés Los Montesillos«. Die etwa 50 Stuten leben die Hälfte des Jahres über auf riesigen Weiden, die andere Hälfte – Herbst und Winter – verbringen sie im Stall. Die Hengste decken teilweise ganz frei, teilweise an der Hand – je nachdem, wie umgänglich sich der jeweilige Herr zeigt. Sánchez Barbudo, der wohl einer der bedeutendsten Richter für die *Pura Raza Española* ist, hat seine Richterkriterien auch zum Credo seiner Zucht gemacht: Sein Anspruch ist es, »aus dem P.R.E.-Luxuspferd wieder ein vielseitiges Funktionspferd zu machen«, wie er sagt. Sein

278

Bedeutende Gestüte Spaniens

Gestüt besteht seit 1976, und mit internationalen Sportanforderungen im Hinterkopf ist er bei der Zucht seiner Pferde ehrgeizig und differenziert um Funktionalität bemüht: »Die psychischen und mechanischen Werte des Pferdes müssen doch wichtiger sein als die äußeren«, findet er. Dementsprechend achtet Señor Salvador Sánchez Barbudo akribisch auf Leistungsfähigkeit bei seinen Pferden, auf guten Galopp und leichte Bewegungen mit viel Kadenz und Raumgriff.

Seine Zuchtergebnisse sind ein weiterer fabelhafter Beweis dafür, wie unterschiedlich die einzelnen Typen des Spanischen Pferdes heutzutage sind: Sein allererster selbst gezogener Hengst Allegre XIX wurde 1978 »Campeón d'España« und blieb über vier Jahre lang »Campeón de Movimiento«. Seine heutigen Pferde stehen sicherlich stark im »modernen«, sportlichen Typ.

Don Salvador Sánchez Barbudo Martín
Gestüt: Finca San Andrés Los Montesillos
Ctra. N-IV, Km 593
Las Cabezas de San Juan (Sevilla)
Tel: 0034-95-421 02 51
    0034-95-589 82 65

Büro:
Plaza Cristo de Burgos, 3-4
41003 Sevilla
Tel. 0034-95-421 02 51

280

Bedeutende Gestüte Spaniens

Yeguada Lovera

Die Yeguada Lovera liegt in der heißen Landschaft Santaella in der Nähe von Ecija zwischen unendlichen Olivenhainen, dem Land von »Brot und Frieden«, wie es nach seinen Farben – Braun, Gold und Weiß – genannt wird. Don Enrique Lovera Potras gründete das Gestüt 1948 mit Pferden aus den Linien von Mortalla und Bahonez und widmete sich der Zucht seiner P.R.E.s tagaus, tagein mit aller Liebe und Aufmerksamkeit.

1960 übernahm der heutige Besitzer Don Miguel Lovera García die Zucht seines Vaters als technischer Leiter und beschäftigt sich seither sehr nüchtern und kritisch mit der Verbesserung und allen Problematiken des *Pura Raza Española*. Er teilt seine Zucht gleichermaßen erfolgreich in Reit- und Kutschpferde auf. So kann man einen seiner Hengste, Torbellino, in der Real Escuela del Arte Ecuestre in Jerez sehen, während seine Kutschpferde weltweit erfolgreich in Fahrwettbewerben starten. Die Ausbildung von Pferd und Reiter ist ein großes Anliegen von Miguel Lovera, der auf seinem Gestüt auch Dressurlehrgänge veranstaltet und eigens neben der großen Reithalle Gästewohnungen für Fremdreiter und Ausbilder eingerichtet hat. Dementsprechend werden die Zuchthengste von seinem Bereiter José Carmona dressurmäßig

Hengst Lobito

geritten, um festzustellen, ob und für welche Sparte – Kutsche oder Reitpferd – sie überhaupt als Beschäler taugen. Auch die Eignung der Stuten wird an der Hand und unterm Sattel getestet, bevor sie dreieinhalbjährig das erste Mal gedeckt werden. Erst dann, nach diesem strengen Auswahlverfahren, interessiert sich Miguel Lovera überhaupt für die äußerlichen Merkmale seiner Pferde.

Viele Gestüte Spanischer Pferde sind mit Lovera-Pferden gegründet worden: Der 1976 geborene berühmte Hengst Jerez sorgte jahrelang für die Blutauffrischung auf den großen bedeutenden spanischen Gestüten, bis er für 1 Million Dollar von Fidel Castro erstanden wurde und nach Kuba umzog. Castro ahnte allerdings lange Zeit gar nicht, auf welch genetischer Kostbarkeit er lange Zeit buchstäblich saß: Jerez wurde ausschließlich dafür verwendet, hier und da auf großen Paraden auf- und abzureiten, bis Castro schließlich darauf hingewiesen wurde, was für ein sensationeller Vererber sein Pferd sei. Daraufhin zögerte Castro nicht lange, und bis heute geht ein bedeutender Teil der kubanischen P.R.E.-Zucht auf den Lovera-Hengst Jerez zurück.

Hengst Mandon

Yeguada Lovera
D. Miguel Lovera García
Gestüt: Finca Guijarrillo
Cabezas del Obispo
Santaella (Córdoba)
Tel. 0034-95-731 30 31

Büro:
Miguel Benzo, 2
14004 Córdoba
Tel. 0034-95-723 92 86

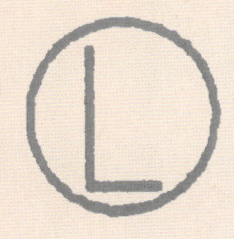

Hengst Kerol   Hengst Lagar

Yeguada Plaza de Armas

Die karge Sierra Morena in Nordandalusien ist eine dünn besiedelte, nüchterne Gegend: Unendliche, gewundene Bergstraßen bahnen sich über wilde Bergketten und schlängeln sich durch mit Korkeichen, Kastanien und Olivenbäumen bewachsene Hänge. In dieser sehr abgelegenen Ecke Andalusiens liegt auf 120 Hektar das Gestüt Plaza de Armas. 1981 gründete Don Florencio Moreno Munoz seine Zucht mit Pferden aus größtenteils sehr alten, renommierten Linien mit großem Kartäuser-Anteil wie Bocado, Deshorro und de la Montesina. Die heutigen Plaza-de-Armas-Pferde zeichnen sich vor allem durch starke, gute Knochen aus, was auch bei den zahlreichen Auszeichnungen immer wieder erwähnt wird.

Das liegt vor allem daran, wie die Fohlen aufwachsen – sozusagen klassisch-spanisch, beinahe unberührt: Die Stutenherde, die aus circa 20 Stuten besteht, lebt praktisch das ganze Jahr über in wilden Olivenhainen, die so steil sind, dass Señor Moreno Munoz ab und zu sogar Fohlen verliert, wenn sie die Hänge hinunterfallen und dabei zu Tode kommen. Die übrigen bekommen durch diese Haltung allerdings sehr starke Sehnen und Gelenke.

Zugefüttert wird wenig, nur in den kargen Sommermonaten wird den Stuten einmal am

286
Bedeutende Gestüte Spaniens

Stute Meloja
mit Fohlen

Rechts:
Stute Lagunera
mit Fohlen

Rechts unten:
Hengst Jardon

Bedeutende Gestüte Spaniens

Tag Alfalfa und etwas Hafer gebracht. Wenn sie das Auto mit dem Futter hören, kommen sie von weitem durch die Olivenhaine angaloppiert, durch Schluchten hindurch, die Hänge hinauf. Die Junghengste leben auf kargen, relativ steinigen, flachen großen Weiden zwischen gut gelaunten, schwarzen Schweinchen. Alle Hengste, die jungen, pubertären, neugierigen, wie die Deckhengste, zeigen dabei den edlen, bemerkenswert sanften Charakter des Pferdes Reiner Spanischer Rasse, das dem Menschen unbedingt zugewandt ist.

Yeguada Plaza de Armas
D. Florencio Moreno Munoz
San Juan Bosco, 18
14400 Pozoblanco (Cordoba)
Tel. 0034-95-777 05 43
0034-61-076 68 89

Ebanisto VI

Yeguada Guardiola Fantoni

Das Gestüt wurde 1943 von Salvador Guardiola Fantoni mit Stuten und Hengsten aus der berühmten Zucht von Roberto Osborne gegründet. 1960 übernahm Jaime Guardiola das Gestüt und zog damit nach Utrera auf die Finca »El Pinganillo«.

Schon auf den ersten April-Zuchtschauen 1944 und 1945 waren die Guardiola-Pferde mit den höchsten Preisen ausgezeichnet worden, und Qualität und Auszeichnungen haben sich seither stetig fortgesetzt: Guardiola hat kontinuierlich *Campeónes de la Raza de España* gestellt, *Campeónes de Funcionalidad* und *Campeonísimas*. 1979 und 1991 wurde Jaime Guardiola von der Cría Caballar für die außergewöhnliche Qualität seiner Zucht ausgezeichnet.

Dabei musste Jaime Guardiola die Idee des »funktionalen Spanischen Pferdes« nicht erst neu für sich erfinden: Seine Zucht war von Anfang an eine ausgesprochene Leistungszucht. Auf »El Pinganillo« ging es immer zuerst darum, die Pferde für die Arbeit mit den Stieren einsetzen zu können – und erst dann um das Äußere. Die Deckhengste wie auch verschiedene Stuten werden ausnahmslos geritten und für unterschiedliche Aufgaben wie etwa auch Hirtenarbeit verwendet – und das niemals zimperlich.

Bedeutende Gestüte Spaniens

Die Stutenherde aus etwa 30 Stuten mit Fohlen lebt praktisch das ganze Jahr über bei der Finca »Carío Navarro«, völlig frei in den satten *Marismas* am Río Guadalquivir – bis auf die wenigen Termine, die die Damen auf Zuchtschauen wahrnehmen müssen.

Die Junghengste leben in Hengstgruppen auf großen, abgegrenzten Weiden, bis im Alter von zwei Jahren die Kindheit vorbei ist und sie auf »El Pinganillo« auf den Ernst des Lebens vorbereitet werden – und der besteht, je nach Veranlagung, aus den verschiedenen Pferdesportarten, der Jagd, *Acoso y Deribo*, Stierkampf oder Kutsche.

Jaime Guardiola Dominguez

Nächste Seite:
Stuten in den Sümpfen der Marisma

Gestütsmeister
D. Antonio Ramos Rodriguez

Ganadería Hdros de D. Salvador
D. Jaime Guardiola Domínguez
Finca: »El Pinganillo«, »Cavio Navarro«
Ctra. N-333. Km 13.3 Urtrera (Sevilla)

Büro: Puerta Jerez, 5.
41001 Sevilla
Tel. 0034-95-422 67 16
Fax 0034-95-456 13 96

Eine Cobra

Yeguada Militar

Depósito de Sementales

Seit 1864 unterstehen die staatlichen Hengstdepots dem Kriegsministerium. Ziel und Zweck war es, ein »einheitliches Pferd Spanischer Rasse« zu züchten, und die Militärs sollten in diesem Manöver »die Kandare anziehen«. 1948 wurde an der Nordseite des Festplatzes von Jerez de la Frontera ein für damalige Verhältnisse sehr moderner Zweckbau in Dreiecksform errichtet, mit 160 Außenboxen, Kommandantur, Offiziersmesse, Unterkünften für Soldaten und

Pfleger sowie ein paar Nebengebäuden. Hier stehen heute um die hundert Hengste, die größtenteils aus der Staatszucht stammen. P.R.E., Araber, Hispano-Araber, Anglo-Araber, Vollblüter und einige Eselhengste für die Maultierzucht. Das Deposito de Sementales – »*Todo por la Patria*« (Alles fürs Vaterland) steht denn auch über dem Eingangstor – betreut die Provinzen Cádiz, Sevilla, Huelva und Málaga mit seinem Hengstbestand. Von Mitte Februar bis Ende Mai sind die Beschäler auf 28 Deckstationen im Land verteilt, sieben Hengste bleiben auf Station in Jerez und können von Privatzüchtern mit deren Stuten »besucht« werden. Diejenigen Privatzüchter, die mehr als 20 Stuten besitzen, bekommen für eine geringe Decktaxe einen Leihhengst auf ihrem eigenen Gestüt zur Verfügung gestellt.

Vicos

Unabhängig vom Hengstdepot existiert etwas außerhalb von Jerez an der Straße nach Arcos de la Frontera das Militärgestüt im »Cortijo de Vicos« für Mutterstuten und Fohlenaufzucht, die Yeguada Militar. Alle Pferde tragen hier den Gestütsbrand: ein Y auf einem M. Hier leben auf riesigen Weiden etwa 80 Mutterstuten und um die 250 Jungpferde der P.R.E., die häufig noch leicht im »orientalischen Typ« stehen, sowie Arabische Vollblüter erstklassiger Qualität und

294
Bedeutende Gestüte Spaniens

Bedeutende Gestüte Spaniens

einige Anglo-Araberstuten für Mischzuchten, etwa für Doma-Vaquera-Pferde. Die Pferde der Yeguada Militar werden vom Gestütspersonal auch ausgebildet.

Cortijo de Vicos
Ctra. Jerez-Arcos, Km 17,800
Apartado de Correos 841
Jerez de la Frontera
Cadiz

296

Bedeutende Gestüte Spaniens

Gestütsleiter
Antonio Aguilar
auf Bandolero XLIX

Hierro del Bocado

Die Geschichte des staatlichen Gestüts Hierro del Bocado zeigt ein weiteres Mal, wie hoch der Spanische Staat seine Pferdezucht schätzt. Das Gestüt, die Finca »Fuente del Suero Estate«, steht auf den Weiden, auf denen ursprünglich die Pferde der Kartäusermönche des nahe gelegenen Klosters gezüchtet wurden, die der edlen Linie des P.R.E. – den Kartäusern – ihren Namen gaben. Dementsprechend werden dort bis heute nur reine Kartäuser gezüchtet.

1981 kaufte die Gesellschaft Rumasa S.A. Weinberge und Gestüt von dem bedeutenden Kartäuser-Züchter Fernando A. Terry, dessen Zuchtlinien sich angeblich über die Hände von Züchtern wie Doña Rosario Romero, Francisco Chica Navarro, Roberto Osborne, J. P. Domecq y Nuñez de Villavicencio und Isabel Merello bis hin zu den Kartäusermönchen zurückverfolgen ließen. Nachdem 1983 Rumasa Konkurs anmelden musste, übernahm der Staat (Patri-

Haciendoso XXXVII

Bedeutende Gestüte Spaniens

monio del Estado) die Verantwortung, bis 1990 das Gestüt Yeguada la Cartuja – Hierro del Bocado unter Verwaltung der staatlichen EXPASA gestellt wurde; unter der Prämisse, das genetische Erbe zu erhalten und zu verbessern. Heute stehen die Deckhengste gegen Gebühr auch gestütsfremden Stuten zur Verfügung, für Fremdrassen ist Gefriersperma einzelner Hengste zu kaufen.

Hierro del Bocado hat sich zu einer beeindruckenden Gestütsanlage entwickelt: Auch die Öffentlichkeit hat für Führungen und Shows Zutritt, dort werden dem Publikum die verschiedensten Aspekte der andalusischen Pferdehaltung vorgeführt. Über zweihundert Pferde werden auf den Gestütsgründen gehalten, die Stuten und Fohlen auf weitläufigen Weiden. Zum Gestüt gehört auch eine Pferdeklinik, in der mit modernsten Mitteln und Möglichkeiten gearbeitet und therapiert wird.

Hierro del Bocado
Ctr. Medina-El Portal, Km 6,5
Apdo. Correos 95
Jerez de la Frontera (Cadiz)
Farm Tel. 0034-95-632 00 45

Büro: EXPASA Agricultura y Ganadería S.A.
Calle Capitán Vigueras no. 1-2 C
41004 Sevilla

1998 übergaben die Kartäusermönche der EXPASA das originale Brandeisen in Form einer Glocke, mit dem die Kartäuserpferde im 15. Jahrhundert gebrannt wurden – als Zeichen ihrer Anerkennung für die Arbeit, die vom Staat auf Hierro del Bocado für das Pura Raza Española Cartujano geleistet wird.

Bandolero XLIX unter
Antonio Aguilar

Brandzeichen und Adressen der ANCCE

AGRICOLA GUZMAN, S.A.
Avda. San Francisco Javier s/n.
Edificio Sevilla 2, Planta 3ª, Módulo 7
41005 SEVILLA.
954 65 95 36 - Fax 954 65 95 36
Director Técnico: D. José Nieto Benítez

AGRICOLA PERALTA
Larga, 48.
41130 PUEBLA DEL RIO (Sevilla)
955 77 12 12
Gerentes. D. Angel y D. Rafael Peralta Pineda.

AGRICOLA SAN ALVARO, S. L.
D. José Pacheco López de Morla
Paseo de Colón, 14.
41001 SEVILLA
954 22 20 95

AGRICOLA VALVI, S. A.
Plaza Nueva, 8-B
41001 SEVILLA
954 50 28 58 - Fax 954 50 37 20

AGROGANADERA LAS GORDILLAS, S. A.
Dª Isabel Gómez Sequeira
Concha Espina, 47, 3º
28016 MADRID
91 564 93 13 - Móvil 608 02 31 20

AGROPECUARIA »El ANCLA«
D. Antonio F. González Sánchez
Finca Canteruela. Carretera Nacional Cádiz-Málaga, Km. 50
VEJER DE LA FRONTERA (Cádiz)
ESPAÑA
608 65 46 22 - 956 23 25 61
Finca EL ANCLA
Calle B. Las Lapas. Tucacas
042 83 03 73 - Oficina: 041 33 39 60 - 33 49 60
VENEZUELA

AGROPECUARIA DEL ESTE, S.A.
FINCA »EL PEDROSO«
Ctra. Jerez-Medina, Km. 24. CADIZ
956 83 22 31.

AGROPECUARIA LARIOS, S. A.
YEGUADA LARIOS, Dña. Gisela Rexroth Silving
Ctra. Jerez-Algeciras, Km. 59
11180 ALCALA DE LOS GAZULES
(Cádiz) ESPAÑA
956 420 595. Fax: 956 413 170
e-mail: agrop.larios.sa@ctv.es

AGROPECUARIA LAS HOCES, S. L.
YEGUADA LA ESPUELA
Finca »El Hornillo«
Ctra. Arcos-El Bosque, Km. 12. CADIZ
956 71 20 21 - 607 14 54 83

AGÜERO TORRECILLA, D. Francisco
Partida Alberca, s/n.
03530 LA NUCIA (Alicante)
96 587 02 84 - Móvil: 689 86 20 92

AGUILA LOPEZ, D. Francisco del
Ganadería Alhamilla
Avda. de la Estación, 26, 2.º N
04006 ALMERIA.
950 26 23 70 - 26 20 83

AGUILAR GARCIA, D. Antonio
Colón, 5
41440 LORA DEL RIO (Sevilla)
955 80 30 76

AGUILERA MORENO, D. Manuel
Capitán Gaspar Ortiz, 14
03201 ELCHE (Alicante)
96 543 60 06 - 543 61 41

AGUIRREZABAL RANILLA, D. Pedro
Avda. Olarambe, 18
01194 MENDIOLA (Alava)
630 071 044 - 945 14 84 15

ALARCON DE LA LASTRA Y DOMINGUEZ, HDROS. DE D. JOAQUÍN, CONDE DE GÁLVEZ
Plaza de Cuba, 5, 7º Central
41011 SEVILLA
954 271 940 - 607 653 213
e-mail: valjimeno@svq.servicom.es

ALBA AYALA, Hdros. de D. Francisco
Plaza de Cuba, 9-4º
41011 SEVILLA
954 27 19 94

ALBA BETERE, D. César
C/. Cuidad de Ronda, 4, piso 1
41004 SEVILLA
954 42 38 96

ALBA ROMEU, D. Antonio
Carretera Cubellas, 25-27
08800 VILLANUEVA Y GELTRU.
(Barcelona)
93 815 50 00

ALGAIDA
Ctra. Carmona-Dos Hermanas, Km. 28,2
Aptdo. Correos 11
41410 CARMONA (Sevilla)
955 95 34 71 - 608 55 87 80
Fax: 955 95 34 71

ALMANSA RODRIGUEZ, D. José
Finca Vista Alegre
Ctra. San Juan del Puerto-Niebla km. 72
SAN JUAN DEL PUERTO (Huelva)
Tel.: 959 35 66 00

ALORA, S. A.
Gerente D. Luis Alonso Polo
Finca Torrecilla del Rio.
37170 SAN PEDRO DEL VALLE
(Salamanca)
923 32 04 69

ALVAREZ PEREZ, Dª Roser
Prat de la Riba, 5, 2º 1ª
43700 EL VENDRELL (Tarragona)
977 66 43 96 y 608 74 71 71

AMANTE MADRID, D. Manuel
Apartado de Correos 328
03600 ELDA (Alicante)
96 538 84 27

AMARILLO PARRA, D. Antonio
Finca La Algamasilla. Camino de Navahonda
EL PEDROSO (Sevilla)
955 95 41 98 - 421 70 07

ANDIC ERMAY, D. Nahman
August Font i Carreras 5153
08950 ESPLUGUES DE LLOBREGAT
(Barcelona)
93 372 11 44

ANDRADA VANDERWILDE Y BARRAUTE, D. Francisco
Plaza Siete Revueltas, 4.
41620 MARCHENA (Sevilla)
95 584 62 80 - Fax: 95 484 32 72

AQUILINO HERMANOS
Ctra. de Arévalo nº 15
40196 SEGOVIA
921 43 73 86

ARANDA ALCANTARA, Gregorio
Carretera de la Isla Menor, Km. 2,8
41700 DOS HERMANAS (Sevilla)
955 66 82 88

ARENAS ROSA, D. Felipe
Finca »Casablanca«
Director: Bonifacio Arenas Ramírez
Ctra. Picanya, 6-Z. 46900 TORRENT
(Valencia)
96 155 95 59 -155 34 38

ARGÜESO PIÑAR, D. Gonzalo
Plaza Ruiz de Alda, 5, 5º B
41004 SEVILLA
607 57 11 22 - 954 42 46 84

ARPA VILLALONGA, D. Pedro
P. Generaal Mendoza, 1, 2ª planta
17002 GERONA
972 20 83 30 - Fax: 972 20 58 29

ARROBA GANADERIA
Finca Mas Mateu
17110 SANT CLIMENT DE PERALTA
(Girona)
606 36 36 73 - 972 63 40 10 -
Fax: 972 63 42 52
e-mail: atstudfarm@arrobaganaderia.com

ASENCIO ALONSO, D. Francisco
Morón, 18
41600 ARAHAL (Sevilla)
954 84 02 75 - 955 84 19 90

ASTARLOA SORDO, D. Ildefonso
Avda. San Luis, 97.
MADRID
608 60 74 36

BAIARDI, D. Gianfranco
Rio Salto, 113
SAVIGNANO SUL RUBICONE. FORLI
47039
Tlf.: 07 39 541 94 44 69.
Fax: 07 39 541 94 14 66

BAONES GONZALEZ, D. Misael
Perulero, 16
21350 ALMONASTER LA REAL (Huelva)
959 14 31 73

BALLESTEROS MORCILLO, D. Jesús
Héroes de Toledo, 43.
14800 PRIEGO DECORDOBA (Córdoba)
957 54 01 42 - 55 31 59

BARROSO DE LA PUERTA, D. Enrique
Avda. de la Borbolla, 51, 1º B
41013 SEVILLA
954 23 49 27 - Fax: 954 23 49 28
Móvil 667 47 16 39
e-mail: brv@sistelnet.es

BARROSO PERALES, D. José
Guadiana, 27
28002 MADRID
91 431 60 41

BAYO CHIVA, D. César
Plaza de España, 10, piso 8
12200 ONDA (Castellón)
964 60 49 67 - Móvil: 610 44 90 84

BAYO SANCHEZ, D. Javier
Finca »La Rosa« GIBRALEON (Huelva)
Móvil: 629 594 131
959 28 28 76

YEGUADA CORONINAS, Becker Olsen, Jens
Ctra. Casares, Km. 6
29690 CASARES (Málaga)
952 80 20 75 - Móvil: 619 464 515

BENITEZ-CUBERO PALLARES, D. José
CORTIJO LOS OJUELOS
41620 MARCHENA (Sevilla)
955 95 11 29 - 595 12 93.
Móvil: 689 88 07 35

BENITEZ MORENO HNOS.
Avda. Portugal, 1
41410 CARMONA (Sevilla)
954 141404 - Part.: 954 141 164 -
Finca: 955 953688

BERMEJO ASTARLOA, D. Juan José
La Mocha, 1
40370 TUREGANO (Segovia)
911 50 03 69 - 50 01 30

BERNAD TE HENNEPE
»Den Vinkenburg«
Misterstraat 44
7126 CE BREDEVOORT (Holland)
Gerente: Jolanda Venema
543451108 - 0031 543 452100

BERTOLINI BLASCO, D. Manuel
Naturalista R. Cisternes, 2
46010 VALENCIA
96 132 04 33 - 360 32 55

BESADA MARTINEZ, D. Guillermo
Pumar, 24
36992 SAMIEIRA (Pontevedra)
986 74 15 14

BLASCO CAETANO, D. Rafael
Avda. De Bonanza, 2, 1º Derecha
41012 SEVILLA
954 61 65 10 - 608 85 08 46

BLASCO VILLA, D. Javier
Zapateros, 2
05200 AREVALO (Avila)
918 30 05 00

BOCANEGRA PEREZ, S. L.
D. Juan Luis Bocanegra
Plaza San Agustin, 13
41003 SEVILLA
954 53 93 18

BOHORQUEZ ESCRIBANO, D. Fermín
Parque Avenida. Edif. Jerez 74, 1º
11 405 JEREZ DE LA FRONTERA (Cádiz)
956 18 45 79-83. Fax: 956 18 46 03

BOHORQUEZ GARCIA DE VILLEGAS, D. Miguel
Avda. del Limonar, 14
11401 JEREZ DE LA FRONTERA (Cádiz)
956 30 78 93

BOHORQUEZ MARTINEZ, D. Angel
Urbaniz. El Bosque - Edif. Sydonia, 2º A
11405 JEREZ DE LA FRONTERA (Cádiz)
956 32 02 69

BOLUFER CAPO, D. Vicente
Plaza del Rey Jaime I, 11
03720 BENISSA (Alicante)
965 57 03 02 - 965 73 18 32

BONFILL FARBREGUES, D. José
Partida San Bernabé,
s/n. Apartado postal, 41
43590 JESUS (Tortosa) TARRAGONA
977 58 09 52 - 977 58 07 93

BORAO ALTUNA, D. Domingo
Cosme Echevarrieta, 15
48009 VIZCAYA
94 424 74 58 - 609 41 35 99

BOSCH FRANCH, D. Esteban
Yeguada Can Boada
Rotes, 48.17820 BANYOLES (Gerona)
972 57 03 09

BRAVO MARTINEZ, D. Ignacio
Finca »La Morera«
06370 BURGUILLOS DEL CERRO
(Badajoz)
608 92 75 50 - 929 55 88 27

CACERES GRANJA, D. Manuel
Candilejo, 7
41004 SEVILLA
954 22 83 71 - 422 70 49

CABALLOS DEL UNO, S. L.
Ctra. Franqueses-Ametlla, km. 1,8
08520 FRANQUESES VALLÉS
(Barcelona)
938 46 80 52 - 609 55 55 69
Director Gerente: D. Juan Font

CALDERÓN PÉREZ, D. José
Avda. Alcalde Narciso Martín Navarro, 71
21400 AYAMONTE (Huelva)
959 47 16 70 - 639 18 45 41 - 670 63 51 41

CALVO, Dª Clotilde
P. de Rosales, 10
MADRID
91 715 24 35

CAMACHO BENITEZ, Hnos.
Martín Belda, 2
14940 CABRA (Córdoba)
957 52 00 51

CAMACHO RIVERA, D. Roberto
Balbuena, 4
13300 VALDEPEÑAS
926 32 26 40 - 32 03 71

CAMARA YSERN, Dª Roció de la
Avda. República Argentina, 16
41011 SEVILLA
954 27 23 59

CANO GARCIA, D. José Cruz
Fortuna, 20, 4° C
03340 ALBATERA (Alicante)
96 667 80 71 - 608 96 63 86

CAPELO BLANCO. Dª Rosa
Zacarías Homs, 3-Chalet 2
28043 MADRID 91 759 99 87
Finca Saltagallo, ANDUJAR (Jaén)
953 12 21 34

MIGUEL ANGEL DE CARDENAS, S. L.
Santa Florentina, 20
41400 ECIJA (Sevilla)
954 83 10 62

CARDENAS OSUNA, D. Pedro de
YEGUADA PEDRO DE CARDENAS
Ancha 4. 41400 ECIJA
954 83 01 33

CARDENAS SANCHEZ, Hnos.
Jerez, 48
41770 MONTELLANOS (Sevilla)
954 87 52 36

CARMONA URQUIZA, D. José Inés
Finca La Ventolera. Ctra. Zaidín-Armilla
Apdo. 11078. 18080 Granada
958 13 39 27

CARRERO MORALES, D. José María
Zaragoza, 49
21600 VALVERDE DEL CAMINO (Huelva)
689 64 89 95 - 959 55 10 76

CARRION MORENO, D. Rafael
Avda. Jerez, 15. 41014 SEVILLA
954 22 66 04 - 422 57 05
Encargado.: D. Luis Carrión Amate

CASANUEVA CAMINS, D. Manuel
Moralzarzal, 41
28034-Madrid
91 734 01 74

CASELLES SERRA, D. Miguel
Ctra. Arneva, km. 1
03300 ORIHUELA (Alicante)
610 40 31 33 - 965 30 17 56

CASTELLO PUCHOL, D. Vicente
Mercado, 2
12520 Nules (Castellón)
964 67 02 00

CEJUDO SUERO, D. Juan Antonio
Ramón y Cajal, 69
41510-Mairena del Alcor (Sevilla)
955 94 24 14 - 955 74 63 75

CENSYRA
Ctra. San Vicente s/n.
Apdo. De Correos 15 - BADAJOZ
924 27 19 18
Encargado: D. Rafael Calero Carretero

CID CEBRIAN, D. José Ramón
Dámaso Ledesma, 18
37500-CIUDAD RODRIGO (Salamanca)
923 46 05 77

CLUB DEL CABALLO
Dña. Eva Mª Palomino Miranda
C/. Vendrell, 2, 2ª Pta., 11-12
43840 Salou (Tarragona)
977 52 21 81

COLORADO LOPEZ, D. José
San Antonio, 29
41420-Fuentes de Andalucia (Sevilla)
954 83 72 36 - 955 95 31 26

COLORADO RAMIREZ, D. José
San Juan de Dios, 22, 2°, 2ª
43820 Calafeil (Tarragona)
977 69 22 78 - 629 92 71 27

COLLADO SOBRADO, D. Adrian
Hacienda Cerro Grande, S.A.
Paraiso-Cártago (Costa Rica)
Tlfno y Fax: 00 506 5747208

CONDADO DE MEDINA Y TORRES
Dª Josefina Pérez-Bejarano Delgado
D. Fernando A. Fernández de Tejada y
Pérez-Bejarano
»Dehesa Dña. Elvira«
06330 Valencia del Ventoso (Badajoz)
924 56 25 33

CONDE GALLARDO, D. Rafael
Calvo Sotelo, 31.
06443-Campillo de Llerena (Badajoz)
924 77 01 78 - 77 01 09
Móvil: 670 73 49 39
Director Técnico:
D. Francisco Javier Conde Cerrato

CORAL FLORES, D. Raimundo
C/. República Argentina, 35, A-1°
41011 Sevilla
954 28 60 11

CORTES DE LA ESCALERA, D.ª M.ª Dolores
República Argentina, 16.
41011-Sevilla
954 27 00 49

CORTES GARCIA, D. Salvador
Plaza de la Constitución, 12-1° B
29640-Fuengirola (Málaga)
952 474395 - 956 23 62 15
Móvil: 696 90 21 35

CORTIJO DESGARRAHATOS, S. A.
Ctra. nacional 331, Km. 135
Antequera (Málaga)
95 222 48 84
Encargado: D. Francisco J. Artillo Cano

CORTIJO MIRAMONTES, S. A.
Soledad, 16. 41240 Tocina (Sevilla)
95 474 01 97 - 95 573 16 64
Gerente: D. Manuel Montero Zafra

CHEMTROL ESPAÑOLA, S. A.
Finca El Cabril. 06260-Monesterio
(Badajoz)
924 51 68 52 - 91 416 90 12
Director Técnico: D. Pedro Molina López

CHINCHILLA RODRIGUEZ, D. Domingo
Avda. Divina Pastora, 9, Bajo centro
18012 Granada
677 53 71 99 - 958 28 09 50
Fax: 958 28 09 54
e-mail: domchr@teleline.es

CRESPO GONZALEZ, Hnos.
La Palmera, 19. 14006 Cordoba
957 27 11 19
Dtor. Técnico:
D. Juan Manuel Crespo González

CRUCES MORILLO, D. Jose M.ª
Paseo del Limonar, 11. Bq.1, 1.° B
29016 Malaga
95 221 47 53

DEHESA CABEZA RUBIA
San Martín de Porres, 12. 28035 Madrid
91 547 44 00 - 386 30 22
Gerente:
D. Ramón Martín Hernández-Cañizares

DEHESA DE YEGUAS, S.C.A.
Gerad Brenan, 20
29004 Malaga
95 223 99 59
Encargado: D. Francisco Alvarez Aranda

DEHESA »LA GRANJA«, S. A.
Encarnación, 4, bajo izq.
28013 Madrid
91 548 93 73 - 608 65 26 94

DELGADO DE LA FUENTE, D. Alejandro
Mendi Alde
48530 Ortuella (Vizcaya)
94 664 18 57

DIAZ APERADOR, D. Aurelio
Enrique Borrás, 20
08820 El Prat de Llobregat (Barcelona)
93 379 04 87

DIAZ GONZALEZ, HNOS.
Finca Torrepalma
Bollullos de la Mitacion (Sevilla)
955 76 52 10

DIAZ GUERRA, D. Ginés
Federico García Lorca, 1
41220 Burguillos (Sevilla)
955 73 85 90
Gerente: D. Hipólito Diaz Delgado

DIAZ NAVARRO, D. Juan
Cortijo Ardón
23760 Arjona (Jaén)
953 52 31 84

DIOSDADO GALAN, D. Antonio
Sto. Domingo, 11
11405 Jerez de la Frontera (Cádiz)
956 34 06 55

DOLGARENT, S. A.
D. Manuel Pérez Arévalo. Hacienda Oromana
Avda. de Portugal s/n.
Apartado de Correos, 126
41500 Alcala de Guadaira (Sevilla)
955 68 21 84

DOMECQ BOHORQUEZ, S. A.
Plaza Angustias, 9
11402 JEREZ DE LA FRONTERA (Cádiz)
956 34 85 17. Fax: 956 34 02 30

DOMECQ ROMERO, D. Alvaro
Recreo »El Paquete«
JEREZ DE LA FRONTERA (Cádiz)
956 31 47 47

DOMECQ ZURITA, Dª Blanca
Apdo. 310
11480 JEREZ DE LA FRONTERA (Cádiz)
956 16 14 60

DOMINGUEZ CARO, D. Manuel
Avda. de Madrid, 76, 2° I
11550 CHIPIONA (Cádiz)
956 37 34 03 - 670 82 32 04

DOMINGUEZ GALIANO, D. Antonio
Avda. Ramón de Carranza, 8
Edificicio Presidente. Portal B-3, 10° A
41011 SEVILLA
Móvil: 639 72 40 41 - 954 45 11 45 - 428 46 10

DONOSO PADILLA, D. Luis Carlos
Cataluña, 44
29009 MALAGA
95 230 78 08

DURAN GALLARDO, D. José Manuel
Los Remedios, 43
Apartado de Correos, 22
11150 VEJER DE LA FRONTERA (Cadiz)
956 45 03 31 - 689 71 98 77

EMBARBA DE FRUTOS, D. Aniceto
Urbanización Guadalmar. Fresnos, 26
(Los Lagos). 29006 MALAGA
95 223 39 67. Fax: 95 232 40 22

EKLUND, Gert Tommy
Finca El Roblejar
Apartado de Correos, 57
29680 ESTEPONA (Málaga)
952 11 36 80 - 952 80 20 75

Brandzeichen und Adressen der ANCCE

ENGEL, D. Peter
Yeguada Los Pavos Reales
Postfach, 3,
D-56290 BELTHEIM, ALEMANIA
Tlf. 07-49-67 62 14 10
Fax 07-49-67 62 14 09
Web: www.Cartujano.de

EL ESPARRAGAL, S. A.
Finca El Esparragal. Ctra. Nacional 630,
Km. 795
41860 GERENA (Sevilla)
955 783 431 - Fax 955 783 430

ERQUICIA GUARDIOLA, D. Alfredo
Cortijo »Jedulla«. 11630 ARCOS DE LA
FRONTERA (Cadiz)
956 72 20 51

ESCALERA DE LA ESCALERA, D. José Luis
General Armero, 85
41420 FUENTES DE ANDALUCIA
(Sevilla)
954 83 71 65 - 441 29 41

ESCALERA DE LA ESCALERA, Dª Mª Fernanda
Habitat 71, n° 1 - 2° 6
41007 SEVILLA
954 51 47 39 - 483 73 22 - 608 15 03 57

ESCALONA PUEYO, D. José Angel
Vicente Campo, 9, 2 E. 1° A.
22002 HUESCA
974 21 19 32 - 22 27 62

ESCOBAR, Hros. De D. José Maria
D. Mauricio Soler Escobar
Artesanía, 28. 2° - 3
Parque Industrial P.I.S.A.
41927 MAIRENA DEL ALJARAFE (Sevilla)
Tlf./Fax: 954 18 48 26

ESPEJO CASADO, D. Francisco
Plaza Nueva, 6
14900 LUCENA (Córdoba)
957 50 19 22 - 957 50 28 21

ESPINA NOGUERAS, Hnos.
D. Juan Espina Nogueras
Guadalquivir, 1
41700 DOS HERMANAS (Sevilla)
955 66 55 76 - 472 12 92

ESTEBAN RUIZ, IVAN
AGROTOVE, S. A.
Cea Bermúdez, 6, 12° D.
28003 MADRID
91 535 09 64 - 91 445 90 97

EXAGA, S. COOPE. AND.
D. Manuel Roldán Sánchez
Rosario, 6
41520 EL VISO DEL ALCOR (Sevilla)
955 74 10 25

EXPASA AGRICULTURA Y GANADERIA, S. A.
Capitán Vigueras, 1, 2° C.
41004 SEVILLA
954 42 36 61

FARRIOLS CALVO, D. Rafael
Can Martí de la Pujada, 9-10
08310 ARGENTONA (Barcelona)
93 797 05 16 - 629 76 63 83

FERNANDEZ-DAZA y FDEZ.
DE CORDOVA, D. Francisco
Reina Victoria, 13
06200 ALMENDRALEJO (Badajoz)
924 66 08 68

FERNANDEZ FERNANDEZ, D. José Mª
Finca El Arrebolado
41710 UTRERA (Sevilla)
954 86 02 25
Director Técnico:
D. José Ramón Fernández Villegas.

FERNANDEZ JIMENA. Hnos.
Plaza de Cavana, 6
29780 NERJA (Málaga)
95 252 08 93 - 252 17 33

FERNANDEZ MONTES, D. Joaquín y D. José
San Felipe, 15
41410 CARMONA (Sevilla)
954 14 08 70

FERNANDEZ ORDAS, D. Aniceto
Cortijo »La Corchuela«.
DOS HERMANAS (Sevilla)
Ofic.: Cervantes, 101.
CORIA DEL RIO (Sevilla)
954 77 01 53

FERNANDEZ DE LA VEGA Y SEDANO,
D. José María
Plaza del Caudillo, s/n.
45870 LILLO (Toledo)
925 17 01 65 - 19 00 31
Fax. 925 17 01 00

FERNANDEZ VELEZ, D. Juan
Del Duque, 38
21600 VALVERDE DEL CAMINO (Huelva)
959 55 00 20

FERRERO FIOL, D. Fausto
Miguel de los Santos Oliver, 7-A izq.
07011 PALMA DE MALLORCA
971 45 28 28 - Fax: 971 45 32 32

FERRER-ROVIRA. S. A.
D. Jaime Ferrer Clapes
Rambla Nova, 4
43004 TARRAGONA
977 65 03 31 - 609 73 73 13

FOMENTO GANADERO EXTREMEÑO, S. A.
FOGEXSA
Avda. República Argentina, 22-bis, 3.° A
41011 SEVILLA.
954 27 08 88 - 427 09 83

FRAILE GARCIA, D. Aquilino
YEGUADA A. FRAILE
Avda. San Francisco Javier, 13-4.° B
41005 SEVILLA. Oficina: 954 66 36 49
Finca: 954 74 73 55 - Fax: 954 66 36 48

FRAILE PELLITERO, D. Carlos
Ciudad de las Aguilas, 1°A, 3°
28030 MADRID
913 7134 79

GAINZA ALONSO, D. José Manuel
Rodríguez Arias, 70
48013 BILBAO (Vizcaya)
94 424 21 10 - 424 53 61

GALIANO ORIHUELA, D. Juan
Finca »El Ramal« Ctra. Nacional Sevilla-
Huelva, km. 587, MANZANILLA (Huelva)
Oficinas: Evangelista, 7-Blq.C, 1° 7.
41010 SEVILLA
957 41 52 49 - 954 57 75 58

GANADERIA AGROSUR
D. Manuel Bajo Garcia
Urb. Colina Blanca, 76
41900 CAMAS (Sevilla)
955 95 61 26

GANADERÍA EL CABEZUELO
D. Andrés Fernández Pérez
Avda. Primero de Mayo, 1
13500 PUERTOLLANO (Ciudad Real)
926 47 73 59 - 926 47 78 50

GANADERIA CAMACHO-GOMEZ
D. Rafael Camacho Rueda
Finca Las Candilejas
21200 ARACENA (Huelva)
959 50 12 32 - 959 12 60 53 -
959 12 62 56

GANADERIA CRUZ CAMPOY
Gerente: D. Juan Manuel Cruz »El Grillo«
Travesal Laguria, 1.
21 100 PUNTA UMBRIA (Huelva)
959 31 26 27 - 619 00 64 79

GANADERIA LA ESPUELA
Hdros. De Rebollo Escobar
Director Técnico:
D. Francisco Jesús Rebollo Escobar
Atahualpa, 36.
DOS HERMANAS-CONDEQUINTO
41089 SEVILLA
954 12 20 92

GANADERIA EQUINA P.R.E.
Dña. Encarnación Bombillar Expósito
C/. Madrid, 40
18200 MARACENA (Granada)
958 40 47 07
Encargado: Miguel Bravo Vega

GANADERIA DEL HIERRO DEL BARCO
D. José Luis Pérez Cobano
Finca La Lobera, s/n.
21510 SAN BARTOLOME (Huelva)
959 38 75 43 - 689 64 90 41

GANADERIA DEL HIERRO DEL CALDERO
Martín Dominguez, Dª Fernanda María
Urbanización La Laguna. Amapola, 30.
41928 PALOMARES DEL RIO (Sevilla)
955 76 30 34 - Móvil: 656 972 352

GANADERIA HNOS. AYALA
D. Emilio Ayala Mateo
C/. Correderá, 29
41710 UTRERA (Sevilla)
954 86 04 36 - Móvil: 639 64 78 26
Gerente: Alberto Ayala Sousa

GANADERIA HNOS. CANOVAS
D. Julio y D. Rafael Cánovas
C/. León XIII, 62, 2° piso
41009 SEVILLA
954 35 11 97 - Móvil: 616 92 92 74

GANADERIA HERMANOS MESTRE
Finca El Estribo
Polígono Santa Madrona.
08328 ALELLA (Barcelona)
93 540 33 53 - 608 59 56 57

GANADERI HIPIC-TRESS
D. Antonio Tresserras Marco
Finca Can Noble. Llerona, s/n.
08480 L'AMETLLA DEL VALLES (Barcelona)
93 843 12 29. Fax: 93 237 83 83

GANADERIA LAS LUMBRERAS
Director Técnico: F. Jacobo Delgado
Fernando IV, 40-1.° B. 41011 SEVILLA
608 85 05 79 - 445 74 28

GANADERIA TRES CORONAS
D. Juan Carlos Cordón
Marqués de Monteagudo, 17
28028 MADRID
913614552 - 629 254 999

GANADERIA VILARIÑO
D. Román Díaz García
Vilariño, s/n. 27619 SARRIA (Lugo)
Tlf.: 982 53 31 37 - 982 53 30 97.
Fax: 982 53 30 17
Director Técnico: D. Enrique Navarro Utrera

GANADERIA LAS YEGUAS DEL CARACOL
D. Jesús Caballero Martinez
Goya, 8
13600 ALCAZAR DE SAN JUAN
(Ciudad Real)
926 54 49 48 - 926 54 59 01 - 609 12 65 84

GARCIA DIEGUEZ LOPEZ, D. Miguel
Julio César, 2-3.° Dcha.
41001 SEVILLA
954 21 56 66

GARCIA GALACHO, D. José Manuel
Partida Barranc Salat, s/n.
03530 LA NUCIA (Alicante)
965 87 84 00 - 965 97 23 74

GARCIA ROMERO, D. Francisco Javier
Urbaniz. El Bosque- Edif. Citrus, 5.° A
11405 JEREZ DE LA FRONTERA (Cadíz)
956 30 77 41

GARCIA VAZQUEZ, D. Antonio
Yeguada García-Váquez
Finca Muragón. BAEZA (Jaén)
953 56 01 18

GARRIDO GONZALEz DE RIANCHO, D. Alberto
D. Técnica: Dª Mª José Andrés Marchena
Virgen de Regla, 15.2.° Izqda.
41011 SEVILLA
954 28 42 77 - 441 61 08 - 594 20 95

GARROCHO RUBIO, D. Felipe
Urb. La Ramira, Parcela 2 y 3
41530 MORON DE LA FRONTERA
(Sevilla)

GIL MARIN, D. Jesús y D. Miguel
Goya, 47. 28001 MADRID
91 275 98 05

GIL SILGADO, D. José María
Balbino Marrón, 3.
Edif. Viapol Puerta A, 5ª planta mod. 19
41018 SEVILLA
954 63 70 72 - 954 63 06 80

ALLEVAMENTO DEL SOLE DI ALESSANDRA
GIOVINETTI
Via A. Manzoni, 14
21047 SARONNO (VA) (Italia)
07 39 296702660 - 07 39 3358036696

GOMEZ ALVAREZ, D. Pedro
Fuentes, 9
PUEBLA DE GUZMAN (Huelva)
959 38 91 04

YEGUADA RIOFRIO
Avda. Fuente del Río, 36
14940 CABRA (Córdoba)
608 28 64 02 - 639 79 01 77
Director Gerente:
D. Rafael Gómez Castro

GOMEZ GARCIA, D. José
Pza. Era Baja, 1
18200 MARACENA (Granada)
958 42 04 60. Fax: 958 22 15 06

GOMEZ MUÑOZ, D. Manuel
Avda. Cayetano del Toro, 42, Entreplanta
11010 CADIZ
956 25 09 11 - 25 75 09 - 958 22 15 06

GOMEZ ROBLES, D. José y D. Joaquín
Finca »Camino Rociero« Platero, 1
21810 PALOS DE LA FRONTERA
(Huelva)
608 30 25 31 - 959 53 03 61

GONZALEZ BRAVO, D. José
Parque Nueva Granada,
Bloque 5, Puerta E, 4.° C
GRANADA
958 34 05 00

GONZALEZ DIEZ, D. Luis
Rancho »LA ESPERANZA«
km. 315. Ctra. México-Texcoco
91592 LADA
07-52 595-10702 y 07-52-595-10701

GONZALEZ NARANJO, Hnos.
D. Francisco González Trigo
Finca Las Higueras, s/n.
41806 UMBRETE (Sevilla)
954 43 09 11 - 443 05 44 - 571 50 62

GONZALEZ ORGAJO, D. Enrique
San Julián, 14-A
BURGOS
947 20 42 31 - 947 20 42 35

GONZALEZ PEREZ, Hnos.
General Palacio, 5
28902 GETAFE (Madrid)
91 681 44 74 - 925 70 28 26.
Fax 91 682 16 62

GONZALES SOTO, Dª Carmen
Urb. El Bosque. Edif. Catalpa, 5.° C
11405 JEREZ DE LA FRONTERA (Cádiz)
956 30 88 30

GOVANTES OSUNA, Dª Mª Angeles
Dehesa Los Recitales
Director Técnico:
D. Salvador Martín Losada
Emilio Castelar, 1. 41400 ECIJA (Sevilla)
954 83 05 06

GRANDA LOSADA, D. Miguel
Conde Campo Espina
Dehesa Dª Catalina. TRUJILLO (Cáceres)
927 49 00 60-924 22 07 59.
Móvil: 908 80 61 31
e-mail: grandal@ancce.com
Gerente: D. José Alvarez Pozal

GRIMMSTAL
Propietario: Thomas Bottecher
Dorf-Strasse, 5
25782 SCHRUM (Holstein) ALLEMANIA
07 49 483 592 11 - 483 582 24

GUARDIOLA DOMINGUEZ, Dª Consuelo
San Antonio Maria Claret, 8
41012 SEVILLA
954 61 00 67

GUARDIOLA DOMINGUEZ, D. Javier
Cart. de las Marismas s/n.
41720 LOS PALACIOS (Sevilla)
955 81 12 00 - Fax: 955 81 12 01

GUARDIOLA DOMINGUEZ, Dª Blanca
Avda. de la Palmera, 55. 41013 SEVILLA
954 62 36 82
Gerente: D. Juan de Porres Guardiola

GUARDIOLA FANTONI,
Hdros. de D. Salvador
Plaza Calvo Sotelo, 5. 41001 SEVILLA
954 22 67 16

GUERRERO CACERES, D. Fernando
Sagasta, 12
MORON DE LA FRONTERA (Sevilla)
955 85 04 37

GUIRADO MARTINEZ, D. Roberto
YEGUADA GUIRADO
Finca »La Plazuela«. Urb. Costa Blanca
08755 CASTELLBISBAL
93 775 53 12 - 93 203 68 36
Fax: 93 307 68 06

GUIRADO Y LARA, S.L.
Yeguada La Boticaria - C/. Severo
Ochoa, 51
41300 SAN JOSE DE LA RINCONADA
(Sevilla)
954 79 01 77 - 955 79 32 00

GUTIERREZ, D. José Manuel
YEGUADA LA NAVA - Avda. Del Cortijo, 1
29649 MIJAS COSTA (Málaga)
952 93 38 61
Gerente: D. Sebastián Gutiérrez Perdigones

HACIENDA DEL SOL
1341 INDIAN MOUND TRAIL
Veo Beach, Florida 32963 (USA)
Tlfnos.: 00 1 5612313777
Rancho: 00 1 5615679081
Fax: 00 1 5612311202

HELGUERA, D. Constantino
El Verdugal
48192 GORDEXOLA (Vizcaya)
94 679 80 14

HEARST, Dª Joanne
Finca »La Caprichosa« Dehesa Boyal
Carretera de El Garrobo, Km. 2,8
41860 GERNA (Sevilla)
955 78 20 91

HERCE GARCIA, D. Teodoro
Cruz, 16.
41420 FUENTES DE ANDALUCIA
(Sevilla)
954 83 73 71 - 483 75 72

HERNANDEZ DAMIAN, D. Julio
Yeguada San José
Circunvalación, 6-5° A
28850 TORREJON DE ARDOZ (Madrid)
91 675 36 75

HERNANDEZ LOPEZ, D. Ramón
Camino de la Balsa, 4 (Granja Ordoño)
30120 EL PALMAR (Murcia)
968 88 60 50 - Móvil: 609 82 20 06

HERNANDEZ MORATA, D. Eugenio
Casas Nuevas, Pozo Estrecho
30594 CARTAGENA (Murcia)
968 55 64 40

HERNANDEZ POZO, D. Aureo
Juan Espladiu, 12, 14° D
28007 MADRID
914 09 62 35

HIGUERA LOPEZ, Francisco
Aguacate, 50. 28044 MADRID
91 511 10 00

HIPICA NOVO SANCTI PETRI
D. Joaquín Vela Vázques
Urbanización Novo Sancti Petri
11130 CHICLANA (Cádiz)
608 85 73 99

HOLGADO CARRERO, Dª Carolina
Hnos Mozo, 48
11650 VILLAMARATIN (Cádiz)
956 73 04 68

HUERTO GAENA, S. A.
Urb. La Peñita
29120 ALHAURIN EL GRANDE (Málaga)
952 49 09 93 - Fax: 952 49 03 58
Finca: Huerto Galena
CORIPE (Sevilla)
955 95 72 11

JIMENEZ JIMENEZ, Hnos.
Urb. Valdeolletas
Paseo de los Nardos, 21-A
MARBELLA (Málaga)
952 86 1190 - 952 82 55 02 -
607 60 60 52

JIMENEZ MONTEQUI, D. J. Ignacio
Del Palangre, 13. Urb. Bungalacant, 20
03016 CABO HUERT (Alicante)
965 26 50 92

JUAN MIGUEL MUÑOZ, S. C.
Abad y Sierra, 36-2°
IBIZA (Baleares)
971 317 318 - 971 317 365
Gerente:
D. Javier Rodriguez Vázquez de Tovar

LA BARQUERA, EXPLOTAC. AGROP., S. A.
D. Valentín Pinilla Fernández, Director
Gerente
Viena, 3. 10001 CACERES
927 22 19 99 - 22 19 04 - 22 19 08

LABOGAR, S. A.
Gerente: D. Xavier Ferrer Puig
Panamá, 22. 08034 BARCELONA
93 280 04 44

LA PLATA COMUNIDAD DE BIENES
Ctra. N. IV, Km. 524,500
Finca El Pino San José.
41410 CARMONA (Sevilla)
954 68 70 88

LALO SILES, S. A., D. Ignacio J. Siles
Arrecife, 38
41530 MORON DE LA FTRA (Sevilla)
95 485 08 13

LARA MORALES, D. José
Blas de Otero, 9
41318 VILLAVERDE DEL RIO (Sevilla)
955 73 67 12 - 955 73 61 20

LASTRA RAMOS PAUL, Dª Concepción
Pedro de Valdivia, 19 bis
28006 MADRID
91 562 02 28 - 95 421 64 33 -
924 89 02 15

LAZO DIAZ, D. Francisco
Hacienda Lerena
41830 HUEVAR (Sevilla)
954 75 55 61

LEDESMA DE LA CRUZ, D. José Manuel
Yeguada Ledesma y Franco
Finca Noguera de la Sierpe
Coto Ríos. 23478 CAZORLA (Jaén)
953 71 30 21

LEIVA GOMEZ, D. José Antonio
Plaza Vaca de Alfaro, 1 Bajo
14001 CORDOBA
957 48 47 96

LEMUS DEL REY, D. Juan Antonio de
Urgel, 268-270, 4°, 1ª
08036 BARCELONA
93 410 19 26 - 93 419 67 10

LEON LORA, D. Manuel
Yeguada Las Espadas
Condado de Treviño, 2
28033 MADRID
939 12 65 68 Y 91 766 06 75

LERIDA GARCIA, D. José Luis
Mariano Vicen, 37, 5° C
42003 SORIA
975 22 06 69 - 975 18 04 40

LOBO MORENO, D. Manuel
Avda. de Grecia. Hta. San Gonzalo, 5
41012 SEVILLA
954 61 50 50 - 954 61 39 76

LONGO ALVAREZ DE SOTOMAYOR, D. Pedro
Avda. de Eduardo Dato, 47 - 1° A
41005 SEVILLA
954 53 12 74

LOPEZ GIBAJA, D. Antonio
Libertad, 20
28100 ALCOBENDAS (Madrid)
91 652 18 14

LOPEZ GUTIERREZ, D. José
Granada, nave 2, Polígono Asegra.
PELIGROS (Granada)
958 12 32 79 y 958 40 55 60

LOPEZ-ROSADO MARTIN, D. Juan Angel
Berruguete, 7, 2° Dcha.
45100 SONSECA (Toledo)
925 38 22 22

LOPEZ MARTIN DE VARGAS, D. Francisco
Avda. República Argentina, 20-5°
41011 SEVILLA
954 27 27 72

LOPEZ MENDEZ, D. Rafael
Gustavo Bacarisas, 4-5° A
41010 SEVILLA
954 27 60 61

LOPEZ PALOMO, D. Victor Luis
Cortijo Cámara
18194 CHURRIANA DE LA VEGA (Granada)
958 25 77 41

LOS ADAINES, S.L.
D. Antonio Gómez Gómez
Finca los Remedios, s/n.
21580 CABEZAS RUBIAS (Huelva)
959 50 82 34

LLOPIS MEVIN, Dña. Pllar
Major, 30
46666 RAFELGUARAF (Valencia)
962 58 90 16
Gerente: D. Adolfo Campos Vilar

LLORENTE PEREZ, D. Pedro Luis y D. Carlos
Juan Bravo, 5 - 40001 SEGOVIA
921 46 35 66 - 91 352 27 77
608 91 72 85

MALO GARCIA, D. Miguel Angel
Gaudí, 62
43203 REUS (Tarragona)
977 31 73 70

MANTEROLA LIZASO, D. IGNACIO
Ganadería Val de Rueita
Finca: Val de Rueita, s/n.
50680 SOS DEL REY (Zaragoza)
943 37 14 45 - 948 39 80 77 - 948 39 81 06

MARGARIT GASCO, D. Pedro Alfredo
Yeguada Marbe
Diego de Riaño, 9. 41004 SEVILLA
954 41 97 58

MARHUENDA HURTADO, D. José
Juan Amo, 4
03640 MONOVAR (Alicante)
96 696 01 89 - Fax 96 696 01 19

MARIN GARCIA, D. José Luis
Palos, 7 - 5°. 21003 Huelva
959 24 09 18

MARQUES DE LORENZANA Y HNOS.
Cava, 26.
06360 FUENTE DEL MAESTRE
(Badajoz)
924 53 14 25 - 53 03 87

MARQUES DE VELILLA
Cortijo La Caridad
Carril El Potril
29670 SAN PEDRO DE ALCANTARA
(Málaga)
95 278 96 54- Móvil: 609 60 68 79
Encargado: D. Oscar Benavente Pérez

MARQUEZ MOTA, D. Luis
Hernán Cortés, 4, 2°
HUELVA
959 28 50 28 - 28 29 00

MARTIN LORCA, D. José Luis
Hotel Angela, Paseo Marítimo
29640 FUENGIROLA (Málaga)
952 47 52 00

MARTIN MORENO, D. Francisco
Arroyo, 55 Casa 2 - 1° C
41003 SEVILLA
95 454 23 22 - 422 60 89

MARTIN PEREIRA, D. José
Urbanización Torrequinto, 3ª Fase,
Parcela 205
41500 ALCALA DE GUADAIRA (Sevilla)
954 12 38 83

MARTINEZ-BORDIU FRANCO, Dª Carmen
Apartado de Correos n° 24
41370 CAZALLA DE LA SIERRA (Sevilla)
954 88 45 68
Gerente: D. Francisco Falcón Carmona

MARTINEZ SUAY, D. Rafael
Finca Caprichosa. Partida Rodonet
46118 NAQUERA (Valencia)
96 212 21 54 - 96 144 27 71

MARTINEZ VICENTE, D. Miguel
Yeguada El Paraiso
Avda. de Valencia, 124
02660 CAUDETE (Albacete)
96 582 58 50

MARTOS LUQUE, Antonio Luis
Antequera, 130
41640 OSUNA (Sevilla)
954 81 24 52 - 481 14 84

MATEOS-NEVADO ARTERO, D. Benito
Espinosa y Cárcel, 59-5° B
41005 SEVILLA
954 64 30 94

MATEU ALMENARA, D. Magin
Prat de la Riva, 3
43700 el vendrell (Tarragona)
977 66 35 61 - 977 66 56 12

MATEU GIPPINI, Dña. Concha
Yeguada Concha Mar
Fresnedillas de la Oliva
Camino de Navahonda, s/n. MADRID
918 98 91 19 - 609 264 931

MAZA IÑIGUEZ, D. Pedro
Amadeo Deprit, 4
48006 BILBAO
944 11 33 00 - 609 40 24 49
Fax 94 411 37 21

MERELLO, VDA. DE TERRY, Dª Isabel
Plaza de los Jazmines, 1
11500 EL PTO. DE SANTA MARIA (Cádiz)
956 87 16 40 - 41

MESDAG, D. Klaas
El Hondón. Ctra. Ronda-Sevilla, Km. 103
Apartado de Correos, 161
29400 RONDA (Málaga)
95 218 40 76

MIGUEZ PINTOR, D. Francisco
YEGUADA NOVENERA
María Auxiliadora, 101
41710 UTRERA (Sevilla)
955 86 14 60

MILLAN-RUIZ, Dña. Brigitte
La Finca, A-2002 GROSSMUGL,
NURCH 9, AUSTRIA
07 43 22686603 - 07 43 22686680

MIURA MARTINEZ, D. Eduardo y D. Antonio
Paez de Rivera, 2.
41012 SEVILLA
954 61 42 46 - Finca 955 95 38 26

MOJARRO ZAMORA, Hnos.
Rábida, 32
21001 HUELVA
959 24 96 25

MOJICA RUIZ, D. Juan
Dr. Miguel Rios Sarmiento, 20 - casa A
41020 SEVILLA
954 40 50 96

MOLINA SANCHEZ, D. Joaquin
Cortijo Albarracín. SORBAS (Almería) -
619 78 93 02
Director técnico: D. Luis Lucio Pérez
Tlf./Fax: 93 791 28 37 - Móvil: 609 36 69 19
e-mail: lucio@catworld.net
web: http://www.catworld.net/lucio

MONAGO MORA, D. Luis
Yeguada Los Madroños
Rosalía de Castro, 2
28150 VALDETORRES (Madrid)
689 46 24 56 y 91 841 57 19

MONTAÑO GALAN, D. Francisco
Montecarmelo, 27, 1° B
41011 SEVILLA
954 45 00 24

MONTERO PEREZ, D. Eugenio
Avda. Coruña, 58
28230 LAS ROZAS (Madrid)
91 637 12 72

MONTIJANO CARBONELL, D. Carlos
Libertador Juan Rafael Mora, 1
Escalera 14, bajo C- Edificio Las Perlas
14013 CORDOBA
Tlfno.: 957 20 29 76 - Fax: 957 20 07 79

MONTORO PERALES, D. José
Plaza Andalucía
23710 BAILEN (Jaén)
953 67 18 04 y 609 54 28 72

MORAIRA FERRER DE COUTO, D. Antonio
Virgen de Luján, 43-B
41011 SEVILLA
954 45 29 76

MORAL ARANDA, D. Fernando
Pedro Antonio Alarcón, 7, 6° A
18005 GRANADA
958 25 59 54 - 26 71 06

MORENO DE LA COVA, D. Alonso
Monasterio de San Francisco
14700 PALMA DEL RIO (Córdoba)
957 64 31 92

MORENO DE LA COVA, D. Javier
Avda. San Francisco Javier, 14-6° 1
41018 SEVILLA.
954 65 89 14 - Móvil: 608 65 02 04
Director Técnico: D. Javier Moreno Miura

MORENO GARCIA, D. Jaime
Yeguada Los Arcos
Rosa Jardón, 2 - Chalet 1.
28016 MADRID
91 359 46 94 - 359 05 85

MORENO PUNCELL, Dª Isabel
Finca El Obispo
21540 VILLANUEVA DE LOS
CASTILLEJOS
(Huelva) 959 50 41 53

MORENO DE ROJAS-SARRAILLER, D. José Luis
Ramón y Cajal, 19.
29200 ANTEQUERA
(Málaga) 95 284 13 67 - 284 23 36

MORERA VALLEJO, D. Antonio
Prolongación Avda. Kansas City.
Ctra. N-IV, Km. 4
(Cruce SE-30) 41007 SEVILLA
954 36 75 12 - 954 36 75 25

MORETA MORALEDA, D. Antonio
Santo Domingo, 32
28197 LEGANES
(Madrid). 91 612 51 30

MOYA ALMENDRAL, D. Antonio
Pedro Pérez Fernández, 9 A, 3°
41011 SEVILLA
954 27 51 45 - Finca: 955 68 48 47

MUÑOZ CAÑAS, Hnos.
Finca Rosas Viejas. Santa Eufemia, 4
14400 POZOBLANCO (Córdoba).
957 13 11 19
Representante: D. Mateo Dueña

MUÑOZ FERNANDEZ, D. Joaquín
Gestión Integral (Telecom)
Avda. San Francisco Javier, 22
41018 SEVILLA
95 493 28 10 - 619 056 203

MURGA LOPEZ, D. RAFAEL
Yeguada Ruiseñores
Alarife Marine de Margual, 4
50007 ZARAGOZA
608 26 04 82

NAVERO MARCHALL, D. Luis
Ronda de los Tejares, 12-2° A
14001 CORDOBA
957 47 12 05

NIMO MALDONADO, D. José Ramón
Noria 9.
41940 TOMARES (Sevilla)
954 40 55 00

NOBLEZA ROCIERA, SAT
D. Francisco Mª Mesa Díaz
Santiago, 20, 1° D
21730 ALMONTE (Huelva)
959 40 75 46 - Móvil: 606 31 30 95

OLIVA DOMINGUEZ, D. José L.
Yeguada La Rosa
Avda. de la Feria, 52
11650 VILLAMARTIN (Cádiz)
956 73 05 85 y 956 73 03 87

OLIVERA BERMUDEZ, D. Francisco
Cortijo »Olivera«. Apdo. 181
41580 ALCALA DE GUADAIRA (Sevilla)
955 68 19 76

ORIOL VALVERDE, HNOS.
Dña. María de Oriol Valverde
Gordillos, 4
41640 OSUNA (Sevilla)
954 81 00 63 - 954 23 90 31

ORTEAGRO, S.L.
D. Francisco Ortega Gutiérrez
Avda. Andalucía, 142, bajo
41100 CORIA DEL RIO (Sevilla)
954 77 00 89 - 954 77 38 90

OSUNA GARCIA, D. Nicolás
Puerta Real, 9.
18009 GRANADA
958 22 55 29

OSUNA JIMENEZ, Dª Isabel
Yeguada La Cruz
Urbanización Pino-Sol. Granada, 44
28280 EL ESCORIAL (Madrid)
Oficina: 91 579 64 65
Móvil: 629 21 54 01

PALMA VALDES, Hnas.
Moratín, 16-18, 2° C.
41001 SEVILLA
608 41 69 82 - 954 22 82 08

PARAMO RODRIGUEZ, D. Tomás
Camino de la Huerta, 54. La Moraleja
28109 ALCOBENDAS (Madrid).
91 650 01 25
Gerente: D. Antonio Páramo Aguado

PARRA MONTERREY, Dª Isabel
Avda. Vicente Sos Vainat, 1
MERIDA (Badajoz)
608 92 33 68 - Finca: 924 37 15 80
Director Técnico:
D. Francisco García Parra

PASCUAL JANDA, D. Francisco
Avda. Calahorra, 2 bis 2°
26250 SANTO DOMINGO DE LA CALZADA
(La Rioja) 941 34 02 02

PAZO GÓMEZ, D. Jesús David
Blas Infante, 29
41720 LOS PALACIOS (Sevilla)
955 81 62 47 - 955 81 14 18

PEÑA GUTIERREZ, D. Manuel e Hijos
Cervantes, 101
41100 CORIA DEL RIO (Sevilla)
954 77 01 53 - 477 36 09

PEÑA GUTIERREZ, D. Felipe y Hdros. Peña Díaz
Gerente: D. Manuel Peña Ruiz
Cervantes, 122
41100 CORIA DEL RIO (Sevilla)
954 77 55 87 - 689 36 21 56

PEREZ JIMENEZ, D. Gerardo
Playa de Corcubión, 13
28660 BOADILLA DEL MONTE (Madrid)
91 682 25 35

PEREZ LOPEZ, HNOS.
Yeguada La Teja
Imagen, 5, 4° Derecha
41003 SEVILLA
954 21 19 59 - 422 21 67

PEREZ MILLAN, D. José Antonio
Yeguada Vega-Yares
Emiliano Barral, 18, A, 5° 2.
MADRID
91 415 76 30 - 979 12 26 84 - 979 12 23 43

PEREZ RAMIREZ, Dª Carmen y Dª Araceli
San Jacinto, 64, bloque 2, 3° B
41010 SEVILLA
954 34 25 51
Gerente: D. Víctor Pérez Ramírez

PEREZ ROJO, Dª María Rosa
YEGUADA »LA ROSA«
Nao Victoria, 15
11207 ALGECIRAS (Cádiz)
610 03 09 20 y 610 03 09 23
Finca: 956 23 32 18
Gerentes:
D. Luis Gómez Hidalgo y D. Jenaro Algora

POL DE NUÑEZ, Dª Mª Luisa
Cardenal Ilundain, 3, portal 4, 2° dcha.
41013 SEVILLA
Gerente. D. Carlos Núñez Pol
Par.: 954 23 82 09
Oficina: 954 69 00 50

PROMOCIONES ROTEÑAS
Dña. Mª del Carmen Mateos Pérez-Luna
Húmera, 42, 28023 MADRID
91 307 89 19

PONS VERD; Pedro José
Ctra. Manacor, Km. 4,500
07199 PALMA DE MALLORCA (Baleares)
971 42 90 78

PORTILLO GIJON, D. Eduardo
Ecuador, 2. 1° dcha.
21810 PALOS DE LA FRONTERA
(Huelva)
959 35 07 74

POVEDANO MOLINA, D. Antonio
Urbanización Gualdalmar
Apartamento Río-Mar 1, planta 506
29004 MALAGA
952 24 50 18

PSCHERA, Peter
A-2533 KLAUSEN-LEOPOLDSDORF
AUSTRIA
00 43 2257466

PUERTO MUÑOZ, D. Juan
Barrio de San Antonio, 5
18300 LOJA (Granada)
958 32 21 77

HDROS. DE D. L. RAMIREZ MORAL
Judería, 8
14003 CORDOBA
957 47 53 56 - 629 222288

RETORTILLO, S.A,
Retorillo.
09345 TORREPADRE (Burgos)
947 18 63 00

REQUENA, D. Tino
Apartado de Correos, 110
11370 LOS BARRIOS (Cádiz)
956 23 63 17

REYES BAREA, D. Manuel
Encargado: D. Antonio Reyes Gomariz
GUADAPERO ALTO
Corredera, 8
11630 ARCOS DE LA FRONTERA (Cádiz)
956 70 80 69 - 956 70 01 45
Móvil: 689 717676

REYES SEDA, D. Feliciano
Finca »PUENTE CAIDA«
VALENCIA DE ALCANTARA (Cáceres)
924 31 55 60 - Móvil: 670 97 40 34

ROBLES SALGUERO, D. Francisco
Avda. México, 80
21001 HUELVA
959 24 80 48 - 608 75 89 44

RODRIGUEZ ADAME, D. Miguel
Rafael Guillén, 10
21002 HUELVA
959 24 52 42

ROGRIGUEZ ESCAÑO, Hnos.
Cervantes, 46.
41840 PILAS (Sevilla)
954 75 11 63
Gerente: D. Baldomero Rodríguez Escaño

RODRIGUEZ-PINA CRUZ, D. J. de Dios
Mesoncillos, 46.
28100-LA MORALEJA (Madrid)
91 654 29 84

RODRIGUEZ RAMOS, D. Francisco
Plaza del Mercado, 7, 1° B
37200 LA FUENTE S. ESTEBAN
(Salamanca)
923 44 09 43 - 45 00 46

ROJAS FERNANDEZ, D. Gabriel
Monte Carmelo, 64
41011 SEVILLA
954 45 13 44 - 608 54 18 88

ROJAS PALATIN, D. José Mª
Avda. de la Borbolla, 51
41013 SEVILLA
954 23 32 88

ROJO RUIZ DE TERRY, Hnos.
»EL Muleto«
»Villa Fátima«. Apartado 99
41700 DOS HERMANAS (Sevilla)
954 72 07 91

ROLDAN BORREGO, D. José Manuel
Blas Infante, 4
HERRERA (Sevilla)
95 761 24 13

ROQUETA ACOSTA, D. Enrique Luis
Martín Belda, 39
14940 CABRA (Córdoba)
957 52 02 04. Fax: 957 52 35 30

ROSA MARRERO, D. Juan Francisco
Yeguada Lanzarote, Fajardo, 35
ARRECIFE DE LANZAROTE
(Islas Canarias)
928 81 60 00 y 928 83 03 64

ROSA ORTIZ, D. Manuel
Ctra. de Enterrios, Hm. 3
06700 VILLANUEVA DE LA SERENA
(Badajoz)
924 84 61 00. Fax: 924 84 09 91
Móvil: 606 31 22 45

ROSAL GARCIA, D. Juan
Bailén, 9, A
08800 VILLANUEVA Y LA GELTRU
(Barcelona)
938 15 54 92

SAGERAS Y ALCAZAREN, S. A.
Avda. Ramón y Cajal, 5
28016 MADRID
91 344 04 62 - 63

SALADO PICHARDO, D. Francisco
Amarguillo, 6
41806 UMBRETE (Sevilla)
955 71 54 81

SALVATIERRA LOPEZ, D. Salvador
Marqués de Mondéjar, 34 - 4°
18005 GRANADA
958 25 61 81 - 26 11 00

SAN MIGUEL USLE, D. Manuel
Can Morató
08440 CARDEDEU-LLINAS (Barcelona)
93 846 09 04

SAN ROMAN MORAN, Dª Almudena
Avda. de la Coruña, 68. Portal 2. 1° A
28230 LAS ROZAS (Madrid)
91 636 14 01 - 91 636 07 52
Fax: 91 640 60 44

SAN ROMAN MORAN, D. Antonio
Via de servicio Nacional VI, Km. 26
28290 LAS MATAS (Madrid)
91 630 73 01 - Fax: 91 630 48 63

SANCHEZ BARBUDO MARTIN, D. Salvador
Plaza Cristo de Burgos, 3 - 4°
41003 SEVILLA
954 21 02 51 - Movil: 608 41 08 14
Finca: 955 89 82 65

SANCHEZ BEDOYA
Y FERNANDEZ MENSAQUE, D. Antonio
Apartado de correos 11049
41080 SEVILLA
954 12 40 32

SANCHEZ BUENO, D. Miguel Angel
Aldea del Fresno, 27, 28045 MADRID
91 473 39 48

SANCHEZ GARCIA, D. Miguel
Benedicto XV, 32
14400 POZOBLANCO (Córdoba)
957 77 02 88 - 689 71 53 16
957 13 12 58

SANCHEZ RAMIREZ, D. Antonio
La Fragua, 5
41300 SAN JOSE DE LA RINCONADA
(Sevilla)
955 79 21 50 - 608 55 07 07

SANCHO NEBREDA, D. Luis
Lope de Vega, 4
48930 LAS ARENAS (Bilbao)
94 480 19 38

SANTANA CARMONA. D. Fernando
Luz Arriero, 6
41010 SEVILLA
954 33 50 62

SANTIAGO RUIZ, D. Francisco
Marqués, 4
29005 MALAGA
95 221 85 91

SANTIAGO SANTIAGO, D. Jesús
Cánovas del Castillo, 53-55
23700 LINARES (Jaén)
600 42 28 43

SANTOS REDONDO, D. Mariano
YEGUADA EL TREMEDAL
Pº Carrascal, 13
40150 VILLACASTIN (Segovia)
921 198103-198134 - 954283385
Fax: 921 19 83 64

S.A.T. EL MASTRAL N° 251
Hnos. Cervera Cottrell
Ctra. Málaga, 26
11205 ALGECIRAS (Cádiz)
956 66 11 53 - 609 57 09 39

SCHUSTER, Sres. Gaby y Bernd
Haasbach, 11
51515 KÜRTEN (Alemania)
49 2268-6616

SEÑORIO DE ALONSO DE LA FLORIDA Y
BARAHONA
Dª Mª Teresa Alonso de la Florida y
Casellas
Director Técnico:
Hnos. Ruiz Alonso de la Florida
Domingo Tejera, 4. 41013 SEVILLA.
954 61 03 87

SEÑORIO DE SIERRA BRAVA
D. Joaquín Gonzáles Barba
Apdo. De Correos 41.
41008 SEVILLA
954 37 37 00

SES ROTES, S.A.
Finca Ses Rotes. Ctra. s'Esglaieta, Km. 2,6
(PM-112). 07190 ESPORLES
MALLORCA (Baleares)

SOBERBINA, S.A.
Marqués de Paradas, 47
41001 SEVILLA
954 11 00 61 - 954 22 25 13

SOTO SALMORAL, D. Antonio
Cristo, 2. 14001 CORDOBA
Finca »Los Llanos de Villaviciosa«
957 48 42 50 - 72 20 36

SUAREZ DELGADO, D. Carlos
Covacho, 5 (Estación)
05230 LAS NAVAS DEL MARQUES
(Avila)
91 897 23 83

Brandzeichen und Adressen der ANCCE

TIRADO AGUDO, D. Juan
Centro de Selección La Torrecilla, S.A.
TRUJILLO (Cáceres)
Domicilio Social:
Avda. Menéndez Pelayo, 67
28009 MADRID
91 574 30 05 - 91 409 76 07

TORREHERMOSO
D. Eduardo Torres Gonzáles-Boza
Pablo Picasso, 27, A, 5° D
18006 GRANADA
958 12 47 26 y 639 78 89 11

TREFFLER PICKELMANN, Dña. Cristina
Camino de la Estación
41849 AZNALCAZAR (Sevilla)
95 575 01 93

TRESSERRAS MARCO, D. José Mª
Cami Mas Vila, 1ª Trav. Izq. n° 4
43007 TARRAGONA
977 20 71 51

TRIVIÑO MARIN, D. José Julio
Benito Más y Prat, 9 Bajo B
41005 SEVILLA
Tlf. y Fax: 955 94 22 80
E-mail: www.andalusianhorses.com

URQUIJO Y NOVALES, D. Juan Manuel de
Conde de Odiel. Aptdo. 9
41720 LOSPALACIOS Y VILLAFRANCA
(Sevilla) 955 89 81 77

VALDIVIA ALVAREZ, Dª Josefa
GANADERIA LA GRANADA
Director Técnico:
D. José Antonio Molina Valdivia
San José, 1
18193 MONACHIL (Granada)
958 50 05 03 - Movil: 608 65 28 81

VALENZUELA, Hnos.
República Argentina, 2
23700 LINARES (Jaén)
953 69 48 09

VALENZUELA RUIZ, D. Ponzalo
Solís Ruiz, 101
14940 CABRA (Córdoba)
Tlf.: 957 52 05 58 - Fax: 957 52 02 08

VARA MUÑOZ-CASILLAS, Hnos.
Avda. de Villanueva, 10
06005 BADAJOZ
Tlf.: 924 23 21 81

VARGAS SERRANO, D. Alfonso
Virgen de la Antigua, 5
41011 SEVILLA
954 45 07 98 - 954 28 38 44
Fax: 954 45 48 88

VAZQUEZ-ARMERO DURAN, D. Alvaro
Paseo de las Delicias, 3
41001 SEVILLA
95 599 75 87 - 95 599 61 46
Fax: 95 599 61 28 - 95 599 73 07
Movil: 608 411 915

VAZQUEZ MARQUEZ, D. Juan
YEGUADA EL Espinillo -
Finca El Espinillo
02611 OSSA DE MONTIEL (Albacete)
967 58 50 49 - 608 07 52 97

VIVIANI, D. JOSE ROBERTO
Rua Pascal, 882. Apartado 151
SAO PAULO (Brasil)
07-55-11 -4961200

YEGUADA LES AGULLES
Propietario: D. Manuel Dávalos Criado
Pérez Galdós, 5. 12002 CASTELLON
964 25 15 95 - 76 04 87 - 608 66 33 46

YEGUADA AIMARAN
D. J. Huertas Montiel
Babel, 2.
29006 MALAGA.
95 232 09 10 - 629 47 05 03

YEGUADA ALBERDI
D. Enrique Mardarás Alberdi
Ibarrangoa, 1
GUECHO (Vizcaya)
94 430 30 33

YEGUADA LOS ALCORES
20 de Febrero, 9, 4° Izqda.
47001 VALLADOLID
983 35 22 41. Fax: 983 37 18 89

YEGUADA EL ALAMILLO
Director Técnico: Dª Graziella Suárez
Paseo Pintor Rosales, 40
28008 MADRID
91 542 23 00

YEGUADA EL ALLOZAR
Juan Pérez Zúñiga, 24-26
28027 MADRID
91 377 11 11. 926 69 50 24

YEGUADA LOS ANGELES
D. Fernando Piqué Llusa
Avda. Sarria, 125, 5 - 1ª
08017 BARCELONA
934 10 41 03

YEGUADA ARAUZO
Propietaria: Dª Ascensión, S.A.
Ctra. Nacional 501 (Ávila-Salamanca), km. 60
SALAMANCA
923 54 13 50 - 54 18 55
Gerente: D. Aurelio Rodríguez Sánchez

YEGUADA JOSE Mª ARISTRAIN DE LA CRUZ
Finca Valdepuercas
10137 ALIA (Cáceres)
927 36 60 00

YEGUADA AQUILINO MOYA
D. Aquilino Moya Espejo
Pasaje del Rocío, 3, p, 2° B.
41400 ECIJA (Sevilla)
954 83 18 66 - 483 15 93

YEGUADA AYALA
D. Rafael Ayala Muñoz
Alvarez Hazaña, 14, 1° B
41710 UTRERA (Sevilla).
954 86 35 11 - 586 29 95 - 608 85 15 78

YEGUADA DE AZORES
D. Antonio Ruiz Fernández
Tras Monjas, 14.
14800 PRIEGO DE CORDOBA
(Córdoba)
957 54 11 00 - 54 22 07

YEGUADA BAENA OSORIO
D. Francisco Baena Osorio
C/. Martínez Campos, 21, 5° A
18002 GRANADA
958 52 13 53
Gerente: Manuel Baena Torres

YEGUADA BERMEJO PERTEGAL
D. Luis Bermejo Saez
Meléndez Valdés, 37.
06225 RIBERA DEL FRESNO (Badajoz)
924 53 60 56

YEGUADA BOHORQUEZ-SEVILLANO
Dª Inmaculada Bohórquez Verdugo
Finca San Agustín.
Ctra. Marchena-Puebla de Cazalla, Km. 4.
SEVILLA
Camilo José Cela, Manzana 5, Bloque 7, 2° C.
41018 SEVILLA
954 92 10 13

YEGUADA LA BUITRERA
D. Juan Jiménez Fernández
Finca La Buitrera
03640 MONOVAR (Alicante)
96 597 81 14 - 96 597 84 42

YEGUADA CABALLO NEGRO
D. Clifford Pilcher
Finca Caballo Negro
11312 SAN ROQUE (Cádiz)
Tlf.: 956 23 61 76 - 956 74 22 66
Fax: 956 75 03 49

YEGUADA CAMPO BAJO
D. José Enrique Muñoz de Albelda
Directora Técnica: Dª Blanca Rojas Guijo
Plaza Cardenal de Toledo, 2, 1°
14001 CORDOBA
957 48 84 17

YEGUADA CANDAU
Cerrajería, 12, 41004 SEVILLA
954 22 33 03

YEGUADA CATALA
D. F. Pablo Cabalá Garrido
P. País Valenciano, 4
03760 ONDARA (Alicante)
965 76 61 24 - 76 68 33

YEGUADA DE LA LOMA DE UBEDA
D. José Ramón Blanco Bueno
Avda. Cristo Rey, 7. 2 izqda.
23400 UBEDA (Jaén). 953 75 71 48

YEGUADA EL CARMEN
D. José A. Becerra Martín
Sierra de Grazalema, 26. 29016 MALAGA
607 71 99 68 - 222 00 89

YEGUADA CASTELLA, D. Jordi Castellá Vila
Ctra. Dosrius-Canyamars, km. 2,2
DOSRIUS (Barcelona)
639 36 35 35

YEGUADA CENTURION, S. L.
Pio XII, 44, Bajo Derecha
28016 MADRID
Tlf.: 91 302 64 32 - Fax: 91 302 73 66

YEGUADA LA CIERVINA
D. Ramón Jiménez Díaz
Iglesia, 6. 10194 MONROY (Cáceres)
927 28 00 51 71 - 23 19 97

YEGUADA LOS CIERVOS
D. Antonio de Lorenzo
Avda. Valladolid, 81. 28008 MADRID
91 247 02 24

YEGUADA CISCAR
Hnos. Ramón Huguet
Finca Ciscar
46838 LLUTXENT (Valencia)
962 92 04 56
Finca: 962 29 43 63 - 670 86 89 53

YEGUADA CRAZY HORSE RANCH
D. David P. Hitchcock
José de Urbaneja, s/n.
29649 MIJAS COSTA (Málaga)
95 293 27 48 y 95 246 95 00

YEGUADA CUBAS, S.L.
D. Leopoldo García Almazán
Avda. del Valle, 19
28670 VILLAVICIOSA DE ODON
(Madrid)
91 616 18 64
Director Técnico: D. Enrique Navarro

YEGUADA »LA DEVESA«
D. Rafael Domenech Jorda
Provença, 264. 08008 BARCELONA
Tlf.: 93 215 21 13 - Fax: 93 215 54 65
Finca: Miquel Barceló, s/n.
43730 FALSET (Tarragona)
977 83 01 62

YEGUADA EL DIABOLO
Hnas. González Aguilar
Virgen de Guaditoca, 3 - 1° C
41011 SEVILLA. 954 27 24 65 - 427 63 91

YEGUADA DIMOBA
D. Juan José Díaz Molina
Soldado Español, 10. 04004 ALMERIA
951 25 25 77 - 25 41 35 - 608 95 77 94

YEGUADA DEHESA EL HERRERO
D. Ricardo Polo Polo
Avda. Ramón y Cajal, s/n.
Edificio Viapol, Portal B, Plta. 6ª, Módulo 4
41018 SEVILLA
954 63 12 73 - 463 04 88. Fax: 954 66 15 11

YEGUADA LA DOCTORA
Dª Ana Cornejo Vázquez e hijos
Apartado de Correos, 19.
HERRERA (Sevilla)
954 63 42 68, Finca: 955 95 81 00
Gerente: D. Esteban Prieto Cornejo

YEGUADA DON MARCO
Beethoven, 1
29639 BENALMADENA (Málaga)
952 44 89 04 - 608 45 50 37
Gerente: D. Salvador García Ortiz

YEGUADA DRAGO
D. Francisco Hernández Moreno
Urbanizacion »El Rosal«, 10
41510 MAIRENA DEL ALCOR (Sevilla)
955 74 62 41

YEGUADA LA ERMITA
D. Juan Antonio Espín Jiménez
Ciudad Jardín, 113
30120 EL PALMAR (Murcia)
968 88 60 06 - 606 63 10 82 -
Fax: 968 88 52 04

YEGUADA LA ESMERALDA
D. Arturo García Serantes
Puntal de Abajo, 29
15510 NEDA (La Coruña)
981 34 19 58 - 609 85 63 76

YEGUADA LA ESTRELLA, S. L.
D. Francisco Berna Alcaráz
Camino Calvario, Polígono 15, n° 9
03340 ALBATERA (Alicante). 96 548 54 43

YEGUADA EL EUCALIPTO
Carretera de Montoro a Cárdena, km. 11,5
MONTORO (Córdoba)
Oficina: 91 715 96 78
Finca: 957 33 60 25

YEGUADA LA FERROSA CARPE, S.L.
Juan de la Cierva, 272
45600 TALAVERA DE LA REINA (Toledo)
925 81 66 74
Director Técnico:
D. Florentino Carriches Peramato

YEGUADA FUENTE EL SOL
Lagasca, 90
28006 MADRID
91 431 09 13. 924 70 00 33

YEGUADA GIRIEGO
D. Juan de la Cerda y de la Serna
Finca Giriego. SEPÚLVEDA (Segovia)
918 571 334 - Movil: 629 644 221
Director Técnico: Enrique Navarro

YEGUADA GUIRAL
D. Antonio Guiral Guarga
Distrito Ribera, 37.
08820 PRAT DE LLOBREGAT (Barcelona)
93 478 01 00

YEGUADA HNOS. GUTIERREZ DELGADO
Gerente: D. Guillermo Gutiérrez Egea
Finca La Sargenta. Ancha., 37
41400 ECIJA (Sevilla)
954 83 09 45

YEGUADA »HARAS DU COUSSOUL«
D. Sauveur Vaisse
Dª Catherine Vaisse Campaigne
7 Rue de la planche
75007 Paris (Francia)
07-33-1-45 449321 y 07-33-1-45 637873

YEGUADA HAUS DOHR
Dr. Klaus Scharmer
Dohrer Weg, 2
D-52428 JÜLICH (Alemania)
00 49 24 61/13 23 - 00 49 61/13 23

YEGUADA HERCE
D: Millán Herce García
Marquesa de Estella, 2.
41420 FUENTES DE ANDALUCIA (Sevilla)
954 83 75 44 - 483 72 69

YEGUADA HERRERO
D. Fernando Herrero Ballesteros
Córdoba, 5 - 28770 COLMENAR VIEJO (Madrid)
91 845 65 65 - 91 554 65 11

YEGUADA DEL HIERRO DE LA MADALENA
D. Santiago Casado Castañeda
Antonio de Villegas, s/n.
47400 MEDINA DEL CAMPO (Valladolid)
983 80 33 21 - 983 80 31 08 -
983 80 44 00

YEGUADA IMPERIO
D. Ismael Ramírez Delgado
Alfonso XIII, 17. 14490 VILLARALTO (Córdoba)
957 15 00 98 - 91 578 28 55

YEGUADA IPORA
Finca »El Marqués«
41565 GILENA (Sevilla)
954 82 70 09-955 82 62 88

YEGUADA JEREZANA
Hnos. Lechuga Barrera
Paseo de las Delicias, 42
11406 JEREZ DE LA FRONTERA (Cádiz)
956 34 16 31 - 33 41 82

YEGUADA LAYOS
D. Juan Fernández-Layos Rubio
Urb. Valdelagua, 70
28750 SAN AGUSTIN DE GUADALIX (Madrid)
91 841 90 32

YEGUADA LA LIRA Y LA W, S.L.
D. Enrique Guerrero Mayer V. Wittgenstein
Avd. de America, 2, 11 B
28028 MADRID
91 726 72 02 - Fax: 91 725 62 16
Movil: 630 987 555

YEGUADA LISARDO SANCHEZ
Dª Mª Angeles Barrueco Sánchez
José Jáuregui, 36 4º B.
37002 SALAMANCA
608 91 65 07 - Fax: 923 21 31 67

YEGUADA L. J. ENGELMAJER (ADDEPOS)
Cortijo Charco Redondo.
Apartado Correos 276. SEVILLA
954 43 89 46 - 443 53 00
Gerente: D. Fermin Jiménez Huertas

YEGUADA LOS TEJOS
D. Antonio Pérez Sierra
Sierra Nevada, 1 - 41410 CARMONA (Sevilla)
610 50 40 00

YEGUADA LOVERA
Propietario: D. Miguel Lovera García
Miguel Benzo, 2 - 14004 CORDOBA
957 23 92 86

YEGUADA LUYILAS G.
Propietario: ULLY-98, S.L.
Gerente: D. Mario García Lozano
Santo Domingo, 20.2º
26300 NAJERA (La Rioja)
941 36 11 26 - 36 08 14

YEGUADA MAIPE
Plaza de los Tres Reyes, 1 - 30201 CARTAGENA (Murcia)
968 52 66 40. Fax: 968 52 91 58

YEGUADA MAJADALES
D. Raúl Recio López
Avda. Virgen del Carmen, 1-7º C
11201 ALGECIRAS (Cádiz)
956 63 07 91 - 639 19 70 17

YEGUADA LA MARGARITA
D. Jesús Salido Bojorquez
Crater, 51 - 01900 Col. Jardines del Pedregal
San Ángel.
MEXICO, D.F.
00 525 55680796

YEGUADA LAS MARISMAS
D. Eduardo Muñiz Piniella
Avda. Bolivar, 1112.
SANTO DOMINGO-REP. DOMINICANA
809 566 58 91

YEGUADA MARQUES DE SAN GIL
Naranjo, 2
41740 LEBRIJA (Sevilla)
955 97 20 00 - 597 20 64

YEGUADA MARQUES DE VILLENA
D. Luis Piqueras Rodríguez
Finca Piqueras
03400 VILLENA (Alicante)
96 597 92 05 - 580 62 15
Fax: 96 580 62 15

YEGUADA MARQUESA DE MONTE DE VAY
Ctra. Aguadulce-Gilena, km. 1,6.
Cortijo »El Marqués«
41565 GILENA (Sevilla)
955 82 62 88

YEGUADA MARTINEZ BOLOIX
Propietario: D. Vicente Martínez Orti
Avda. Manuel Agustín Heredia, 20 - 5º 2
29001 MALAGA
95 221 48 65

YEGUADA MEDIA GUITARRA
Cortijo Las Castañetas
Gerente: D. Antonio Chaneta Pérez
Granada, 47, 2º
29015 MALAGA
95 222 10 35

YEGUADA MIÑO
D. José Bermúdez Estévez
C/. Vega Baja, 27
03180 TORREVIEJA (Alicante)
966 70 06 89 - 606 38 96 06

YEGUADA MIRAS
D. Salvador Miras Gómez
Finca: Dehesa Tejoneras (CORDOBA)
Dirección: Goya, 21, 3º Derecha (MADRID)
914 35 01 96

YEGUADA MOLLA
D. Salvador Mollá Zoiro
General García Oltra, s/n
46490 QUART DE POBLET (Valencia)
96 154 09 12 - Móvil: 608 37 01 65

YEGUADA MONTIEL-ESCRIBANO
D. Andrés Montiel Molina
Plaza de la Constitución, 12
30740 SAN PEDRO DEL PINATAR (Murcia)
968 18 06 51

YEGUADA EL MORALEJO
Finca »El Moralejo«
D. José I. Sánchez Velázquez
02690 ALPERA (Albacete)
609 222345 - 629 624012

YEGUADA MORO LARA
Finca La Hincosa
VILLALBA DEL ALCOR (Huelva)
608 85 09 93

YEGUADA HNOS. NIETO
Urquinaona, 109
08222 TERRASSA (Barcelona)
93 786 10 13
Gerente: D. Blas Nieto

YEGUADA O'NEILL
D. Antonio Gamiz Mateas
González Meneses, 43
14940 CABRA (Córdoba)
957 52 19 34 - 957 52 06 11

YEGUDA OLIVER Y GELABERT
D. Antonio Oliver
Camino San Bou, s/n., Buzón 10
07220 PIÑA (Mallorca), (Baleares)
971 12 50 38 - 609 60 89 08

YEGUADA OVELAR
OVELAR CALVO, D. Jesús
Gutiérrez de Cetina, 8
28017 MADRID.
91 876 03 20 y 91 876 03 30

YEGUADA OÑATE
Urbanización Guadalmina Alta.
Valle del Sol
Villa Oñate. SAN PEDRO DE ALCANTARA
MARBELLA (Málaga)
95 288 59 73 - 608 45 01 83

YEGUADA LOS PAJARES
Residencial 6, casa nº 35 (Sevilla Este)
41020 SEVILLA
954 90 25 22
Director técnico:
D. José Manuel Burgos García

YEGUADA PALENZUELA HENS
D. Rafael Palenzuela Rodríguez
Prolog. c. Teruel, 13.
14011 CORDOBA
957 40 09 00 - 670 91 09 10

YEGUADA PALOJO
D. Antonio Mª Vallejo Padilla
Serrano, 82 - 1º
28006 MADRID
630 85 57 27 y 91 431 66 41

YEGUADA LA PALOMA
Julio Palacios, 4, piso 1-2
28029 MADRID
917 33 11 19 - 606 33 14 32

YEGUADA PANADERO
D. Andrés Panadero Lozano
Escritor Mercado Solís, 7.
14011 CORDOBA
957 28 27 90 y 28 31 68
Fax: 957 400 585

YEGUADA PASTRANA RODRIGUEZ
D. Francisco Pastrana Ruiz
Camino del Barco, s/n.
28700 SAN SEBASTIAN DE LOS REYES (Madrid)
91 652 30 62

YEGUADA PAZO DE MEIRE
D. Eduardo Maceda Quiroga
BELESAR-MEIRE
VILLALBA (Lugo)
982 51 02 36 - 609 83 60 81
Fax: 982 51 09 93

YEGUADA EL PLÁ
D. Vicente Gallach Colomer
Partida del Plá, s/n
46691 VALLADA (Valencia)
96 225 71 28 - Móvil: 608 56 88 28

YEGUADA HNOS. PECES-BARBA
D. Miguel Peces-Barba Romero
Finca El Retamar, S. L.
45100 SONSECA (Toledo)
925 48 03 75 - 38 03 75

YEGUADA PICOS DE EUROPA
Director técnico:
José Manuel García Rodríguez
Toreno, 2-5º A, 33004 OVIEDO (Asturias)
608 03 95 89

YEGUADA PLAZA DE ARMAS
D. Florencio Moreno Muñoz
San Juan Bosco, 18.
14400 POZOBLANCO (Córdoba)
957 77 05 43 - 610 76 68 89

YEGUADA EL POTRIL
D. José Mª Camacho Ruiz
Finca El Potril
29194 ALFARNATE (Málaga)
95 275 91 02

Brandzeichen und Adressen der ANCCE

YEGUADA PUERTA ALTA
D. Santiago Pérez Anguita
P. Constitución, s/n.
23680 ALCALA LA REAL (Jaén)
953 58 10 17 - 953 58 08 33

YEGUADA PÚRPURA
Dña. Rosa Mª Fuster Quiñonero y
D. Vicente Roselló Aparicio
Diputación Purias, 104
30813 PURIAS -LORCA (Murcia)
968 43 91 54 - 608 76 00 49 - 950 39 18 28

YEGUADA REAL TESORO
JOSE ESTEVEZ, S.A.
Ctra. Nacional IV, km. 640
JEREZ DE LA FRONTERA (Cádiz)
956 32 10 04

YEGUADA LAS REJAS
Dña. Carmen Sánchez de la Cuesta y Alarcón
Cortijo LAS VEINTE FANEGAS
Crta. Priego-Iznájar
14800 PRIEGO DE CORDOBA (Córdoba)
91 570 26 15 - 958 31 48 15
Móvil: 609 02 51 72

YEGUADA RESIDELCA
D. François M.G.C. de Rooij
Meiestraat, 37
3640 KESSENICH (Belgica)
00 32 89568824 - 00 32 89703848

YEGUADA RIBERA NAVARRA
D. Gregorio Ruiz Martínez
Mayor 7, 2
31550 RIBAFORADA (Navarra)
948 81 93 84 - 608 77 73 49

YEGUADA ROCAFORT
D. Justo Rocafort
Cardenal Goma, 1, 4°. 50009 ZARAGOZA
976 55 67 50

YEGUADA HNOS. RODRIGUEZ MARAÑON
Virgen de la Antigua, 7-1° A
41011 SEVILLA
954 45 31 40

YEGUADA RODRIGUEZ POZO
D. Rafael Rodríguez Pozo
C/. Santa Ana, 329
14940 CABRA (Córdoba)
957 52 23 51

YEGUADA HNOS. RODRIGUEZ REVESADO
D. Manuel Rodríguez Revesado
Vidal González, 18.
37210 VITIGUDINO (Salamanca)
923 50 00 20 - Fax: 923 52 02 84

YEGUADA DE ROIG
Paeso de Ruzafa, 5. Pta. 10
46002 VALENCIA
96 394 19 26

YEGUADA ROIG-BERGADO
Dña. Irene Vidaurrazaga, D. Juan Payo
Finca Sa Cleda. LLUBI (Baleares)
971 18 51 73 - 670 676 793

YEGUADA ROMERO BENITEZ
Santo Domingo, 9
11405 JEREZ DE LA FRONTERA (Cádiz)
956 32 26 50

YEGUADA ROSELLO AMENGUAL
Dña. Silvia Roselló Amengual
C/. Es Torrent, 18
PONT AINCA NOU (MARRATXI)
07141 BALEARES
971 27 53 19
Gerente: Lorenzo Roselló

YEGUADA SALVATIERRA
Aptdo. de Correos, 59
41300 S. JOSE DE LA RINCONADA (Sevilla)
954 38 13 00

YEGUADA SAN ANTONIO
D. Antonio Rubio Becerril
Ctra. del Río s/n.
50430 MARIA DE HUERVA (Zaragoza)
Finca: 976124314 - Móvil: 607 87 40 34

YEGUADA SAN DAMASO
GOYCA, S.A. Gerente:
D. Juan Angel Martín
CN-333 PK 73,500.
41710 UTRERA (Sevilla)
954 87 31 07 - 457 65 11

YEGUADA SAN LORENZO, S.L.
D. Fernando Fernández
Castello, 14, 3° Izqda. 28001 MADRID
91 576 36 57

YEGUADA SAN MILLAN
D. Florencio Labaca Plagaro
El Olivo s/n. MIRANDA DE EBRO (Burgos)
947 33 08 81 - 94 421 31 08 - 670 67 83 53

YEGUADA SANTA CLARA
Paula Montal, 3
14012 CORDOBA
947 40 04 37 - Fax 957 47 89 02
e-mail: yeguadasantaclara@teleline.es

YEGUADA SANTA CRUZ
D. William E. Freydell Manzi
Dª Patricia Vélez Rodríguez
Carrera 44, n° 15. Sur 100.
MEDELLIN. COLOMBIA (SUR AMERICA)
574 268 68 68

YEGUADA SANTAMARIA
Dña. Eduigis Fernández García
C/. Ramón y Cajal 9, 2°A
41014 DOS HERMANAS (Sevilla)
608 250 813

YEGUADA LOS SAUCES
D. Francisco Martín Martín
Puerto de Avila, 6. 37700 BEJAR (Salamanca)
923 41 00 67 - 923 40 34 60

YEGUADA HNOS. SEGURA BRAVO
Plaza Puerta de Alarcos, 4, Bajo G
13001 CIUDAD REAL
926 22 35 00. Fax y Tlf. 926 21 56 52

YEGUADA SEÑORIO DE BARIAIN, S.L.
Rodríguez Arias, 71 bis, 7ª plta.
48013 BILBAO
Tlf.: 944 41 58 04 - Fax: 944 41 00 20

YEGUADA SEOANE DE VERENGO
D. Carlos Seoane Eiró
Verengo, 32740 PARADA DE SIL (Orense)
608 88 78 29 - 986 73 36 51 - 988 26 89 85
e-mail: verengo@arrakis.es

YEGUADA SERNA BORJA
D. Manuel Serna López
Plaza Benjamín Palencia, 2, Entreplanta
02002 ALPACETE
967 50 76 40

YEGUADA LAS SIERPES
D. Fernando Pérez Jara
Puerto, 28, 3° A
21001 HUELVA
959 24 18 50 - 25 28 88 - 24 46 57

YEGUADA LA SILLERA
D. Benjamín Gómez Velázquez
Cortijo La Sillera.
Autovía Sevilla-Córdoba, Salida 514
41414 CARMONA (Sevilla).
609 57 25 17

YEGUADA SOGETHO
Sonja und Gerhard Thomas
Dorstrasse, 29
D- 56288 KOORWEILER (DEUTSCHLAND, ALEMANIA)
Tlfnos.: 00 4906762 / 7872 -
Fax: 00 496762 / 8544

YEGUADA SOLA NOGALES
D. Juan José Sola Ricca
Conde Osborne, 5
41007 SEVILLA
629 545 750

YEGUADA SOTO GIL
D. José Ma Villafranca Castillo.
Finca Soto Gil.
31350 PERALTA (Navarra)
948 39 90 15 - Móvil: 609 45 82 53

YEGUADA SUSAETA
D. José Ignacio Susaeta Erburu
Paseo Quintana, 32
28860 PARACUELLOS DE JARAMA (Madrid)
91 677 32 53 - Móvil: 629 18 40 48

YEGUADA TARAZON
D. Francisco Tarazón Lloréns
Carrer Ample, 36
46110 GODELLA (Valencia)
96 160 02 94 y 96 363 02 12
Móvil: 607 30 38 46

YEGUADA TOMAS OSBORNE
D. Augusto Romero Haupold
Apartado, 8
11500 Puerto de Santa Maria
956 85 08 09 - Fax: 956 85 23 27

YEGUADA EL TOMILLAR
D. Mariano Martín Merlo
Potosí, 7, 4° A
28016 MADRID
914 58 80 54 - 917 59 14 20
Gerente: D. Raúl Martín González

YEGUADA TORRELONGA
D. Antonio Rodríguez de la Borbolla
Eduardo Dato, 47,8°
41005 SEVILLA
954 53 17 15

YEGUADA TRIANA
Propietario: D. Manuel Ramos Pérez
Dehesa el Rey
Apartado de Correos 049
41100 CORIA DEL RIO (Sevilla)
954 338 146 - 608 254 363

YEGUADA LA TRINIDAD
D. Miguel de Rojas Maestre
Cortijo La Trinidad. Ctra. Carmona-Lora del Río
Apartado de Correos 258
41410 CARMONA (Sevilla)
955 95 30 32

YEGUADA LA TROYETA, D. Pedro Pastor
Mesón Troya. Ctra. Las Rotas
03700 DENIA (Alicante)
96 578 14 31 - 578 55 64

YEGUADA URIOL PERALTA
D. Fernando Uriol Rayón
C/. Atocha, 55, piso 4
28012 MADRID
914 29 98 72
Director Técnico: Enrique Navarro Utrera

YEGUADA VALDERAS-FERNANDEZ
D. Manuel Fernández Jiménez
Numanica, 18 - 1° Dcha.
38004 SANTA CRUZ DE TENERIFE
922 28 44 31 - Móvil: 606 306 306

YEGUADA VALDEZARZA
Yeguada Valdezarza, S. L.
Hnos. Fernández López
Alcalde José Mª de las Heras, 2
28530 MORATA DE TAJUÑA (Madrid)
91 873 01 06. Fax 91 873 12 62

YEGUADA VALDEVIÑAS
Finca »La Gamonita«. PUERTO LLANO (Ciudad Real)
925 77 90 80

YEGUADA VALENTIN DE SOTO
Director Técnico:
D. José Valentín de Soto
Medina, 32, 4° izq.
JEREZ DE LA FRONTERA (Cádiz)
956 33 34 02 - 609 23 00 56

YEGUADA VALLE MIÑOR, S.L.
D. Ricardo Barros Hermida
Poligono Industrial Las Gándaras. Aptdo. 183
36400 PORRIÑO (Pontevedra)
986 34 67 10 - 986 34 34 34

YEGUADA VANDALIA
D. José Javier Botella Fontana
Carretero, 11-2°
41100 CORIA DEL RÍO (Sevilla)
954 77 45 39 - 954 77 02 12 - 656 96 42 38

YEGUADA VEGA DE ANZO
Dña. Paloma González del Valle
Paseo de la Castellana, 126
28046 MADRID
91 561 24 47

YEGUADA VERDUGO LOPEZ, S.L.
Avda. España, 20, 2° B
11300 LA LINEA DE LA CONCEPCION (Cádiz)
956 17 25 61 - 689 10 11 12

YEGUADA VICTORIO & LUCCHINO
D. José Victor Rodríguez Caro
D. José Luis Medina del Corral
Finca Las Campanillas de San José
Constantina (Sevilla)
954 22 28 00 - 954 22 97 89

YEGUADA VIGARA GONZALEZ
D. José Luis Vigara Tauste
Las Palmas, 9. 28028 MADRID
Finca La Sarguilla y el Dehesón
VENTA DE LOS SANTOS (Jaén)
91 7258963 - 649 873264 - 953 469105 - 689 193449
Encargado: D. Angel Ramírez Liñán

YEGUADA VILAIRE. D. Samuel Vilaire Cifre
S.A.T.N.º 9.083 »SON SIMO«. Major, 42
07400 ALCUDIA (Baleares)
971 54 50 57. Fax: 971 54 76 38

YEGUADA »VILLA MAZZARA«
Carretera DOSRIUS-CANYAMARS, km. 3,5
Canyamars (Barcelona)
037 95 51 69 - 619 78 58 03

YEGUADA EL YUNQUE
D. Adolfo Sánchez de Movellán Ruiz
Monte Carmelo, 19. 1.º B
41011 SEVILLA
954 27 72 33 - Fax 954 28 05 22

ZOIDO MONTORO, D. Benito
Generalísimo, 28
23300 VILLACARRILLO (Jaén)
953 44 00 74 - 44 11 55

Weitere Zuchtverbände

ASOCIACION ARAGONESA DE CRIADORES DE CABALLOS DE PURA RAZA ESPAÑOLA
Apartado de Correos, 89
22080 HUESCA
974 21 19 32. Fax 974 22 27 62

»ES CAVALL«
ASOCIACION BALEAR DE CRIADORES Y PROPIETARIOS DE CABALLOS P.R.E.
Miguel de los Santos Oliver, 7, Bajo, izqu.
07011 PALMA DE MALLORCA (Baleares)
971 77 73 27 - Fax: 971 45 32 32

ASOCIACION DE CRIADORES DE CABALLOS DE PURA RAZA ESPAÑOLA DE EUSKADI
Amadeo Deprit, 4
48006 BILBAO
94 411 33 00 Fax: 94 411 37 21

ASOCIACION DE CRIADORES DE CABALLOS DE ESPAÑOLES DE GALICIA
Recinto Ferial s/n. Apartado 26
36540 SILLEDA (Pontevedra)
986 58 00 50. Fax 986 58 08 65

ASOCIACION DE CRIADORES DE CABALLOS DE RAZAS PURAS DE LA REGION DE MURCIA
Apartado de Correos n.º 4197
30080 MURCIA
968 26 49 60 - 968 24 64 12

ASOCIACION DE CRIADORES DE CABALLOS DE P.R.E. EN CORDOBA
Plaza de Colón, 21. 1º, 2
14001 CORDOBA
Tlf. y Fax: 957 48 53 33

ASOCAMPRE
ASOCIACION CASTELLANO-MANCHEGA DE CRIADORES DE CABALLOS DE P.R.E.
Albarderos, 16.
02004 ALBACETE
609 22 23 45

A.O.C.C.E.
ASOCIACION ONUBENSE DE CRIADORES DE CABALLOS DE PURA RAZA ESPAÑOLA
Avda. de Martín Alonso Pinzón, 7-2º
21003 HUELVA
959 28 15 16 - Fax 959 25 20 69

ASOCIACION DE CRIADORES-GANADEROS DE CABALLOS DE CATALUÑA
Palacio Fivaller. Plaça Sant Josep Oriol, 4
08002 BARCELONA
93 301 16 36 - 17 40. Fax 93 317 30 05

ASOCIACION DE GANADEROS DE CABALLOS DE P.R.E. DE LA COMUNIDAD VALENCIANA
c/. Profesor Beltrán Báguena, 4, desp. 105-B
Edificio Trade Center. 46009 VALENCIA
Teléfono y Fax 96 348 87 54

A.S.C.C.P.R.E.
ASOCIACION SEVILLANA DE CRIADORES DE CABALLOS DE PURA RAZA ESPAÑOLA
c/. Trajano, 2.
41002 SEVILLA
95 456 20 11

A.E.C.C.P.R.E.
ASOCIACION EXTREMEÑA DE CRIADORES DE CABALLOS DE P.R.E.
Mercado Regional de Ganados
Ctra. Madrid-Lisboa
10200-TRUJILLO (Cáceres)
927 32 27 29. Fax 927 32 27 29

E.S.P.A.C.A.N.
ASOCIACION REGIONAL DE CRIADORES DE CABALLOS DE PURA RAZA ESPAÑOLA DE CANTABRIA
Avda. de Parayas, 54
39600 MALIAÑO (Cantabria)
942 26 15 58

A.C.C.A.
ASOCIACION DE CRIADORES DE CABALLOS DE ARAGON
Camino del Río , s/n.
50430 MARIA DE HUERVA (Zaragoza)
976 12 43 14 - 607 87 40 34

A.N.A.C.C.E.
ASOCIACION NAVARRA DE CRIADORES DE CABALLOS DE PURA RAZA ESPAÑOLA
C/. Mayor, 7
31550 RIBAFORADA (Navarra)
948 81 93 84 - 608 77 73 49

A.C.C.P.R.E.C.
ASOCIACIÓN DE CRIADORES DE CABALLOS DE PURA RAZA ESPAÑOLA DE CADIZ
Santo Domingo, 11
11405 JEREZ DE LA FRONTERA (Cádiz)
956 34 06 55

ASOCIACIÓN DE AMIGOS DEL CABALLO DE P.R.E. EN HOLANDA
Misterstraat, 44
7126 CE BREDEVOORT
HOLANDA
+31 543 451108, +31 654 27 42 49

ASOCIACIÓN DE CABALLOS DE PURA RAZA ESPAÑOLA USA
Zackery Road 7968
AUBREY 76227, TEXAS (USA)
00 1 9403820475 - 00 1 9722315931
Fax: 00 - 1 - 9724979290

ASSOCIATION OF FRIENDS AND BREEDERS OF PURE SPANISH RACE HORSES OF THE CZECH REPUBLIC
Malé námestí 138/4
11000 PRAHA
CZECH REPUBLIC
President: Mr. Miroslav Papík
Fax: 00-420 2 333 784 06,
00-420 0602 / 206 235
e-mail: ak-kafkova@iol.cz

AHAA
ANDALUSIAN HORSE ASSOCIATION OF AUSTRALASIA (INC.)
P.O. Box 266, Torquay, Victoria 3228
AUSTRALIA
Phone: 00-61-352633402
Fax: 00-61-352633403
President: Mrs. Sylvia Coyle
(Phone: 00-61-263376521)
E-mail: ahda@mail.austasia.net

Internationale Zuchtverbände der Pura Raza Española und andere wichtige Adressen

Europa

Belgien
Association Belge du Cheval de Pure Race Espagnole
14, Chemin des Gardes-frontieres
B-4841 Henri-Chapelle

Dänemark
Asociación Danesa de Criadores de Caballos de P.R.E.
Salbyvej 195
DK-4600 Koge

Deutschland
AACCPRE
Asociación Alem·n de Criadores de Caballos de Pura Raza Española ·
Deutscher Züchterverein für Pferde der Pura Raza Española
Peter Engel
Schmausemühle am Deimersbach
56290 Beltheim
Tel.: +49-6762-14 10, Fax: -95 12 52
http://www.aaccpre.com

Verein der Freunde und Züchter des Pferdes Reiner Spanischer Rasse e.V.
Walther Bruns
Kohlstattweg 10
D-86875 Waalhaupten
Tel.: +49-8246-580
Fax: +49-8246-15 79
www.das-spanische-pferd.de

Spedition Wiechers
Nationale + internationale Pferdetransporte
Oberbainbach 9A
D-91126 Schwabach
Tel: +49-9122-824 70
Fax: +49-9122-93 89 88

Frankreich
Association Française des Eleveurs de Chevaux de P.R.E.
2 Avenue Frédéric Mistral
F-13520 Maussane-Les-Alpilles

Großbritannien
British Association for the Purebred Spanish Horse
Church Farm, Church Street
GB-Semington, Trowbridge; Wilts. BA146JS

Italien
A.I.C.E.
Via Torre, 22
I-Chiesuola-Russi (RA)

Niederlande
Asociación de Amigos de Criadores de P.R.E.
Misterstraat, 44
H-7126 Ce Bredevoort

Österreich
Verein der Freunde und Züchter des Pferdes Reiner Spanischer Rasse in Österreich
Josè Millàn-Ruiz
Nursch 9
A-2002 Großmugl
Tel.: +43-2268-6603
Fax: +43-2268-6680

Schweiz
Association Suisse des Eleveurs de Chevaux de P.R.E.
CH-1145 Biere VD

Spanien
ANCCE
Asociación Nacional de Criadores de Caballos de Pura Raza Española
Cortijo de Cuarto
Bellavista
E-41014 Sevilla
Tel.: +34-95-468 92 60
Fax: +34-95-469 03 27
e-mail: ancce@ancce.com
http://www.ancce.com

FENACE
Federación Nacional de Asociaciones de Ganaderos del Caballo Español
http://www.fenace.com

Asociación Andaluza de Criadores de Caballos de Pura Raza Española
http://www.caballoandaluz.com

»ES CAVALL« Asociación Balera de Criadores y Propietarios de Caballos de Pura Raza Española P.R.E.
Apartado de Correos 100 13
E-07080 Palma de Mallorca
Tel.: +34-971-77 73 27
Fax: +34-971-45 32 32

AGAMA
Asociación de Ganaderos de Caballos P.R.E.
Comunidad de Madrid
http://www.fenace.com/agama

International Andalusian Horse Ass.
http://www.andalusian.com

Oficina Feria del Caballo
Avda. Alcalde Álvaro Domecq 5-7-9
E-11405 Jerez (C·diz)
Tel.: +34-956-35 94 50
Fax: +34-956-35 94 66

Real Escuela Andaluza del Arte Ecuestre
Recreo de las Cadenas
Avda. Duque de Abrantes
E-11405 Jerez
Tel.: +34-956-31 11 11
Fax: +34-956-18 07 57
e-mail: info@realescuela.org
http://www.realescuela.org
http://www.jerez.org.

Zuchtverband des P.R.E. España
Ministerio de Defensa
Servicios de Cría Caballar y Remonta
Paseo de Extramadura 445
E-26024 Madrid

Spanische Fremdenverkehrsämter
http://www.spanitour.com

Spanisches Stutbuch
Ministerio de Defensa
Servicios de Cría Caballar y Remonta
Paseo de Extremadura 445
E-26024 Madrid

Kartäuser/Cartujanos
EXPASA S.A. (»Hierro del Bocado« – Kandarenbrand)
http://www.yeguadacartuja.com/hom.htm

Asociación de Ganaderos de Caballos Españoles de Estirpe Cartujana
Servicios Clínicos, Despacho N° 1,
Campus Universitario de Rabanales,
Ctra. de Madrid, km 396
E-14071 Còrdoba
Tel. + Fax: +34-957 32 65 39

Amerika

Brasilien
Associacao Brasileira de Criadores do Cavallo De Pura Raza Espanhola
Rua Pascal 882 Apdo. 151
CEP 04616 Sao Paulo

Costa Rica
Asociación Costarricense de Criadores de Caballos de P.R.E.
Apdo. 10724-1000
San José de Costa Rica

Ecuador
Asociación Ecuatoriana de Criadores de Caballos P.R.E.
Ofic. República de El Salvador 780 y Portugal
Quito

Guatemala
Asociación Guatemalteca de Criadores de Caballos de P.R.E.
7a, Avda. 14-44 zona 9
Edif. La Galeria, Local 26 - A
Guatemala C.A.

Honduras
Asociación Hondureña de Criadores de P.R.E.
Edif. Albesa, Tercer Nivel, Frente a Cocesna
Colonia 15 Septiembre
Comayaguela D.C.
Honduras C.A.

Kanada
Asociación Canadiense de Criadores de Caballos de Pura Raza Española
Box 173, Cochrane, Alberta TOL OWO

Kolumbien
Asociación Colombiana de Criadores de Caballos de P.R.E.
Carreraa 43B n° 17 - 221, Medellin

Kuba
Empresa Nacional Flora y Fauna;
Comandante de la Revolución
Oficina Central; Calle 42 Esquina 7ma 514;
Municipio Playa
Ciudad Habana Cuba

Mexiko
Asociación Mexicana de Criadores de Caballos de P.R.E.
Alborada, 124 P.B. –3
Torre Perisur
Col. Pargues del Pedregal
México D.F. 14010

Nicaragua
Asociación Nicaraguense de Criadores de P.R.E.
Apartado Postal 3145
Managua

Venezuela
Asociación Venezolana de Criadores de P.R.E. (ASOVEPRE)
Centro Gerencial Mohedano
Piso 11, Oficina »D«
Avda. Mohedano; Urb. la Castellana
Caracas

USA
Barbara Currie
28780 Wagon Road
Agoura (California) 91301

The Foundation for the Pure Spanish Horse
269 South Beverly Drive
PMBA#428
Beverly Hills, CA 90212-3807
Tel.: +001-323-650 90 28
Fax: +001-323-650 89 59
http://www.andalusian.org

Australien
Asociación Australiana de Criadores de Caballos de P.R.E.
P.O. Box 453 Mount Barker 5251
South Australia

Neuseeland
Asociación Newzelandés de Criadores de Caballos de P.R.E.
Oficina: P.O. Box 2525, Tauranga

Literatur

Albrecht, Kurt:
Ausbildungshilfen für Pferd und Reiter.
BLV, München 1992

Altamirano, Juan Carlos:
Historia y Origen del Caballo Español.
A.M.C.-Ediciones, Málaga 1999

Altamirano, Juan Carlos:
Historia de los Caballos Cartujanos.
A.M.C.-Ediciones, Málaga 1999

Basche, Armin:
Geschichte des Pferdes.
Sigloch Edition, Künzelsau 1999

Boldt, Harry:
Das Dressurpferd.
Edition Haberbeck, Lage 1999 (5. Aufl.)

Bravo Martínez, Ignacio:
El Caballo de Pura Raza Española.
Imprento Rayego, Zafra 1993

Budd, Jackie:
Pferde besser verstehen.
BLV, München 1999

Budiansky, Stephen:
The Nature of Horses.
Weidenfeld & Nicholson, London 1997

Cavendish, William, Duke of Newcastle
Des Weltberühmten Herzog Wilhelms von Newcastle Neueröffnete Reitbahn/
Nouvelle Méthode pour dresser les chevaux.
Olms Presse, Hildesheim 1995
(Nachdruck der Ausgabe Nürnberg, 1700)

d'Andrade, Fernando:
A Short History Of The Spanish Horse And Of The Iberian »Gineta«-Horsemanship For Which This Horse Is Adapted.
Lissabon 1973

d'Andrade, Ruy:
Alrededor del Caballo Español.
Lissabon 1954

Domecq, Álvaro:
Memorias. 80 Años – Mi Vereda A Galope.
Espasa Calpe S.A., Madrid 1998

Dossenbach, Monique und Hans D.:
König Pferd.
Hallwag Verlag, Bern 1983

de la Guerinière, François Robichon:
Reitkunst oder gründliche Anweisung.
Olms Presse, Hildesheim/ New York 1996
(Nachdruck der Ausgabe Marburg, 1817)

de María, Vincenzo:
El libro de los caballos ibericos.
Editorial de Vecchi, Barcelona 1994

Edwards, Elwyn Hartley:
Pferderassen.
BLV, München 2002 (3. Aufl.)

Forbis, Judith:
Das klassische arabische Pferd.
Verlag Paul Parey, Berlin/Hamburg 1980

Gabriel y Galán/Domecq y Diéz/Salvadò Esquerihuela:
Caballos en España.
Lunwerg Editores, Barcelona/Madrid 1985

Hinrichs, Richard:
Pferde schulen an der Hand.
Kosmos, Stuttgart 1999

Hintzen-Bohlen, Brigitte:
Kunst und Architektur: Andalusien.
Könemann, Köln 1999

Kapitzke, Gerhard:
Das Pferd von A.–Z.
BLV, München 1999 (5. Aufl.)

Kapitzke, Gerhard:
Südspanien für Pferdefreunde.
DuMont Verlag, Köln 1984

Karl, Philippe:
Hohe Schule mit der Doppellonge.
BLV, München 2002

Karl, Philippe:
Reitkunst.
BLV, München 2002 (2. Aufl.)

Kumpf, Nicole:
Hengste halten.
BLV, München 2000

von der Leyen, Katharina:
Charakterpferde.
BLV, München 1999

Llamas Perdigo, Juan:
This is the Spanish Horse.
J. A. Allen, London 1997

Loch, Sylvia:
The Royal Horse of Europe – The Story of the Andalusian and Lusitano.
J. A. Allen, London 1986

Loch, Sylvia:
The Classical Rider.
J. A. Allen, London, 1997

Loch, Sylvia:
Reitkunst im Wandel.
Franckh-Kosmos, Stuttgart 1995

Millán-Ruiz, Brigitte:
Doma Vaquera.
Cadmos, Hamburg 1998

Nissen, Jasper:
Enzyklopädie der Pferderassen, Bd. 1–3.
Franckh-Kosmos, Stuttgart, 1999

Oliveira, Nuño:
Klassische Grundsätze der Kunst, Pferde auszubilden.
Olms Presse, Hildesheim/New York 1996

Oliveira, Nuño:
Junge Pferde – Junge Reiter, Bd. 2.
Olms Presse, Hildesheim/New York 1997

Oliveira, Nuño:
Notizen zum Unterricht, Bd. 3.
Olms Presse, Hildesheim/New York 1997

Oliveira, Nuño:
Gedanken über die Reitkunst.
Olms Presse, Hildesheim/ New York 1999

Pluvinel, Antoine de:
L'Instruction du Roy en l'Exercice de Monter à Cheval – Neuaufgerichtete Reit-Kunst.
Olms Presse, Hildesheim/New York 1989
(Nachdruck der Ausgabe Frankfurt/M., 1670)

Podhajsky, Alois:
Die Klassische Reitkunst.
Franck-Kosmos, München 1998

Ràfols, Julia García/Vernet, Antonio Peral:
Doma Vaquero.
Editorial Hispano Europea S. A.

Raposo Cordeira, Arsénio:
Lusitano - Iberiens stolze Pferderasse.
Müller-Rüschlikon, Cham 1991

Ramos-Paúl, Luis:
Doma Vaquera.
Nocitias, Madrid 1985

Reiss-Museum in Mannheim (Hrsg.):
Pferde - Mitwisser der Götter.
Edition Braus, Heidelberg 1997

Sanz Parejo, José:
El Caballo Español de Estripe Cartujana.
Editorial Marbán, Madrid 1999

Sanz Parejo, José:
Por las Sendas del Caballo de Pura Raza Española.
Ediciones Siruela, Madrid 1999

Schäfer, Michael:
Andalusische Pferde – Die Pferde Südspaniens und Portugals.
Nymphenburger Verlag, München 1980

Schiele, Erika:
Araber in Europa.
BLV, München 1973

Silver, Caroline:
Pferderassen der Welt.
BLV, München 1978

Staatliche Museen Preussischer Kulturbesitz Berlin:
Die Pferde von San Marco.
Verlag Fröhlich & Kaufmann Berlin, Olivetti/Kunstbuch, Berlin 1982

Vavra, Robert:
El Caballo Español - Un Retrato A Través De La Historia.
Franco Cadena & Asoc., Sevilla 1992

Vergil:
Eklogen und Georgika, Dritter Gesang, 77-88
Spemann Verlag, Stuttgart 1898

von Wrangel, Graf Carl Gustav:
Das Buch vom Pferde.
Olms Presse, Hildesheim/New York 1983
(Nachdruck der Ausgabe Stuttgart, 1908-09)

Xenophon:
Hellenika. Artemis Verlag, München/Zürich 1988

Register

Acoso y Derribo 46, 112
Ahlerich 251
Aires Elevados 92
Aktionstrab 47
Albardón Jerezano 98, 126
Alfalfa-Heu 204
Alfons VI. 220, 236
Alfons X 54
Alfons XI 220
Alfons XII. 237
Almoraviden 220
Alta Escuela 74
Altamirano, Juan Carlos 225, 227
Altér Real 243, 256
Altsteinzeit 214
Amerikanischer Kontinent 222
Amparador 46, 115
ANCCE 18, 68, 201
Andalusier 34, 233
andalusisch 233
Andrade, Dr. Ruy d' 214, 243, 256, 228, 233
Angel Peraha Pineda 82
Angeritten 198
Anglo-Araber 116
anglo-arabisch 233
Ankaufuntersuchung 203
Anlehnung 147
Appaloosa 240
APSI 257
Araber 230
Arbeitsanspruch 14
Arbeitsbereitschaft 14
Arbeitsgalopp 140
Arbeitspferd 12
Arbeitsreitweise, traditionelle 111
Arbeitsschritt 130
Arbeitstrab 130
Arena Maestranza 41
Arréon 129, 137, 140
Associação Portuguesa de Criadores do Cavalo Puro Sangue Lusitano 257
Auffassungsbereitschaft 14
Auffassungsfähigkeit 14
Augen 26
Ausbilden 198
Ausbildung zum Stierkampfpferd 104
Ausbildungsskala 149
Ausrüstung des Rejoneadors 97
Ausrüstung des Stierkampfpferdes 98
Ausrüstung des Vaqueropferdes 123
Ausrüstung des Vaqueros 120
Außengalopp 131
Auswahlverfahren 115
Azteken 222

Babieca 220
Balancevermögen 147
Ballotade 161
Banderilla 82, 92
Barock 12
Barockpferd 246
Baucher, François 145
Beine 18
Beizäumung 217
Bemelmans, Jean 174
Benitez, Romero 34
Berber 241
Beschleunigung 136, 137, 140
Bewegung 18
Bewertung 49
Bluttest 17
Borba, Dr. 172
Box 207
Brandzeichen 16
Braune 31
Brust 18, 27
Bürgerkrieg 233
Byzantiner 217

Cabalgata 40
Caballero 41
Caballerosidad 43
Cabezada 98, 123
Cagancho 109
Campaneo (Bügeln) 24, 27
Campotuch 126
Candau 266
Capa 86
Cara a Cara 82
Cárdenas 262
Cárdenas, Miguel Angel de 262
Carreta de Plata 56
Carretón 106
Caselas 49
Cavendish, William 8, 145
Championat, nationales 139
Chaquetilla 97, 121
Charakter 14, 190
CHIO 181
Christentum 238
Club Pineda 68
Cobra 193
Collera 112
Columbus, Christoph 143, 221, 237, 240
Cómo bailan los Caballos Andaluces 166, 173
Concha 126
Connemara-Pony 252
Corazón de corrida 95
Cordobeser Hut 97
Coronado 240
Corrida 48, 78, 92
Cortéz 240
Cortéz, Hernando 222
Cortijo de Vicos 293
Courbette 161
Cría Caballar 16
Criollo 222

Delacroix, Eugéne 12
Delgado, D. Jacobo 261
Delgado, Yacobo 32
Deposito de Sementales 290
Deutsches Olympisches Komitee 176
Distinguido 171, 179
Dom Duarte I. 255
Doma Vaquera 46, 111, 193
Doma-Vaquera-Pferd 116
Doma-Vaquera-Turnier 139
Domecq Domecq, Antonio 100
Domecq y Diez, Alvaro 82, 172
Domecq y Romero, Álvarito 234
Domecq y Romero, Alvaro 234
Dressur 13, 74
Dressurausbildung, klassische 147
Dressursattel 164

Eigenschaften eines Rejoneadors 105
Eignung 18
Einerwechsel 140
Eiweißgehalt 206
El Cid 220, 236
El Rejon de Muerte 93
El Rocío 53, 56
England 237
Englisches Vollblut 248
Enojado 171
Equi frenati 217
Equisur 47
Erales 115
Erbfolgekrieg, spanischer 237
Erziehung des Pferdes 150
Escalera 125
Escalera, María Fernanda Escalera de la 273
Escuela Andaluza 83
Escuela Andaluza del Arte Ecuestre 234
Escola Portuguesa de Arte Equestre 243
EU 237
Eugenia, Isabel Clara 226
EU-Zeugnis 202
Evento 17, 47, 171, 179
Expasa, staatliche Gesellschaft 36, 229, 296

F.H.E. Federación Hipica Española 112, 139
Fahrturnier 47
Farbe 30
Farbvarianten 245
Fell 18
Ferdinand II. 221
Ferdinand VII. 230
Ferdinand von Aragon 236
Feria 27, 38, 40, 41, 46, 49
Fernando de Terry 229
Finca Los Alburejos 83
Fliegende Wechsel 134
Flug 202
Franco 237
Frederiksborg, Hofgestüt 244
Frederiksborger 226, 244
Freilauf 207
Friedrich II. 244
Friedrich Wilhelm I. 249
Friese 226, 247
Fuchs 32
Funktionalitätsprüfung 24
Fütterung 204

Gala, Antonio 54
galizisch 233
Galloway-Pony 248
Galope de Costado 92
Galopp 132
Galopp, versammelter 140
Galopp-Pirouette 157
Galoppwechsel, fliegender 140
Gangpferd 242
Ganzer Travers 131
Garboso 171
García, Don Miguel Lovera 279
Garcia, Vincente Romero 228
Garrocha 112
Garrochista 46, 115
Geraderichten 147
Gerste 204
Gerte 140
Geschichte 236
Gesundheitszeugnis, amtstierärztliches 202
Gewicht 26
Gilet 121
Goldenes Jahrhundert (El Siglo de'l Oro) 224
Goten 217
Goya 12
Grand-Prix-Wettbewerb 179
Griechen 217, 236
Grisone, Frederigo 145, 224
Größe 18
Grundgangarten 104
Grundlagen der Ausbildung 148
Grupera 44
Guardiola Dominguez, D. Jaime 287
Guayabera 121
Guérinière, Francois Robichon de la 145
Gurtstrippen 165
Guzmán-Pferde 223

Hafer 204
Hals 18, 26
Haltung 207
Handarbeit 150
Hannibal 236
Hauptgangart 129
Hebelwirkung 164
Heiliges Römisches Reich 237
Hengst 188
Hengstbuch, Trakehner 249
Hengstdepot, staatliches (Depósito de Sementales) 17
Herzog von Newcastle 145
Hierro del Bocado 295, 235
Hilfszäumung 125
Hilfszügel 125
Hirtenpferd 215
Hirtenreiterei 46
Hirtensattel 120
Hispano-Araber 116

Hohe Schule 74, 82, 143, 246, 247
Holsteiner 226
Hufe 210
Hufrehe 206
Humillar 92

Iberien 214, 218
Iberisches Pferd 37
Idealpferd 22
Inquisition 236
Interieur 117
Invasor 171, 179
Isabella 222
Isabellen 226

Jagdpferd 12
Jefe Area Desarrollo 171
Jerez 48
Jerez, der Hengst 280
Jerezana-Zaum 98, 123
Jerezano 171
João IV. 243
João V., 255
Juan Carlos I. 166, 172, 234, 237
Juan I. 220
Junta Andalucía 176

Kaiser Franz Josef 246
Kaiserin Elisabeth 246
Kälte 204
Kampfspielsport 74
Kampfstier 41, 78
Kandare 164, 198
Kandarenbrand 228
Kandarengebiss 164
Kappzaum 153
Kapriole 161
Karl I. 224, 237
Karl II. 248
Karl V. 237
Karlisten-Krieg 230, 237
Karstpferd 246
Kartäuser 34, 227, 295
Kartäuserkloster 34
Kartäusermönche 36, 295
Kartäuserorden 227
Karthager 217, 236
Kastilien, Isabella von 236
Kauf 201
Kavallerie 14
Kavalleriepferd 249
Kelten 217, 236
Keltiberer 217
Kipphals 26
Kladruber 226
Kleidung 140
Knabstrupper 245
Knieaktion 27, 184
Königliche Andalusische Reitschule 41
Königspferd 14
Konquistador 222
Konvexes Profil 233
Kopf 18, 26
Körkommission 20
Körpergewichtsverteilung 23
Körung 20, 69
Kosten 182
Kraftfutter 204
Kreuzungen 217
Kriegspferd 220
Kriegsreiterei 143
Kruppe 18, 27
Kurzgurt 165
Kutschenpferd 13

La Farpa 92
La Pileta 214
La Rosa 92
Langhaar 210
Las Lumbreras 258
Lehrner, Hofrat Dr. Heinrich 234
Leittier 191

Leitungswasser 206
Lektionen der Doma Vaquera 129
Lektionen über der Erde 148
Lende 18, 27
Leopold I. 246
Lernfähigkeit 14
Levade 159
Lipizzaner 226, 234, 246
Löhneysen, Engelhard Georg von 8
Losgelassenheit 147
Löwenherz, Richard 220
lusitanisch 233
Lusitano 95, 214, 233, 253
Lusitano, portugiesischer 37, 243

Mähne 119, 210
Malerei 214
Mallorquinos 37
Manta estribera 126
Marienkult, -figur 53, 54
Marismas 53, 66, 111
Marselles 122
Matador 79
Maul 26
Mauren 217, 218, 236
Maya 222
Mensaque, Ignacio Candau Fernández 268
Messezentrum, sevillanisches 68
Mettorquino 37
Mikrochip 17
Militärgestüt, staatliches 36, 179
Morgenarbeit 170
Morphologia 70
Moslem 218
Mosquero 123
Munoz, Don Florencio Moreno 282
Müsli 206
Mustang 222, 240
Mythologie 77

Napoleon 228, 237
NATO 237
Neapolitaner 226
Normanne 226
Nüstern 26

Offenstall 204, 207
Ohren 26
Oldenburger 250
Olympiade 249
Olympische Spiele 17
Opus 109
Orientalischer Typ 233
Osborne 229

Paddockbox 207
Papiere 34, 185
Papiere, grüne (Certificao de Reproductor) 20
Parada a raya 137, 140
Pasade 158
Pasage 93
Paseo 84
Paso Español 93
Paso Fino 222, 242
Paso Llano 241
Paso Peruano 222, 241
Passage 13, 156
Pensionsstall 190
Perilla 126
Pferd für Könige 223
Pferdepest 68, 234
Pferdestammbuch, westfälisches 251
Pferdetyp 94, 116, 147
Pflege 210
Philipp I. 255
Philipp II. 223, 237, 25
Philipp III. 226, 255
Philipp V. 237
Philipp V. 257
Philipp 7
Phönizier 217, 236

Piaffe 13, 93, 152
Pica 82, 93, 106
Pigment 30
Pilaren 145
Pilgerzug 62
Pirouette um die Hinterhand 133
Pirouette um die Vorhand 132
Pirouette 140, 157
Pirueta Inversa Sobre Tres Remos 93
Piruetas al Galope 93
Pizarro 240
Pizarro, Francisco 222
Plaza de Armas 284
Pluto 244
Pluvinel (Reitschule von Versailles) 224
Pluvinel, Antoine de 145
Portugal 236
Portugiese 233
Portugiesischer Verband der Pferdezüchter
    des reinblütigen Lusitanos 257
Portuguesa 165
Prachtpferd 27
Preis des Goldenen Pferdes 172, 179
Primo de Rivera 237
Proteingehalt 204
Prüfungskategorien 140
Punktesystem 20
Pura Raza Española 34, 233, 253
Pura Raza Española de perfil recto y tipo oriental 24
Pura Raza Lusitania 233, 253

Quadratpferd 12, 26
Quarantäne 202
Quarter Horse 240
Quellwasser 206

Rafael Soto 171, 174
Rambla, Ignacio 171, 173, 174
Ramskopf 250
Rappe 32
Rasseeinheit 233
Rassemerkmal des Lusitano 254
Rassestandard 16, 18, 19, 22, 233
Raufutter 206, 207
Raumgriff 27
Real Escuela Andaluza del
    Arte Ecuestre 41, 83, 166
Real Federación Hípica España 176
Reconcillo 93
Reconquista (Rückeroberung) 220
Recreo de las Cadenas 168, 173
Recreo de las Cadenas 46
Reglement 84
Reglemento de Doma Vaquera 139
Reinzucht 23, 36, 218, 247
Reitakademie 145, 224
Reiterwallfahrt 53
Reitkunst, Klassische 143
Reitpferd 184, 253
Reitstall 190
Reitweise 74
Reitweise, französisch 34
Reitweise, traditionelle 74
Rejon de apron 86
Rejon de muerte 89
Rejon 93
Rejoneador 78, 93
Rejoneo en España 93
Rejoneo 48, 77, 93, 193, 233
Rembrandt-Borbet 251
Rennpferd 248
Revolution der Nelken 256
Richtlinie, züchterische 22
Ritter 247
Rittigkeit 13
Rocio 53
Rocio, Ermita de Nuestra Senora del 53
Romadour II. 251
Römer 217, 236
Romeria del Rocio 53
Romero, Alvarito Domeq 109

Romero, Javier Garcia 174
Romero, Vincento 34
Ronda 214
Rosario 66
Rubens 12
Rücken 18, 27
Rückwärtsrichten 130, 137
Ruisenor 171
Ruiz, Enirique Gutiérrez 174
Rumasa S. A. 229

Saddlebred 27
Salazar 256
Salvador Sánchez Barbudo Martín 274
Sanchez, José Maria 174
Sattel 98
Schecke 226
Schenkelhilfe 198
Scheren 210
Schimmel 30
Schmied 210
Schritt, versammelt 130
Schulsprung 147
Schulter 27
Schulterherein 157
Schweif 27, 119, 210
Schweifflechte 118
Schwung 147
Seitengang 104
Selbsttränke 206
Selektierung 74
Semana Santa 40
Sentar al Caballo 93
Serreta 125, 138, 198
Sevillana 64, 98
Sevillana-Zaum 98, 123
Sherry 41, 172
SICAB 24, 68, 201
Siedler 222
Silla Española 127
Silla Portuguesa 99
Silla Potrera 164, 165
Silla Vaquera 98, 126
Sombrero 122
Sorraiapferd 37, 214
Spänen 236
Spanien, Weltmacht 221
Spanische Hofreitschule 226
Spanischer Schritt 154
Spanischer Schulsattel 165
Spanischer Trab 155
Sporen 122
Sportleistungspferd 188
Sportpferd 24, 250
Staatsgestüt Hierro del Bocado 41
Staatsmeisterschaft 139
Staatszuchtgründung 223
Standard-Steigbügel 164
Steinbrecht, Gustav 145
Stierattrappe 106
Stierkampf 48, 74, 76, 77
Stierkämpfer-Blutlinie 95
Stierkampfpferd 12
Streitross 247
Stutbuch, Hispano-Arabisches 234
Stutbuch, spanisches 16, 34, 233
Stute 193
Subkonvexes Profil 233, 253
Sueben 236

Takt 147
Tapas 42
Temperament 14, 18
Tercio de Banderillas 88
Tercio de Muerte 89
Tercio de Salida 86
Tercio 49
Termino 241
Terre á Terre 104
Terry, Isabell Merello Vinda de 229
Tienda 112
Tigerschecken 245

Todeslanze 89
Tölt 241
Toro Bravo 79
Toro de Lidia 79
Trab, versammelt 130
Traber 247
Tracht des Vaquero-Reiters 97
Traje corto 43, 120
Trakehner 249
Transport ins Ausland 202
Travers 140
Traversale 131, 140
Traversgalopp 157
Tressangres 116
Turnierordnung 139
Turnierreitweise 112
Typ 18

Ungeritten 198
Unterhals 26
Urzeit 214

Valenzuela-Linie 223
Valeroso 171
Vandale 236
Vaquerawendung 135, 140
Vaquerokandare 138
Vaquerosattel 16
Velázquez, Diego de 7, 12, 226
Vererbungslehre, Mendelsche 32
Verkürzung 136
Versammlung 117
Verteidigungsmaßnahme, kriegerische 144
Verwendungszweck 22
Vicos 291
Viereck, 18 x 20 Meter 139
Viereck, 60 x 20 Meter 139
Virgen del Rocio 57
Vivar, Roderich Diaz de 220
Vollblut, englisches 230

Wallach 195
Wasser 206
Weiden 206
Westfale 251
Westgoten 236
Widerrist 18, 24, 27
Wiener Hofreitschule 246
Wildpferd 214
Wilhelm der Eroberer 220, 248
Winter 204
Wirbeldiagramm 17
Wörterbuch, Rejoneo 92

Xenophon 144, 217

Yeguada Guardiola Fantoni 286
Yeguada Lovera 281
Yeguada Militar 17, 235, 290

Zahones 122
Zalea 99, 127
Zamoranos 228
Zapata y Caro, D. Pedro José 228
Zapata, Familie 34
Zapateros 36
Zäumung 98
Zeittafel 236
Zirkuslektion 247
Zirkuspferd 12
Zucht 16, 184
Zuchtbuch 233
Züchter 16
Zuchtschau, internationale 68
Zuchtstämme 233
Zuchtstier 91
Zuchtstute 193
Zuchtziel 184
Zügel 138
Zügelführung 138
Zungenfreiheit 164
Zweck 184

Danksagung

Es ist nicht so leicht, darüber zu entscheiden, bei wem man sich bedankt für die Hilfe, durch die ein solches Buch überhaupt möglich wurde – man vergisst wahrscheinlich jemanden, dessen Beiträge absolut lebensnotwendig waren, oder nennt jemanden an der falschen Stelle, zu spät oder nach einem Feind (bei Filmen hat man es da leichter, da werden die Beteiligten einfach alphabetisch genannt, und man ist raus aus dem Schneider). Es ist trotzdem leichter, eine Danksagung zu schreiben als das Manuskript zum tausendsten Mal Korrektur zu lesen, also schlage ich alle Vorsicht in den Wind.

Manchmal gibt es Projekte, die einen in der Menschwerdung weiterbringen – dieses Buch war so eines: Ob ich ein besserer Mensch bin als vorher, weiß ich nicht, aber ich habe durch dieses Buch wunderbare Menschen kennen und unendlich viel gelernt, fachlich wie menschlich –, und dafür allein hat sich dieses Buch für mich schon gelohnt, ganz unabhängig vom Resultat.

Zuerst und vor allen anderen muss ich mich bei zwei Menschen bedanken: Ursula Schöfer und Uwe Böttcher. Ursula Schöfer hat mit Engelsgeduld immer wieder mein konfuses Hirn geordnet, sich zu allen Tages- und Nachtzeiten stören lassen, mit Kontakten geholfen, Steine und Felsblöcke aus meinen Wegen geräumt und mir deutlich gemacht, wenn ich völligen Fehleinschätzungen unterlag – persönlich oder fachlich. Ohne Ursula gäbe es dieses Buch schlicht nicht. Wie ich mich jemals dafür erkenntlich zeigen kann, weiß ich nicht. Wahrscheinlich erwartet sie es nicht einmal.

Uwe Böttcher gewährte mir mit seiner außergewöhnlichen Großzügigkeit ohne zu zögern Eintritt in seine Pferdewelt, half mir unendlich mit der Geschichte über die Kartäuser, stellte sich schon frühmorgens meinen fürchterlichen Fragen und machte mit mir schließlich eine wundervolle Reise zu andalusischen Gestüten, die ich in ihren ganz unterschiedlichen Dimensionen nie vergessen werde. Ich glaube nicht, dass ich mich jemals so wunderbar auf dem Rücksitz irgendeines Autos unterhalten habe. Uwe Böttcher hat meinen Blickwinkel in vielerlei Hinsicht erweitert.

Ich schulde allen Züchtern und Reitern Dank, die mir und Thomas Kilper so freundlich Einlass in ihre Gestüte gewährten und einen so ungeheuren Aufwand mitmachten, als es um die Bebilderung für dieses Buch ging, und auch bei kleineren und mittleren Katastrophen nie die Ruhe verloren. – Es gibt noch so viele, wunderbare Fotos, die so viel über ihre Pferde erzählen, dass wir eigentlich noch ein »Making of«-Buch hinterherschieben sollten. Mehr als 400 Bilder passen in dieses Buch leider einfach nicht hinein.

Ich möchte mich besonders bei Don Miguel Lovera, Don Salvador Sanchez Barbudo, Don Yacobo Delgado und Don Alvaro Domecq bedanken für die viele Zeit und die hoch informativen Gespräche, die mir eine ganz andere, neue Einsicht verschafft haben. Auf unterschiedliche Weise setzen sie sich mit aller Kraft für die Weiterentwicklung ihrer Spanischen Rasse ein, die einen großen, offenen Geist voraussetzt. Ohne sie wäre das Spanische Pferd heute nicht dort, wo es ist – nämlich in der ganzen Welt. Ich danke Saskia Mesdag für ihre Geduld und Zeit, Maurizio Escobar und seiner Frau Rocío, die mich gelassen durch die Gegend fuhren und tapfer lange Gespräche übersetzten, María José Rodriguez und ihrer Schwester Rocío von der Réal Escuela in Jerez, die bei allen Komplikationen immer noch hilfsbereit und vergnügt blieben. Und ich danke meinen Großeltern, von denen ich meinen Sinn fürs Abenteuer habe, und ohne die das alles nicht passiert wäre.

Hamburg, Juli 2002
Katharina v. d. Leyen

Danksagung

… all jenen Menschen, die sich dafür eingesetzt haben, dem Wesen und Charakter dieser zauberhaften Tiere durch die Aufnahmen in diesem Buch gerecht zu werden. Dazu gehören im BLV Verlag Frau Schulz, Frau Kiel und Frau Rose, meine Agentin Daniela Wagner und Solveig Witte, die es im Vorfeld ermöglichten, dieses Projekt zu realisieren und während der ganzen Zeit, wann immer es nötig war, Unterstützung gaben.

Ganz besonderer Dank gebührt Victor Berthold und Mirko Zander, die mich während der monatelangen Arbeit begleiteten: Ohne ihre großartige Unterstützung und ihren unermüdlichen Einsatz wäre vieles nicht möglich gewesen!

Großer Dank gilt natürlich den Züchtern, deren wunderbare Pferde ich fotografieren durfte: Dona Maria Fernanda Escalera de la Escalera, Samuel Lopez Ortiz und seiner Tochter Marisol, Don Jacobo Delgado, Miguel Angel de Cárdenas Osuna, Ignacio Candau Fernández Mensaque, Don Salvador Sánchez Barbudo Martín, Don Miguel und Sohn Enrique Lovera Garcia, Don Florencio Moreno Munoz, Don Jaime Guardiola Dominguez, Patricia Sibajas Narvaez und den Reitern und der Direktion von Hierro del Bocado sowie den Mitarbeitern des Militärgestüts Yeguada Militar. Ebenso danken möchte ich den Mitarbeitern der Real Escuela in Jerez sowie der Escuela de Equitación in Ronda.

Ganz spezieller Dank gebührt auch den wunderbaren Reitern wie Manolo Roman Postigo, der die Lektionen der Doma Vaquera ritt, Ignacio Rambla und Rafael Soto; den Mitgliedern der Hermandad Dos Hermanos, die uns den Weg nach El Rocío zeigten. Des Weiteren den Familien Domecq und Bohorquez, speziell Luis Domecq und Fermin Bohorquez, die uns mit ihrem großem Engagement viele Türen öffneten, die sonst verschlossen geblieben wären.

Besonders erwähnen möchte ich meine Frau Heike Preisendanz, die viel Verständnis für meine Arbeit zeigte und mir während meiner langen Abwesenheit immer wieder Rückhalt bot, während meiner Abwesenheit liebevoll für unsere Tochter Elsa Marie da war und nach meiner Rückkehr im Sommer 2002 unserer zweiten Tochter Emma Luise das Leben schenkte.

München, April 2003
Thomas Kilper

Bildnachweis
Alle Fotos von Thomas Kilper, außer:
AKG: S. 144, 217, 218
Deutsches Museum München: S. 214
W. Ernst: S. 250, 251
S. Juckenack: S. 204
H. Oelke: S. 215
PhotoPress: S. 219
Prado-Museum, Madrid: S. 212, 216, 225
Reinhard-Tierfoto: S. 240
N. Sachs: S. 245
Ch. Slawik: S. 241, 242, 243, 244, 247, 253, 256, 257, 248, 249
Spanische Hofreitschule: S. 246

Grafiken
Annegret Strehle

Bibliografische Information
Der Deutschen Bibliothek
Die Deutsche Bibliothek verzeichnet diese
Publikation in der Deutschen Nationalbibliografie;
detaillierte bibliografische Daten sind im Internet
über http://dnb.ddb.de abrufbar.

BLV Verlagsgesellschaft mbH
München Wien Zürich
80797 München

© 2003 BLV Verlagsgesellschaft mbH, München

Das Werk einschließlich aller seiner Teile ist urheberrechtlich
geschützt. Jede Verwertung außerhalb der engen Grenzen
des Urheberrechtsgesetzes ist ohne Zustimmung des Ver-
lages unzulässig und strafbar. Das gilt insbesondere für
Vervielfältigungen, Übersetzungen, Mikroverfilmungen sowie
die Einspeicherung und Verarbeitung in elektronischen
Systemen.

Lektorat: Edith Ch. Kiel, Annette Rose

Herstellung: Angelika Tröger

Konzept: Solveig Witte, Werbung und Medien München

Layout: Anton Walter, Gundelfingen

Satz: DTP-Design Walter, Gundelfingen

Einbandgestaltung: Solveig Witte, Angelika Tröger

Umschlagfotos: Thomas Kilper

Gedruckt auf chlorfrei gebleichtem Papier

Printed in Germany · ISBN 3-405-16398-6

Die ganze Welt der Pferde

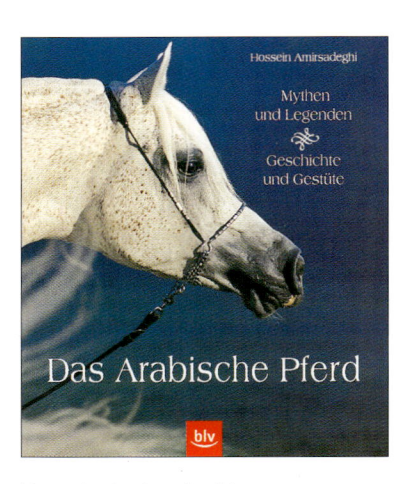

Hossein Amirsadeghi
Das Arabische Pferd
Von absoluten Insidern dokumentiert: die Kulturgeschichte des Arabischen Pferdes von ihren Anfängen bis heute, faszinierende Porträts der schönsten und berühmtesten Arabischen Pferde der Welt, Gestüte, Rassemerkmale, Charaktereigenschaften, Stämme und Blutlinien, Zuchtverbände.

Dorothee Abdel-Kader
So lernen Pferde
Das Know-how für eine reitweisenübergreifende Verständigung zwischen Mensch und Pferd für die tägliche Praxis und erfolgreiche Ausbildung.

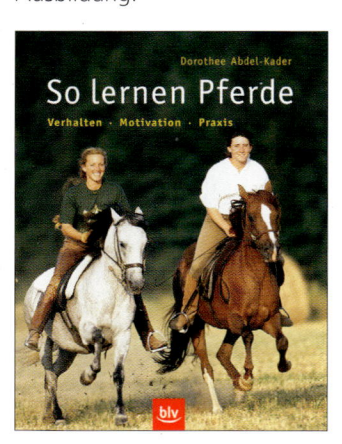

Philippe Karl
Hohe Schule mit der Doppellonge
Auf höchstem Niveau: die Gymnastizierung des Pferdes; die Ausbildung in Dressur, Springen und Gelände; Vervollkommnung der klassischen Lektionen.

Philippe Karl
Reitkunst
Alle Aspekte der Dressur nach klassischen Prinzipien – vom Anreiten bis zur Hohen Schule: Einblick in die Arbeit des »Cadre Noir« in Saumur – der Elite-Institution für Pferdeausbildung.

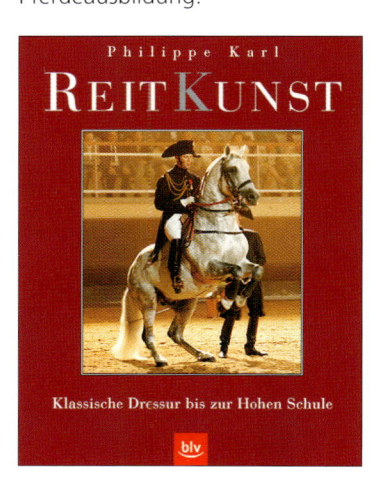

Katharina von der Leyen
Charakter-Pferde
Die Charakterbilder von 50 Pferderassen – brillant beschrieben, fesselnd, fundiert – mit Checkliste zu jeder Rasse: Aussehen, Verwendung, Haltung und Eigenschaften.

Kerstin Diacont
Mit System zum harmonischen Reiten
Stimmig, logisch, eigenständig – das neue Ausbildungs- und Trainingskonzept: die besten Lehrmethoden aus allen Reitweisen, sinnvoll kombiniert.

Sylvia Loch
Dressur mit leichter Hand
Das erfolgreiche Programm für ambitionierte Reiter, Turnierreiter und Reitlehrer: ganzheitlich ausbilden – einfühlsam und zwanglos; mit Tipps aus Pferdesicht, was Reiter bei der Ausbildung ihres Pferdes in klassischer Dressur besser machen könnten.

Gerhard Kapitzke
Zügelführung mit Gefühl
Das Zwiegespräch zwischen Reiterhand und Pferdemaul mit einfühlsamer Zügelführung; die Grundprinzipien der Zügelführung, ihre verschiedenen Wirkungsweisen und deren pferdegerechte Anwendung.

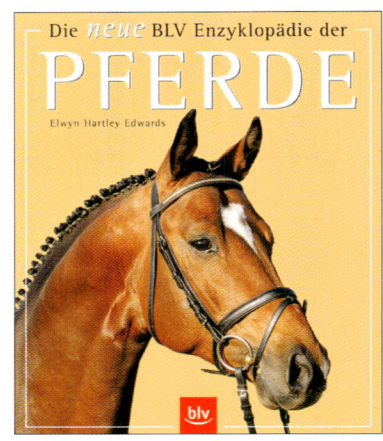

Elwyn Hartley Edwards
Die neue BLV Enzyklopädie der Pferde
Der einzigartige Prachtband in Geschenkausstattung: die Kulturgeschichte des Pferdes, die klassische Reitkunst, die großen Gestüte, über 150 Pferde- und Ponyrassen im Porträt, Pferdehaltung, Ausbildung, Ausrüstung.

Stefan Radloff
Reitausbildung mit System
In Text und Grafik präzise demonstriert: Grundlagen und systematisch aufgebaute Tageslektionen für die Dressur- und die Springausbildung; die optimale Zusammenarbeit zwischen Reiter und Pferd, Aufgaben des Ausbilders, Trainingsplanung.

Im BLV Verlag finden Sie Bücher zu den Themen: Garten und Zimmerpflanzen • Natur • Heimtiere • Jagd und Angeln • Pferde und Reiten • Sport und Fitness • Wandern und Alpinismus • Essen und Trinken

Ausführliche Informationen erhalten Sie bei:

blv BLV Verlagsgesellschaft mbH
Postfach 40 03 20 • 80703 München
Tel. 089 / 127 05-0 • Fax -543 • http://www.blv.de